HEYNE

PAULA LAMBERT

KEINE PANIK, ICH WILL NUR SEX

AUF DER SUCHE NACH
DEM MANN FÜR JEDE LAGE

WILHELM HEYNE VERLAG
MÜNCHEN

FSC
Mix
Produktgruppe aus vorbildlich
bewirtschafteten Wäldern und
anderen kontrollierten Herkünften

Zert.-Nr. SGS-COC-001940
www.fsc.org
© 1996 Forest Stewardship Council

Verlagsgruppe Random House FSC-DEU-0100
Das für dieses Buch verwendete FSC-zertifizierte Papier
Holmen Book Cream liefert Holmen Paper, Hallstavik, Schweden.

Originalausgabe 07/2010

www.heyne.de
Printed in Germany 2010
Redaktion: Klaus Lange
Umschlaggestaltung und Motiv:
Hauptmann & Kompanie Werbeagentur, Zürich
unter Verwendung einer Illustration von Shutterstock/Kudryashka
Satz: Buch-Werkstatt GmbH, Bad Aibling
Druck und Bindung: GGP Media GmbH, Pößneck

ISBN 978-3-453-60147-5

Inhaltverzeichnis

Prolog

Mein Name ist Paula Lambert. Ohne Schuhe bin ich etwa eins zweiundsiebzig groß. In Schuhen, wie sie mir gefallen, bin ich eins achtzig, obwohl ich mir viel Mühe gebe, nackt gesehen zu werden.

Ich wurde auf einer Wiese zwischen Kühen gezeugt und in Bonn geboren, habe mich bei Spielwaren Kempa für ein paar Mark die Stunde gelangweilt und zwei Mal die Woche vor der Schule von sechs bis neun Uhr bei Stüssgen Regale eingeräumt, Tiefkühlkram und Käse, bis meine Hände so kalt waren, dass ich bis zehn Uhr brauchte, um einen Stift halten zu können.

Der erste Kerl, der sich an mich ranmachte, war Dr. Dreyer. Sein Atem war von der Sorte, der man auch mit Mundwasser nicht beikommt. Während er mir an der Schulter herumstreichelte, um ein Alibi für den Blick in mein T-Shirt zu haben, »Na, Paulita, wieder die Hausaufgaben nicht gemacht, wir sollten uns mal über Nachhilfe unterhalten«, segelten feine Speicheltropfen auf mein Heft hinunter und ließen die Tinte zu Pfützen verlaufen. Es sah aus, als hätte ich beim Schreiben geheult. Ich versuchte, durch den Mund zu atmen, und überlegte, wo ich hintreten könnte, seitlich gegen das Knie oder geradeaus in seine alten Eier. Geradeaus schien mir logischer.

Auf der nächsten Schule gefiel es mir noch besser. Die Zeit bis zum Abitur saß ich problemlos ab. Mein Notendurchschnitt lag bei 1,5. Irgendwann zwischen dem Zitronensäurezyklus und Algebra II wurde ich auf dem Rasen hinter der Sporthalle entjungfert. Ich habe fast immer gute Laune.

Mein linkes Auge schielt nach außen. Nicht gerade so, dass ich zwei Räume gleichzeitig observieren könnte, aber immerhin stark genug, dass sich die Leute manchmal umdrehen, um zu sehen, ob ich zu jemandem spreche, der hinter ihnen steht. Das macht mich verrückt. Irgendwann werde ich um mein linkes Auge herum tiefe Falten haben, weil ich es ständig zukneifen muss, als hätte ich eine Wimper drin oder so. Manchmal denke ich darüber nach, den M. rectus medialis richten zu lassen, aber ich habe keine Lust, bei einer Schönheitsoperation zu verrecken. Die habe ich, ehrlich gesagt, nicht gerade nötig.

Die drei großen Lieben meines Lebens: Hans, Pemba, Christian. Dem ersten brach ich das Herz, weil ich glaubte, ich könnte einen Besseren finden. Der zweite brach mir das Herz, weil er glaubte, er könnte eine Bessere finden, und den dritten wollte ich heiraten, ließ es dann aber, als ich herausfand, dass er tatsächlich eine Bessere gefunden hatte. Das ist jetzt vier Jahre her. Ich mag Hühnerfrikassee und dunkle Lebkuchen mit Oblaten.

Meine beste Freundin heißt Mimi. Wenn sie einen Raum betritt, ducken sich die Männer, bevor sich Unruhe breitmacht wie in einem Stall voller Jungbullen, in den gerade eine Kuh geführt wird. Mimi ist größer als die meisten Männer, mit denen sie schläft, was gewisse Vorteile hat: »Schätzchen, wenn er nicht tut, was mir gefällt, kann ich mich immer noch auf ihn draufsetzen. Dann hat er keine Chance.« Jahrelang habe ich an einen Scherz geglaubt, aber inzwischen bin ich mir nicht mehr so sicher. Ich habe eine Menge ihrer Typen kennengelernt und für den einen oder anderen echtes Mitleid empfunden bei der Vorstellung, dass Mimi auf ihm liegt. Wenn sie nicht so wunderbar festes Fleisch hätte, müsste ich sagen, sie sei dick.

Telefonate mit Mimi fangen normalerweise so an: »Gestern

habe ich aus Versehen den Taxifahrer mit ins Bett genommen.« Oder: »Der kleine Kellner aus der Vinothek ist wirklich in jeder Hinsicht klein, ich frage mich, wie er damit pinkeln kann.« Mimi telefoniert gern. Die Uhrzeit ist ihr dabei ziemlich egal. Ich liege dann meistens noch im Bett.

»Süße, du wirst nicht glauben, was mir gestern auf dem Nachhauseweg passiert ist. Du erinnerst dich doch an Gabriel, diesen Typen mit dem Tattoo auf dem Schädel.«

Ich konnte mir nur ungefähr ausmalen, was jetzt kommen würde. Wahrscheinlich hatte sie festgestellt, dass das Tattoo bis zu seinem Schwanz reichte. Aber um klar zu denken, war ich viel zu verkatert.

»Mimi«, zischte ich in den Hörer, »es ist 9 Uhr. Und Sonntag. Außerdem kann ich nicht reden. Du weißt schon.«

»Was, der Typ ist immer noch da? Du musst dir mal angewöhnen, die Kerle sofort wieder rauszuschmeißen.« Mimi atmete schwer in den Hörer. »Was du brauchst, ist ein Reinigungskommando, das dir die One-Night-Stands aus dem Bett räumt, bevor du wach wirst.«

»Das sind keine One-Nights-Stands«, sagte ich und versuchte, mit einem Schluck Wasser den Putzlappen aus meinem Mund zu spülen. »Das sind Vorstellungsrunden.«

Ich drehte mich nach rechts. Dort lag ein Mann. Sein Mund war geöffnet, seine Wangen vibrierten leicht beim Atmen. Er hatte lange, dunkle Wimpern und einen wirklich hübschen Mund. Wie schade, dass der liebe Nathan bald aus meinem Leben verschwinden würde.

Denn leider konnte auch er meine Erwartungen nicht wirklich erfüllen.

Der Esoteriker. Oder wie ich einmal lernte, mich im universellen Zusammenhang zu begreifen, obwohl ich eigentlich nur Sex haben wollte

Ich war gut drauf. Ich konnte es fühlen. Mein Körper war im absoluten Einklang mit sich selbst. Dieser Orgasmus hatte mich mit der Wucht einer Kanonenkugel getroffen und fast aus dem Sattel geworfen. Jetzt war ich wieder klar. Bei jeder Bewegung durchflutete mich ein Gefühl vollkommener Harmonie. Ich hatte die Kontrolle.

Der Mann unter mir zog seine Unterlippe zwischen die Zähne. Als er ausatmete, bildeten sich an seinen Mundwinkeln kleine Bläschen. Seine Nase zuckte. Ich betrachtete seine Augenbrauen, die in einem steilen Bogen nach unten verliefen. Anspannung verzerrte sein Gesicht. Er sah irgendwie scharf und alt und tückisch aus.

Sein Mund entspannte sich erst, als er mich plötzlich an den Hüften packte und über sich hin und her schob wie Lebensmittel auf einem Scanner. Er drehte den Kopf nach links, dann nach rechts. Ich ritt ihn härter. Das schien ihn vollkommen verrückt zu machen. Jedenfalls griff er noch fester zu und riss die Augen dabei auf. Seine Pupillen wurden weit, und seine Lippen formten ein vollendetes O.

Er schüttelte den Kopf, dann fing er an, seinen Schädel wie einen Presslufthammer ins Kissen zu rammen. Der ganze Kerl geriet in Wallung, er zuckte, als hätte er einen epileptischen Anfall.

Ich konnte mich nur mit Mühe oben halten. Sein Körper bebte in Ekstase. Mimi würde stolz auf mich sein. Ich war es jedenfalls.

»Oooooachhh! Aaaaaaahhaaaahh!« Er klang wie Chewbacca im Kampf gegen die dunkle Seite der Macht. »Nnngnaaaaaa!« Ein kurzes letztes Aufbäumen, dann spürte ich, wie er das Kondom vollpumpte.

Ich finde, Sex ist immer dann am besten, wenn man das Gefühl hat, es dem anderen so richtig besorgt zu haben. Ich glitt von ihm herab und warf mich auf die Matratze. Noch ein paar Augenblicke, und ich würde friedlich schlummern.

»Mann, Mann«, sagte der Typ neben mir plötzlich und richtete sich auf. Er knotete das Kondom zusammen und sah mich an. »Du bist ja eine ganz schöne Mogelpackung.«

Ich war sofort hellwach. Komplimente nehme ich gern bei vollem Bewusstsein entgegen. Vermutlich hatte er eine ganz gewöhnliche Nummer erwartet. Klar, dass er jetzt beeindruckt war.

»Wieso?«, flötete ich. Ich lehnte mich ans Kopfende und sah zu, wie er in seine Socken stieg. Ob er schnell noch mal los wollte, um mir Blumen zu kaufen?

»Weil nichts von dem stimmt, was man so über dich hört«, sagte er und schlüpfte in seine Jeans. »Mit der Leistung bringst du nicht mal einen Schuljungen in Wallung. Ganz ehrlich, Baby: Besser, du stellst dich noch mal ein paar Jahre auf die Weide.«

Ich spürte, wie mein Unterkiefer langsam runterklappte. Ich versuchte, ihn wieder hochzukriegen, aber es funktionierte nicht.

Der Typ fuhr ungerührt fort, mich runterzumachen. »Bisschen Bewegung in der Hüfte, verstehst du? Weniger Sandsack, mehr Pole Dance.« Ich starrte ihn an. Mein Gesicht muss so leer gewesen sein wie eine frische Mülltüte. Er war noch längst nicht fertig. »So, Zuckerhäschen«, fuhr er fort. »Ich hab morgen früh einen Termin. Also sag ich danke und: Nein danke, nicht noch mal. Ciao, mach's gut!« Damit schnappte er sich Hemd und Jacke und verschwand im Flur. Fünf Sekunden später hörte ich die Wohnungstür ins Schloss fallen.

Zehn Stunden später klingelte es Sturm. Ich konnte Mimi die Treppe hochstampfen hören. Sie wird echt sauer, sobald mir jemand wehtut. Wenn sie den Typen jemals in die Finger kriegte, würde sie ihm zweifellos die Eier ausreißen.

Sie stieß die Tür auf. Ihr Körper füllte fast den Rahmen aus. Das Licht des Hausflurs bildete eine funkelnde Aura um ihre Silhouette, sodass sie aussah wie eine sehr mächtige Marienerscheinung. Oder die Ausgeburt der Hölle, je nachdem auf welcher Seite man stand.

»Was zum Teufel machst du da?« Ihre Stimme hatte einen drohenden Unterton. Mimi im Zorn ist wie ein Kampfhund auf Katzenjagd. Ich bemühte mich, keinen Fehler zu machen. »Ich schiebe mein Bett an die andere Seite«, sagte ich und stemmte mich gegen den Bettrahmen, der sich kein Stück bewegte. »Außerdem sortiere ich meine Klamotten neu. Feng-Shui- und sexmäßig ist dieses Zimmer der Vorhof zum Fegefeuer. Wenn ich erst mal alles umgeräumt habe, werden sich die Männer hier automatisch wohlfühlen.« Ich ächzte.

Mimi wühlte sich durch die Klamottenberge auf dem Boden bis zu mir durch. Dann löste sie meine Finger aus der Umklammerung des Gestells und zwang mich auf die Bettkante. »Du spinnst. Wer ist dieser Niemand überhaupt?«, fauchte sie. »Hast du seine Adresse? Seine Telefonnummer? Er ist ein Nichts! Ich werde ihm seinen Schwellkörper entfernen, bis er nur noch ein trauriges Tütchen spazieren trägt!«

So viel Mitgefühl tat mir gut. Meine Augen begannen, kleine Perlen zu spucken und dann immer mehr, bis mein Gesicht eine Feuchtigkeitsmaske aus Rotz und Tränen trug. Ich schluchzte hemmungslos und sabberte Mimis neues Kleid voll. »Vera Wang?«, blubberte ich. »Mach dir keine Sorgen«, sagte sie und streichelte meinen Kopf. »Nichts, was man mit ein bisschen Wasserstoffperoxid nicht wieder hinbekäme.«

Den meisten Dingen im Leben stehe ich ziemlich neutral gegenüber. Ich bin wie die Schweiz, nur mit Vagina. Aber wenn jemand behauptet, ich sei nicht gut im Bett – ehrlich: Das geht zu weit.

Mimi wischte mir die Tränen weg und sah mich an. »Süße, was du jetzt brauchst, ist ein ordentlicher Aufbau-GV mit jemandem aus der Heerschar deiner Anhänger. Und dann sollten wir uns mal nach neuen Inspirationsquellen umsehen.«

Ich wusste nicht, ob sie meine Wohnungseinrichtung meinte oder unser Leben allgemein. Aber die Idee mit der neuen Inspirationsquelle war mir auch schon gekommen.

Zwei Wochen später.

»Ein Tantra-Workshop?« Mimi ließ ihren Koffer fallen, als hätte sie sich am Griff verbrannt. »Schätzchen, wenn du mir das früher gesagt hättest, wäre ich gar nicht erst mitgekommen. Ich könnte dich rechtlich belangen wegen Vorspiegelung falscher Tatsachen!« Ich setzte meine Sonnenbrille auf und tätschelte ihr beruhigend den Arm. »La Gomera ist wunderschön, du wirst schon sehen«, sagte ich, »und ich behaupte ja gar nicht, dass wir eine Fortbildung nötig haben. Aber ich finde es richtig, dass wir für neue Impulse offen sind. Außerdem ist es nicht nur Tantra, sondern auch Kamasutra und ein paar andere Sachen, die ich vergessen habe.« Mimi sah mich voll Mitleid an. »Neue Impulse?«, sagte sie. »Eine Woche mit alten Weibern in langen Gewändern auf Meditationskissen hocken und seufzen ist nicht gerade das, was ich unter neuen Impulsen verstehe.«

Sie schüttelte den Kopf, steckte sich ihre Sonnenbrille ins Gesicht und zwang einen dürren Taxifahrer, ihren riesigen Koffer in den Wagen zu wuchten. Ich schob meine Tasche hinterher und rutschte auf die Rückbank des schwarzen Peugeot, den nicht viel mehr zusammenhielt als die Hoffnung des Dürren, noch ein paar Touristen damit abzocken zu können.

Zehn Minuten später hätte ich mich gern aus dem Fenster gehängt, um den Asphalt zu sprenkeln. Die Straße wand sich in engen Schlingen um die Hänge. Mitten in den Kurven gab der Fahrer jedes Mal Gas. Der Motor stöhnte. Wegen der Filterlosen in seiner Hand verspürte der Taxityp offenbar wenig Lust, die Schaltung zu bedienen. »Tu's lieber nicht«, sagte Mimi. »Diese Tür sieht aus, als würde sie häufiger mal rausfallen.« Wo sich normalerweise die Verkleidung befand, um all die hässlichen Schrauben zu verstecken, hatte jemand liebevoll zwei riesige Stahlleisten befestigt – und das offenbar zu einer Zeit, als ich noch in die Grundschule ging. Ich zwang meinen Blick, sich am Horizont festzuklammern. Irgendwann schlief ich ein.

Eine Stunde später kam der Wagen quietschend vor einem Tor zum Stillstand. Für das Tor hatte jemand einen halben Wald abgeholzt und ihn mit Stricken zu einer Art Schutzwall zusammengeflochten. Darüber war ein Schild in Regenbogenfarben montiert: »Welcome to the Palladium of Love and Light«.

»Hübsch«, sagte ich. Ich fand es wichtig, dem Ganzen eine positive Grundstimmung zu verpassen.

»Du bist verrückt«, sagte Mimi. »Die werden uns hirnwaschen und anschließend zwingen, seltsame Namen anzunehmen.« – »Ja«, sagte ich, »aber denk an all die multiplen Orgasmen, die sie uns dazu verabreichen werden.« Ich versuchte, fröhlich zu klingen. Ein bisschen Korrektur konnte ich durchaus vertragen. Mein Orgasmus war nämlich ein fauler Hund. Er konnte nur klitoral. Vaginal oder multipel bekam er einfach nicht hin.

Das Tor öffnete sich geräuschlos. Mimi blickte mich an. Ich blickte Mimi an. Keiner von uns hatte das Ding berührt. Vorsichtig schauten wir uns um und gingen schließlich hinein. Kein Mensch war zu sehen. Nur ein staubiger Fußweg, der sich zwischen dicht gewachsenen Büschen verlor. »Da hinein?«, fragte Mimi misstrauisch. Ich zuckte mit den Schultern. »Ich nehm's an.«

Nach ein paar Windungen hatten wir die Wahl, uns weiter durchs Gebüsch zu schlagen oder nach rechts in einen Palmenhain abzubiegen. »Psst«, machte Mimi, »da bewegt sich was.« Zwischen den Palmen tänzelte ein bunter Punkt, der allmählich größer wurde. Mit schwingenden Schritten kam eine Frau auf uns zu. Auf dem Kopf trug sie einen Turban. In Mimis Gesicht machte sich eine Gewitterwolke breit. »Willkommen, ihr Lieben«, zwitscherte die Frau, als hätte sie einen Schwarm Singvögel verschluckt, »der Meister wartet bereits auf euch.«

Der Meister sah nicht sehr meisterhaft aus, zumindest unter transzendentalen Gesichtspunkten. Er hatte nichts Erleuchtetes, sondern eher Samenüberdruck. Sein Oberkörper war zwar braungebrannt und wie aus dem Lehrbuch für scharfe Typen, aber gleichzeitig wirkte er so angespannt wie der eines Mannes unter großem Stress. Vielleicht wollte er auch nur seine Muskeln zur Geltung bringen. Ich schätzte ihn auf Ende dreißig. Sein Gesicht war gegerbt wie das eines Seemanns. Doch obwohl um seine Augen eine Menge Lachfältchen spielten, schimmerten seine Augen kaum, sondern wirkten leblos wie alte Knöpfe. Ich kannte den Blick von Männern, die zu lange nicht gevögelt worden sind. Für einen Tantralehrer war das kein gutes Zeichen. Er sollte uns schließlich die Freuden der körperlichen Vereinigung näherbringen. Nicht das Lange-umsonst-drauf-Warten.

»Meine Name ist Gurmukh«, sagte er, nachdem er uns mit einem Blick gemustert hatte, den er vielleicht für tiefgründig hielt. »Das bedeutet ›Der, der Tausenden über allen Ozeanen hilft‹.« Er machte eine Pause, damit wir die Worte gebührend wirken lassen konnten. Ich schubste sie ein wenig hin und her und fand, dass sie irgendwie falsch klangen. »Muss es nicht heißen ›über alle Ozeane hilft‹?«, sagte ich. »So wie ein Fährmann, oder?« Gurmukh schüttelte gütig sein Haupt. »Nein, der Name bedeutet, dass ich Menschen auf der ganzen Welt helfen kann. Egal, auf welchem Kontinent.«

»Wow«, sagte ich, um zwischen dem Meister und uns ein wenig Nähe zu schaffen. »Das ist ja eine ziemliche Aufgabe.«

»Ja«, sagte Gurmukh, »ich nehme mir auch viel Zeit dafür.«

»Ah, Zeit«, fuhr Mimi dazwischen, »ist leider genau das, was wir nicht haben. Wenn's recht ist, würden wir gerne möglichst bald loslegen. Mein Körper fängt gerade unheimlich erregende Schwingungen auf.«

Manchmal war sie wirklich unmöglich.

Wir schleppten unser Gepäck wieder durch die Büsche. Die bunte Frau tänzelte vor uns durch den Staub. »Hier werdet ihr schlafen«, sagte sie und stieß die Tür zu einem muffig riechenden Zimmer auf, das jemand direkt aus den Siebzigern hierher gebeamt hatte. Selbst die Betten waren aus Rattan. Wer auch immer für die Einrichtung zuständig war, hatte seine Vorliebe für Braun und Orange voll ausgelebt. Die bunte Frau hüstelte. »Bitte zieht euch die Gewänder an, der Unterricht beginnt in 15 Minuten.« Sie deutete auf die Rattanbetten, wo zwei Kleiderhaufen lagen, drehte sich mit einem kleinen Hüpfer um und schwang zur Tür hinaus.

»Du schuldest mir was«, sagte Mimi und hielt angewidert die weißen Lappen in die Höhe, die in den nächsten Tagen unsere Luxuskörper bedecken sollten. »Verlass dich drauf.«

Es war schwer, in dem Lappen zu gehen. Er war im Grunde geschnitten wie ein Judoanzug, nur dass er aus wesentlich mehr Stoff bestand. Ich war nicht sicher, ob ich ihn korrekt angelegt hatte. Der Schlauch, in dem mein rechtes Bein steckte, war irgendwie kürzer als der auf der linken Seite. Und im Schritt kniff es fürchterlich, dafür schleppte ich eine beträchtliche Stoffbahn hinter mir her. Vielleicht konnte man sich aus dem Ding auch noch einen Turban basteln.

Viel Mühe hatten sie sich beim Bau der Meditationshalle nicht gegeben. Wie Streichhölzer stachen vier Bambusstangen in den Himmel, zwischen denen meterweise Stoff flatterte. »Offenbar gehen die hier davon aus, dass Gott auf ihrer Seite ist«, sagte ich zu Mimi und zeigte auf das fehlende Dach. »Offenbar gehen die auch davon aus, dass Gott voll gerechten Mitleids ist«, sagte Mimi und deutete auf die Teilnehmer. Auf dem Boden der Konstruktion saßen sieben Männer und sieben Frauen in den gleichen bescheuerten Anzügen wie wir und wiegten sich sanft wie Gras im Wind.

Es sah aus, als würden wir bei null anfangen. Sämtliche der Anwesenden waren offenbar zahlende Mitglieder des Clubs »Ach so, DAS ist eine Vagina. Und DAS ist wirklich ein Penis?«. Mimi und ich passten ungefähr so gut in die Runde wie Kakerlaken in eine Sahnetorte.

Nach ein paar Minuten hatte Mimi spitzgekriegt, dass Gurmukh mit bürgerlichem Namen Bartholomäus hieß. »Ich kann niemanden mit einem Koboldnamen ansprechen«, sagte sie. »Schon gar nicht, wenn ich den Typen an meine Muschi lassen soll.«

»Nur theoretisch.«

»Wie auch immer.« Mimi riss die Hand hoch. »Bart, huhu, hier hinten!« Gurmukh sah verwirrt auf. »Ich wollte nur fragen, ob es nicht sinnvoller ist, wenn wir uns entkleiden. Ich meine, nur so, um der Körperlichkeit eine Chance zu geben.«

Gurmukh schüttelte traurig den Kopf.

»Verdammt«, zischte ich. »Ich möchte meine Orgasmuswahrscheinlichkeit auf 150 Prozent bringen. Jetzt warte doch erst mal ab. In ein paar Tagen können wir immer noch alles in Schutt und Asche legen.«

Die Ungeduld und der Orgasmus, das sollte ich noch lernen, gehen selten Hand in Hand.

Durch die Stoffbahnen konnte ich die Sonne langsam von links nach rechts wandern sehen. Ich war nassgeschwitzt und erschöpft. Ich hatte noch nie etwas von Kundalini-Yoga gehört. Zu Recht. Das Zeug war etwas für Wahnsinnige oder solche, die es werden wollten. Pausenlos musste ich den Oberkörper verdrehen oder die Hüften einknicken, bis es knackste, als wären meine Glieder in Luftpolsterfolie gepackt. Ich durfte nicht mehr normal atmen, sondern nur noch hecheln. »Die Atmung wird euch auf ein neues Level bringen«, sagte Gurmukh und presste die Luft so nachdrücklich aus seinen Lungen, als hätte er CS-Gas drin.

Ich konnte das neue Level heraneilen spüren. Es bestand aus zu viel Kohlendioxid und zu wenig Sauerstoff. Genauso gut hätten wir uns gegenseitig strangulieren können. »Tut mir leid«, japste ich in Mimis Richtung, »vielleicht wären wir doch lieber daheimgeblieben. Da müssen wir für miesen Sex wenigstens nichts bezahlen.«

Mimi schüttelte den Kopf. »Entschuldigung nicht akzeptiert«, sagte sie, »aber wo wir schon mal hier sind, werde ich wenigstens so tun, als würde ich mitmachen.«

Es dauerte keine zehn Sekunden, dann sah sie genauso weggetreten aus wie die anderen. Ich blickte um mich. Sie alle hatten ein seliges Lächeln auf den Lippen. Ich war inmitten von lauter Menschen auf dem Weg ins sexuelle Nirwana. Sie hatten nur vergessen, mich mitzunehmen.

Das Abendessen schmeckte mir nicht. Eine freundlich lächelnde Frau schaufelte mir einen Batzen grünen Brei auf den Teller. »Alles ayurvedisch zubereitet«, flötete sie und federte davon. Ich nahm mir einen Löffel voll. Es schmeckte, als hätte jemand mit viel Liebe einen Eimer Schlamm ausgekocht und zum Schluss grüne Bohnen dazugegeben, der Farbe wegen. Mimi hing über ihrem Teller und schaufelte. »Sonst bestreitest du den halben Jahresumsatz der deutschen Fleischindustrie allein, und jetzt isst du so was?« Ich schob mein Wasserglas von mir. Mimi blickte von ihrem Teller auf und sah mich an. »Ich mach hier bestimmt nicht den Miesepeter«, sagte sie. »Außerdem tut vegane Nahrung meiner Darmflora gut.« Sie rülpste leise. »Davon abgesehen, hattest du völlig Recht. Das hier ist ideal, um dieses Arschloch zu vergessen. Dinge von geringer Bedeutung gehe man mit großer Ernsthaftigkeit an.«

»Wer sagt denn so was?«

Mimi zuckte mit den Schultern. »Keine Ahnung. Irgendein Samurai.«

»Und du bist jetzt ein Samurai, oder was?« Ich wusste auch nicht, was mich so wütend machte. Vielleicht war es der absolute Mangel an Erotik, der in der Luft lag.

Der Rest der Bande gab sich alle Mühe, meine Theorie »Sex ist im Wesentlichen Kommunikation mit viel Flüssigkeit« ins Leere laufen zu lassen. Sie lächelten schweigend über ihren Näpfen. Kein Wunder. Was sollen sich 40-jährige Jungfrauen schon groß zu erzählen haben?

Der Mond strengte sich mächtig an, die Anlage in romantisches Licht zu tauchen. Mimi lag auf dem Bett und schlief. Vielleicht war es einfach so, dass ich nicht kapierte, worum es hier ging. Vielleicht hatte Gurmukh auch genau in dem Moment die entscheidende Botschaft verkündet, als ich ein paar Kolibris dabei zusah, wie sie Nektar aus Blütenkelchen leckten. Ich war definitiv bereit, ein Blütenkelch zu sein. Jetzt musste ich nur noch den passenden Kolibri finden.

Kurz überlegte ich, ob der lagereigene Overall das richtige Kleidungsstück sei. Ehrlich gesagt, war das Ding ein perfekter Ständer-Killer. Genauso gut könnte ich zu einem Date ein Hochzeitskleid anziehen.

Ich warf den Fetzen in die Ecke und stieg in ein enges Baumwollkleid. Zwei Minuten später trat ich nach draußen, um Erleuchtung zu finden.

Die Luft war noch warm. Die perfekte Nacht, um rumzumachen und ein wenig mit meinem kaum vorhandenen Würgereflex anzugeben.

In den meisten Hütten war das Licht gelöscht. Der Weg verlief parallel zum Strand. Das Rauschen der Wellen lieferte sich mit den Grillen einen Wettstreit, wer am meisten Krach machen konnte. Irgendwo im Wald jaulte ein Hund.

Die Mannschaftsquartiere lagen ein wenig abseits. Der Weg machte eine scharfe Biegung nach links und mäanderte dann einen kleinen Hügel hinauf. Ich hatte keine Ahnung, wohin ich gehen musste.

Nach einer weiteren Biegung fiel es mir plötzlich leicht, die Fährte aufzunehmen. Das schwere Aroma von Räucherstäbchen führte mich schnurstracks zu einem kleinen Haus, dessen Terrassentür weit geöffnet war. Aus der Tür quoll dicker Qualm und verpestete die Nachtluft.

An der Quelle des Qualms saß Gurmukh.

Er hatte mir den Rücken zugewandt und bewegte sich nicht. Ich wartete eine Weile. Er bewegte sich immer noch nicht. Ich brauchte einen Moment, bis ich kapierte, was er da eigentlich tat. Gurmukh saß mit verschränkten Beinen mitten in seinem Zimmer und starrte die Wand an.

»Ähem«, sagte ich. Nichts. »Äh, hallo?« Mit der Trägheit einer Schnecke, die sich aus ihrem Haus pellt, kam endlich Bewegung in den Mann. Die Muskeln rollten unter seiner Haut, der kerzengerade Rücken wurde noch ein wenig gerader. Dann kam die ganze Maschine wieder zum Stillstand. Vermutlich war das einzige Rennen, das er jemals gewonnen hatte, das zur Eizelle seiner Mutter gewesen.

»Entschuldige«, sagte ich, »ich wollte dich nicht stören bei, tja, bei dem, was du eben tust.«

»Sesshin«, sagte Gurmukh, ohne sich zu rühren, »das ist das Vertrautwerden mit dem eigenen Geist. Ich versuche, das Ursprüngliche und Wesentliche im Universum zu berühren.«

»Wow. Und schon bin ich hier«, sagte ich. »Toll, wie das funktioniert!« Ich lachte über meinen Scherz. Ehrlich gesagt, lachte ich sogar ziemlich laut. Keine Ahnung, welche Sorte Kräuter Gurmukh hier röstete, aber auf jeden Fall hatten sie eine ziemliche Wirkung.

»Na ja, Spaß beiseite«, sagte ich. »Ich wollte dich mal fragen, ob du auch Privatstunden gibst. Irgendwie bin ich die Einzige, die das System nicht so ganz kapiert, und die Sache mit dem Orgasmus ist mir wirklich ziemlich wichtig.«

Gurmukh wendete sein Seemannsgesicht langsam wie ein Hochseetanker und warf mir aus nebligen Augen einen Blick zu, der mich knapp verfehlte. Mir war vorher gar nicht aufgefallen, dass er schielte. »Ja«, sagte er dann, »Gurmukh ist bereit, mit dir zu arbeiten. Du bist blockiert. Deine Meridiane können nicht richtig fließen, das spüre ich ganz deutlich.«

»Uh«, machte ich, »das könnte am BH liegen. Diese Push-up-Dinger bringen mich noch um.«

Ich lachte. Aber lachen war offenbar nicht angesagt.

Gurmukh bedeutete mir, mich auf die Matratze in der Ecke des Raumes zu setzen. Ich ackerte mich durch eine Lawine von Kissen, die mit winzigen Spiegeln bestickt waren, um eine ebene Fläche unter dem Hintern zu haben.

Gurmukh musterte mein Kleid. Er seufzte. »Vielleicht wäre es gut, wenn du dich ausziehst«, sagte er, »dann kann ich mit deinem Körper arbeiten und gleichzeitig sehen, wo die Schwachstellen sind.«

»Jepp«, sagte ich und zog das Kleid über den Kopf. »Prima

Idee. Aber lass das mit den Schwachstellen nicht meinen Personal Trainer hören, der wird sonst echt sauer.« Ich musste schon wieder kichern. Vielleicht war ich allergisch gegen Esoterik. Hoffentlich würde ich keinen anaphylaktischen Schock kriegen.

Gurmukh zog die Hose aus und setzte sich neben mich. Sein Schwanz lag friedlich zusammengerollt in seinem Schoß. Ich hatte schon Joints gedreht, die dicker waren, allerdings keine in vergleichbarer Länge. Er war die Art Penis, bei der ich immer Angst habe, sie könnten meine Gebärmutter aufspießen wie eine Cocktailzwiebel.

»Beim Tantra und auch beim Kamasutra geht es darum, Zugang zur Quelle deines Seins zu finden«, sagte Gurmukh und faltete die Hände vor seiner Iggy-Pop-Brust. »Was wir mit unserer Sexualität erreichen wollen, ist der Weg nach innen.« Er glaubte wohl, dass ich in Anatomie nicht richtig aufgepasst hatte. »Natürlich nach innen«, sagte ich und ruckelte hin und her, »das ist mir schon klar.«

»Schön«, sagte Gurmukh, »dann wollen wir jetzt gemeinsam meditieren.« – »Und das war's?« Gurmukh nickte. »Der Weg nach innen ist voller Steine, die wir erst aus dem Weg räumen müssen. Es ist harte Arbeit.« Mein Weg nach innen war garantiert nicht voller Steine. Ich hatte gerade erst geduscht.

Zum Frühstück gab es Müsli. »Du«, sagte ich zu Mimi, »da ist ein Penis in meinen Haferflocken. Meinst du, ich kann aus Müsli meine Zukunft lesen?« Mimi beugte sich über meinen Napf und blickte hinein. »Ich kann es nur hoffen«, sagte sie, »so überspannt, wie du wirkst.« Ich sah ihn ganz deutlich. Gleich rechts neben einer Rosine formte sich ein Schwanz, der langsam in Milch unterging. Für mich war das ungefähr das Gleiche, als würde einem Katholiken Jesus erscheinen. Die Botschaft war leicht zu deuten: Du sollst nicht meditieren, wenn du vögeln kannst.

Während des Kurses war ich unkonzentriert. Ich hatte keine Lust auf Yoga. Und schon gar nicht auf Meditation. Gurmukh warf mir gelegentlich missbilligende Blicke zu. »Nun möchte ich, dass ihr die Augen und euren Geist leert«, sagte er. »Das sollte für die Leute hier nicht allzu schwer sein«, raunte ich Mimi zu. Aber sie war voll in ihrer Rolle. »Ist es so richtig, Bart?«, fragte sie. »Bart, glaubst du, Sex ist befriedigender, wenn ich mich in den anderen einfühle?« Gurmukh tätschelte ihr gütig den Kopf. »Du wirst es bald herausfinden, Schwester, hab Geduld.«

Da ich nicht allein in der Realität zurückbleiben wollte, versuchte auch ich, meinen Geist zu leeren. Es klappte nicht. Bilder von kopulierenden Paaren tauchten vor mir auf, Brüste, Sperma, das über leicht gebräunte Haut rann. Wenn ich so weitermachte, würden die mich hier einem Exorzismus unterziehen, weil ich mich der Lüsternheit schuldig machte. Das hier war kein Sex-Workshop, sondern ein verdammtes Masochisten-Camp.

Abends trat ich wieder meinen Gang in die Räucherhöhle an.

»Ich habe in die Sterne gesehen«, sagte Gurmukh. »Unsere Aszendenten verheißen uns körperlichen Energiefluss.« Dem Himmel sei Dank: Er wollte also doch ficken! Um ein Haar hätte ich ein Kreuz geschlagen, war aber nicht sicher, ob ihm das auf seine karmische Energiequelle schlagen würde. Also ließ ich es bleiben und zog mich stattdessen aus. Manchmal ist das das Sinnvollste, was man tun kann.

»Dir ist der Weg zu deiner inneren Kraft verborgen«, sagte Gurmukh, »aber ich werde ihn dir zeigen. Du musst mir vertrauen.« Ich nickte. »Alles klar. Ich bin hier, um zu lernen.« Ich hatte festgestellt, dass sich Gurmukh besser entspannen konnte, wenn ich meine Sprache der seinen anpasste. Ich wollte ihn nicht erschrecken. Sein Schwanz hatte sich nämlich zu voller Größe aufgerichtet und zeigte auf mich wie die Schreibfeder Vatsyayanas.

Gurmukh tat so, als sei dieser Umstand völlig an ihm vorbeigegangen. »Wir beginnen mit einer Übung aus dem Kamasutra«, sagte er. »Diese Übung nennt sich das Drei-Tage-Programm und dient dazu, deine Spiritualität und deine Empathie zu erwecken.« Fast hätte ich protestiert. Ich bin unheimlich empathisch. Ich weiß zum Beispiel, dass Blow-Jobs für Männer so etwas Ähnliches sind wie Blumen für Frauen. Sie freuen sich einfach, wenn jemand an sie denkt.

Gurmukh stand auf und trug seinen Ständer zu einem bronzefarbenen Gong. Er griff nach einem Klöppel und hämmerte auf die Scheibe, bis der brummende Ton alles zum Vibrieren brachte. Ich hielt den Atem an. Instinktiv rechnete ich damit, dass er mich jetzt gleich bespringen würde, um meine Gebärmutter aufzuspießen. Stattdessen stellte er sich vor mich hin und faltete die Hände. »Elf«, sagte er sehr deutlich, »elf soll deine Zahl sein. Du wirst ein Zwilling Gottes sein. Wir feiern die Kommunion des großen und des kleinen Ich.« Numerologie. Auch das noch!

Was mich betraf, war mein großes Ich schon längst bereit für eine Kommunion. Dem kleinen Ich wollte ich gern nachhelfen. Ich kniete mich hin und schnappte nach Gurmukhs Penis, der immer noch wie ein Baumstrunk gen Himmel wuchs. Ich war mir sicher, dass Gurmukh seinen Namen nicht umsonst trug. Es wurde allmählich Zeit, das Meisterhafte in ihm zu wecken.

Ich kam nicht sehr weit. Gurmukh packte mich an den Schultern und drückte mich zurück auf die Matte. Er schüttelte den Kopf. »Der erste Teil des Programms besteht darin, dass wir uns kennenlernen. Währenddessen dürfen wir uns nur an den Händen halten. Wir werden nun Zugang schaffen zu unseren Gefühlen. Du kannst weinen oder lachen, lass einfach raus, wonach dir ist.«

Als ich zu unserer Behausung zurückkam, hatte ich Muskelschmerzen. Ich hatte ja keine Ahnung, dass Kamasutra so lustig ist.

Vorsichtig schob ich die Terrassentür auf, um Mimi nicht zu wecken. Ich starrte in ein leeres Zimmer.

»Was stehst du denn hier so im Dunkeln?« Die Stimme erwischte mich wie ein Schlag in den Nacken. Ich wirbelte herum.

»Himmel, Mimi, schleich dich doch nicht so an«, keuchte ich. »Was machst du denn hier mitten in der Nacht?« Mimi grinste. »Das Gleiche wie du. Ich hatte noch Lust auf Nachtisch. Da habe ich den Koch vernascht. Oder was glaubst du, wie lange ich ohne Sex auskomme?«

»Ich hatte gar keinen Sex«, greinte ich, »höchstens ein bisschen Nudismus.«

Am nächsten Morgen schleppte ich mich zum Frühstückstisch und fühlte mich der Erleuchtung kein bisschen näher. Einem multiplen Orgasmus allerdings auch nicht. In der Nacht hatte ich geträumt. Im Traum saß Gurmukh in der Mitte eines langen Tisches und verteilte grünen Brei an die Frauen, die rechts und links neben ihm saßen. Nachdem er damit fertig war, hob er seinen Becher und sagte feierlich: »Noch vor Ablauf dieses Kurses wird eine von euch mich betrügen.« Die nächste Traumsequenz zeigte Mimi, wie sie mit dem Koch rummachte. Nicht mal in meinen Träumen kam ich zum Zug.

Meine miese Laune hielt sich bis zum Abend. »Ich geh dann mal zu meiner Privatlektion im Nicht-Vögeln«, sagte ich zu Mimi, die sich mit dem Koch in der Küche verabredet hatte, um ihm seine Möhre zu schälen. Ich beneidete sie glühend. Aber ich hatte mir vorgenommen, das Maximum aus meinem Geld herauszuholen. Da war ich wie die Deutsche Bank.

Gurmukh hockte nackt auf dem Boden. Aus einem kleinen CD-Spieler in der Ecke dudelte orientalische Musik. Er hatte die Augen geschlossen und murmelte Mantras. Ich stand eine Weile im Raum, dann wurde es mir zu blöd. Ich ging an ihm vorbei zur Matte. Mit dem Rücken zu ihm zog ich mich aus.

Plötzlich spürte ich seine Hände auf meinen Schultern. »Heute ist der zweite Tag«, sagte Gurmukh. »Heute werden wir uns mit unseren Körpern beschäftigen.« Ich neige in solchen Situationen zu unpassenden Reaktionen. Am liebsten hätte ich gerufen: »Na, dann mal rauf aufs Pferdchen!« Stattdessen sammelte ich mich und wisperte mit der Bescheidenheit einer Klosterschülerin: »Wie du wünschst, mein Meister.«

Gurmukh schritt zu seinem Gong und klöppelte. Keine Ahnung, was das sollte. Vielleicht hatten sie so eine Art akustisches Abrechnungssystem entwickelt, das speziell auf die Bedürfnisse von Esoterik-Freaks zugeschnitten war. Er drehte sich um. Zum ersten Mal lächelte er. Das Lächeln stand ihm gut. »Machen wir uns heute auf die Reise nach innen?«, fragte ich. Er nickte glücklich. Offenbar standen die Leute hier auf verschlüsselte Andeutungen. »Prima«, sagte ich, »das wurde aber auch Zeit.«

»Das finde ich auch«, sagte Gurmukh und ließ seine warme Hand über meinen Rücken gleiten, »wir dürfen uns überall berühren. Das wird dir den Weg zu deinen innersten Gefühlen weisen. Nur die Genitalien sparen wir aus.« Er schloss die Augen, um sich ganz dem Gestreichel hinzugeben.

»Moment mal«, sagte ich, »wir tun was?«

Eine Stunde später hockte ich vor unserer Hütte und nahm tiefe Schlucke aus einer Weinflasche, die der Koch ins Camp geschmuggelt hatte.

»Ich verstehe das nicht«, sagte ich zu Mimi. »Wie soll ich Kommen können, wenn der Typ mich nicht mal anpackt?«

»Keine Ahnung«, sagte Mimi und griff sich die Flasche. »Ich weiß nicht, ob ich es richtig verstanden habe, aber ich glaube, es geht darum, die Ekstase in sich selbst zu finden.«

»Also geht es um Masturbation?«

»Tja«, sagte Mimi, »wahrscheinlich. Mir ist das auch zu hoch. Noch einen Schluck Wein?«

Am nächsten Tag wartete ich gar nicht erst, bis es dunkel wurde. »Meister«, rief ich, als ich die Tür zu Gurmukhs Bude aufriss, »bitte erleuchte mich!« So viel Hingabe an die Sache schien ihn zu freuen. Sein Pimmel war zumindest startklar. »Nun gut«, sagte er, »dann wollen wir zunächst unsere Emotionen kanalisieren.«

»Scheiß auf die Emotionen«, sagte ich, »ich will endlich den Weg nach innen kennenlernen.« Offenbar fiel Gurmukh darauf keine Erwiderung ein. Er sackte auf sein Lager und nahm mich mit. »Die ideale Form der Vereinigung wird in dem Fall eine Stellung aus dem Ananga Ranga sein«, sagte Gurmukh, »doch lass mich dich erst stimulieren.« Ehrlich gesagt, brauchte ich keine Stimulation. Die Durststrecke war lang genug gewesen. Meine Muschi sabberte vor sich hin wie ein junger Welpe.

Gurmukh streichelte meine Schamlippen und rutschte dann zwischen meine Schenkel. Seine Zunge fing an, mit meiner Klitoris zu raufen. Ich konzentrierte mich. Mein Herz fing an zu puckern, wahrscheinlich vor Aufregung, weil der Meister selbst mir gleich den ersten multiplen Orgasmus meines Lebens schenken würde.

Plötzlich schoss er zwischen meinen Beinen hoch und biss mir mit Schmackes in die Brustwarze. »Au«, sagte ich. »Eine besondere Art der Stimulation«, sagte Gurmukh und betrachtete zufrieden den Abdruck seiner Zähne in meinem Fleisch. »Das nennt man die ›geborstene Wolke‹.«

Ich hatte keine Lust, länger zu warten. »Ich mag lieber Sonnenschein«, sagte ich, »aber sag mal, hast du eigentlich Kondome?« – »Natürlich«, sagte Gurmukh und fing an, unter seiner Matte zu fischen. Für einen kurzen Moment hatte ich Angst, dass er irgendetwas aus Jute hervorzaubern könnte.

Er riss das Plastik mit den Zähnen auf und stülpte es sich über. »Jetzt wollen wir in die allumfassende Position gehen«, sagte er.

Wovon zur Hölle sprach er? Ich hatte keine Ahnung. Das sollte sich rasch ändern. Gurmukh packte meine Beine und verschränkte sie zum Lotussitz. Ich kam mir vor wie eine Eisenstange in den Händen von Lukas, dem Lokomotivführer. Dann lag ich auf dem Rücken wie ein Käfer, nur dass jemand in meine Beine einen Knoten gemacht hatte. »So«, sagte er, »ich nehme dich jetzt.« Das Ganze klang wie ein Einsatzbefehl.

Gurmukh bewegte sich hin und her. Das konnte man von mir nicht behaupten. Ich war wie am Boden festgetackert. Ich konnte mich nicht bewegen, zumindest nicht, ohne mir die Knie zu brechen. Gerade als ich losmeckern wollte, trat Gurmukh offenbar den Weg nach innen an.

Er hielt die Augen geschlossen. Sein Kopf fiel auf die Brust, dann riss er ihn wieder hoch, um ihn gleich wieder nach unten sacken zu lassen. Durch seinen Körper zog ein leises Schaudern. Seine Arme flatterten, als versuche er zu fliegen.

Ich machte meinen Mund wieder zu. Es war unmöglich wegzusehen. Etwa wie bei einem schlimmen Autounfall, wenn überall Körperteile herumliegen.

Gurmukhs Körper fing an zu tanzen. Meine Orgasmuswahrscheinlichkeit sank auf minus 180 Prozent. Dann öffnete er seinen Mund. »OM obhawa shuddha sarwa dharma sobhawa shuddho HAM«.

Gurmukh sang. Das war zu viel. Irgendwie kriegte ich meine Knie auseinander und versetzte ihm einen beherzten Tritt gegen die Brust.

Am nächsten Morgen lag ich mit Mimi am Strand. Der schwarze Sand glitzerte in der Sonne. Die feinen Körnchen wechselten sich ab mit dickeren Brocken vulkanischen Gesteins. Von hinten näherte sich der zuckersüße Kellner unseres Hotels mit einem Tablett. Auf dem Tablett trug er zwei Gläser mit bunten Papierschirmchen.

»Erzähl noch mal: Was hast du ihm genau gesagt?« Mimi drehte sich auf den Bauch, um mir besser zuhören zu können.

»Ich sagte ihm, dass er eine ziemliche Mogelpackung ist. Dass ja wohl nichts von dem stimmt, was man so von ihm hört. Und dass er mit der Leistung nicht mal ein Schulmädchen in Wallung bringt.«

»Herrje«, machte Mimi, »das kommt mir bekannt vor.«

»Gelernt ist gelernt«, sagte ich und nahm meinen Cocktail entgegen. »Jetzt lass uns das Thema behandeln wie Erwachsene.«

»Du meinst, wir verlangen unser Geld zurück?«, fragte Mimi und prostete ein paar jungen Männern zu, die am Strand mit einem Ball tollten.

»Falsch«, sagte ich. »Lass uns nie wieder davon sprechen.«

Der Mitbewohner. Oder wie ich einmal Sex bekam, obwohl ich eigentlich nur einen Untermieter wollte

Die Tür flog mit einem Knall auf und schepperte gegen die Wand. Ein rutschendes Geräusch folgte, dann zerbrach etwas auf dem Boden.

Sobald mir klar wurde, dass das nicht die Art Lärm war, die man mitten in der Nacht hören sollte, schreckte ich aus meinen Träumen hoch und starrte mit ängstlich aufgerissenen Augen in die Dunkelheit. Leider konnte ich überhaupt nichts erkennen. Auf der Suche nach irgendeinem Lichtstrahl blickte ich hektisch nach links, dann nach rechts und wieder zurück. Aber der Raum blieb, wie er war – stockdunkel.

Dann hörte ich etwas, das meine Nackenhaare stramm stehen ließ. Es war das Geräusch von näher kommenden Schritten.

Panik stieg in mir auf. Wohin? Und warum war es so dunkel? Der Angreifer musste die Jalousien heruntergelassen haben, um mich zu verwirren! Dann fiel mir ein, dass ich gar keine Jalousien hatte. Fieberhaft suchte ich in meinem trägen Gehirn nach Antworten.

Plötzlich dämmerte es mir. Verdammte Studentenparties! Bestimmt hatte irgendwer billigen Fusel mitgebracht. Natürlich hatte ich davon getrunken, und jetzt hatte mir der Methylalkohol mein Augenlicht geraubt! Mein Herz hämmerte. Schweiß trat auf meine Stirn. »Ich bin blind«, schrie ich, so laut ich konnte.

»Oh mein Gott, ich bin blind! Hilfe! Ich werde angegriffen! So hilf mir doch jemand!« Irgendetwas polterte gegen mein Bett. Dann berührte mich eine fremde Hand. Sie war kalt. Ich schrie entsetzt auf.

»Bist du noch betrunken?«, hörte ich Mimis Stimme fragen. »Nimm doch einfach mal deine Schlafbrille ab.«

Als Erstes steckte ich mir auf den Schreck eine Zigarette an. »Was ist heute eigentlich für ein Tag?«, fragte ich.

Mimi sah mich an, als wäre ich Marty McFly, der nach seiner Zeitreise an den Frühstückstisch kommt. Oder, schlimmer noch, George McFly. Hallo, McFly, jemand zu Hause? »Es ist Dienstag, der 27. April 1993, Süße«, sagte sie. »Und zwar 10 Uhr und 37 Minuten, falls du es genau wissen willst. Hast du heute eigentlich keine Vorlesung?«

Zwanzig Minuten später saßen wir am Frühstückstisch. Es gab Brötchen, Fleischwurst, Milchkaffee und Gauloises Blondes. Auf dem Tisch standen ein paar leere Bierflaschen. Aus dem Radio pumpte »All that she wants« von Ace of Base.

»Du brauchst eine Mitbewohnerin«, meinte Mimi und schob die Bierflaschen zur Seite. »Aber keine, die irgendwas Kreatives studiert. Nimm eine Juristin, die sind reinlich. Dann musst du nicht aufräumen. Und vor allem würde eine Juristin die Finger von deinen Typen lassen.«

»Weil sie Angst vor Dreiern hat?«

»Weil Juristinnen generell Angst haben, sich ihr Twin Set zu bekleckern«, sagte Mimi. »Und sie gehen immer früh aus dem Haus. So eine wäre perfekt.«

»Ich will keine Juristin«, sagte ich. »Wenn ich meine Wohnung schon mit jemandem teilen muss, dann will ich wenigstens Spaß haben.«

Prinzipiell hatte Mimi natürlich Recht. Die Wohnung war zu groß für mich. Außerdem konnte ich nicht nur ein bisschen extra Cash gebrauchen, sondern wirklich jemanden, der mir ab und zu kostenlos die Küche und das Bad wienerte. Putzpläne in WGs sind etwas Göttliches. Vor allem für denjenigen, der den Hauptmietvertrag unterschrieben hat.

Also ließ ich die Uni sausen und ging mit Mimi in den Copy-Shop, um ein Mitbewohnergesuch zu vervielfältigen.

Das Kopiergerät spuckte unseren ersten Entwurf aus. Da stand:

Saubere, ruhige Mitbewohnerin ohne bemerkenswert laute Hobbies gesucht. Sollte trotzdem auf Sting und Janet Jackson stehen. Keine Whitney Houston/Mariah Carey-Fans!! 18 m^2, 200 Mäuse warm. Telefon und TV vorhanden.

Stumm betrachteten wir den Zettel. »Bin mal gespannt, wer sich darauf meldet«, sagte Mimi. »Das hört sich irgendwie nicht gerade nach Spaß an.«

»Warum darf ich auch keinen Typen nehmen?«, sagte ich. »Der könnte mir die Wasserkästen hochschleppen und Löcher bohren.«

»Genau das ist das Problem«, sagte Mimi. »Ihr kämt aus dem Löcher bohren nicht mehr raus. Und dann musst du dir ständig neue Mitbewohner suchen, weil dir der alte auf den Keks geht.« Sie strich sich ihr Holzfällerhemd glatt. Mimi fuhr wirklich voll auf Kurt Cobain ab. Jedenfalls trug sie ständig karierte Hemden. Außerdem hatte sie aufgehört, sich die Haare zu kämmen. In letzter Zeit sah sie aus, als würde sie sich mit Motoröl frisieren.

»Ich bin doch nicht bekloppt. Mit meinem Mitbewohner würde ich garantiert nichts anfangen. Das gibt doch nur Stress! So ein Mann im Haus ist einfach wahnsinnig praktisch. Denk nur mal, wie viel Bier der und seine Freunde hochtragen können, wenn wir mal Party machen!« Ich nahm einen Filzstift und schrieb unter das Gedruckte die Worte: »Meinetwegen auch Typen«.

Mimi nickte. »Wenn es das nicht bringt, dann weiß ich auch nicht.« Ich drückte auf »OK« und kopierte den Wisch 20 Mal.

Das Casting verlief ruhig. Ich spielte an dem Klemmbrett herum, das vor mir lag. Mimi und ich saßen hinter meinem Schreibtisch. Und auf einem Stuhl vor dem Tisch hockte ein Mensch gewordenes weißes Blatt Papier.

Das plattbrüstige blonde Püppchen saß auf seinen Händen und ruckelte hin und her. So dünn, wie das Mädchen war, konnte es bestimmt nicht mal einen Putzeimer heben. »Und auf welcher Schule warst du genau?« Mein Kugelschreiber klackerte auf die Unterlage. Ich hätte viel darum gegeben, wenn sie schneller gesprochen hätte. »Sophie Barat in Hamburg«, sagte sie und machte eine Pause, um ausgiebig aus dem Fenster zu sehen. »Wir waren ursprünglich ein Mädchengymnasium, aber dann haben wir uns auch für Jungs geöffnet.« – »Ach ja?« Mimi beugte sich interessiert vor. »Und in wie weit habt ihr euch da für Jungs geöffnet?«

»Mimi«, sagte ich, »das ist total ungeil. Lass uns einfach den Fragenkatalog durchgehen, okay? So, ähm ... Stefanie«, fuhr ich fort. »Kannst du eigentlich putzen? Und wie sieht es mit Kochen aus?«

Drei Stunden später war immer noch keine geeignete Kandidatin aufgekreuzt. Von Kandidaten ganz zu schweigen. »Wahrscheinlich, weil du Whitney Houston nicht magst«, sagte Mimi. »Die Jungs von heute stehen eben zu ihren Gefühlen.«

»Haha«, machte ich. »Du bist wirklich komisch.« Das Ganze fing an, mir auf den Zeiger zu gehen. Ich hatte mich schon an die Aussicht auf eine saubere Wohnung gefreut. Aber wie es aussah, würde ich wohl doch selber putzen müssen.

Ich ging in die Küche, um ein paar Dosen Bier zu holen. Als ich an der Wohnungstür vorbeikam, schob plötzlich jemand den Briefschlitz auf. Erst konnte ich nur ein paar Finger sehen, dann sagte jemand: »Hey, hallo! Jemand da? Bin zu spät. Mein Fahrrad hatte einen Platten. Ist die Wohnungsbesichtigung schon vorbei oder was?«

»Das ist er!«, sagte ich so leise es ging. »Der ist total perfekt. Ich kann es einfach spüren!« Wir betrachteten beiden den Hintern des Typen, wie er sich durch die Wohnung schob. Der Rest war auch nicht übel. Sein Kopf war mit einer erstaunlichen Menge dunkelbraunen Haars bedeckt, das exakt so geschnitten war wie das von Jon Bon Jovi. Nicht, dass ich auf Bon Jovi gestanden hätte, überhaupt nicht, aber trotzdem war's irgendwie niedlich, dass sich einer so viel Mühe gegeben hatte, gut auszusehen.

Er hatte ein paar Narben im Gesicht. Ich meine, er sah nicht gerade aus wie der Mond. Es waren keine Krater. Aber man konnte sehen, dass er vor ein paar Jahren Schwierigkeiten mit dem Lachen gehabt haben musste – die Dinger halten so viel Hautspannung meistens nicht aus, jedenfalls nicht, ohne zu platzen.

Aber jetzt gaben die Narben seinem Gesicht etwas sexy Verlebtes. Obwohl er nicht viel älter war als wir, 23 oder 24 höchstens.

Während der Kerl sich in der Wohnung umsah, folgten wir in sicherem Abstand und kicherten. Plötzlich blieb er stehen und drehte sich um. Wir rannten fast in ihn rein. »Hast du auch Bock, ab und zu Party zu machen?«, fragte er. »Dein Zettel las sich ein bisschen, na ja, öde.«

»Hey, na klar«, sagte ich und gackerte viel zu laut. »Ich liebe Partys!«

»Allerdings«, sagte Mimi. »Und sie hat die Zensuren, um es zu beweisen.«

Zwei Tage später zog Basti ein.

Viel brachte er nicht mit. Er legte seine Matratze auf zwei Europaletten und stellte die Stereoanlage daneben. Dazu die Schallplatten und ein paar CDs. Dann stapelte er Bücher am Fußende und wühlte Bügel und Klamotten aus einem blauen Müllsack, um sie auf eine Kleiderstange zu hängen. Unter dem R.E.M.-Poster ließ eine Yucca-Palme den Kopf hängen. Die Haschpflanze auf dem Fensterbrett sah gesünder aus.

Wir standen mit Dosenbier im Türrahmen und betrachteten sein fertig eingerichtetes Zimmer.

»Voll cool«, sagte ich.

»Jepp«, sagte er, »total cool.«

»Hast du eigentlich eine Freundin?« Das hatte ich zwar schon mal gefragt. Aber in unserem Alter änderten sich die Dinge so schnell, dass es sich lohnte, täglich nachzuhaken.

»Nee«, sagte er. »Aber wenn du jemand Cooles kennst, schick ruhig mal rüber.«

»Wird gemacht«, sagte ich.

Bisher lief wirklich alles super.

Ich ging ab und zu in die Uni. Ich hatte schon Lust, einen Abschluss zu machen, fand es aber nicht übertrieben wichtig. Ich hatte auch keine Ahnung, in welchem Fach. Ich bin nämlich keiner von diesen gesellschaftlichen Strebern, die auf eine große Karriere hoffen. In Sinologie lief es nicht so, also konzentrierte ich mich eher auf Geschichte. Aber ganz ehrlich, Geschichte interessierte mich kein bisschen.

Abends gingen wir meistens in den »Dicken Engel«. Es war nicht direkt so, dass sie uns mitarbeiten ließen, aber manchmal durften Mimi und ich Schürzen umbinden und Bier zapfen oder Teller zu den Tischen schleppen – dafür hatten wir dann der Rest der Woche ein paar Getränke gut. Einige der Burschen, die im »Dicken Engel« herumsaßen, kamen aus *wirklich* guten Familien und fuhren in eigenen BMWs vor. So sparten wir uns auch noch das Geld fürs Taxi.

Sie waren ganz süß, diese Jungs. Große Klappe, teure Klamotten und alles, und trotzdem waren sie handzahm wie kleine Hunde. Wahrscheinlich wird man so, wenn man von Kindermädchen aufgezogen wird. Wir konnten einfach alles mit ihnen machen, und sie wurden trotzdem nie böse.

»Ich könnte dir eine detailgenaue Beschreibung von 75 Prozent aller Penisse in diesem Raum geben«, sagte ich eines Abends zu Mimi. »Ich glaube, wir sollten uns langsam mal eine andere Kneipe suchen.«

»Nichts da«, meinte Mimi. »Solange wir die 100 nicht voll haben, gehen wir nirgendwohin.« Sie ist wirklich ehrgeizig.

Aber ich brauchte mal eine Pause. »Ich habe in letzter Zeit so viel geblasen, dass ich bald anfange, Samen zu schwitzen.«

Leider hatte meine Keuschheit nur den Gegenwert von drei Bier. Ziemlich schnell saß ich bei einem Rudel Jungmänner am Tisch, pickte mir den Trumpf heraus, erlaubte ihm, mich nach Hause zu kutschieren und anschließend auf dem Küchentisch durchzubumsen, bis die Ketchupflasche herunterfiel, und mit lautem Krachen zerbarst.

Am nächsten Morgen stand ich schon früh in der Küche, um die Glassplitter aufzusammeln. Während ich mit Küchenpapier den festgetrockneten Ketchup von der Wand schrubbte, kam mein Nachtbesuch in die Küche gelatscht. Er sah ganz verstrubbelt und niedlich aus.

»Hey, guten Morgen«, sagte ich. »Willst du noch einen Kaffee, bevor du gehst?« Es dauerte ein bisschen, bis er schaltete. »Nein, nicht unbedingt«, sagte er. »Ich hole nur schnell meine Sachen.« Diese Jungs aus gutem Hause waren wirklich feine Bettgefährten. Sie wussten, wann es sich für einen Gentleman gehörte, zu gehen, fragten nicht nach der Telefonnummer oder bettelten um eine Verabredung.

»'n Morgen«, sagte Basti und schlurfte an uns vorbei zum Spülbecken. Er nahm ein Glas aus dem Geschirrständer, drehte den Wasserhahn auf und füllte es bis zum Rand. Es schien ihn nicht zu stören, dass er nackt war. Der Typ und ich guckten beide auf Bastis Gehänge. Wir konnten einfach nicht wegsehen. »'n Morgen«, sagte ich schließlich, weil ich ja irgendetwas sagen musste. »Das ist Basti, und das ist….«

»Robin«, half mir der Typ aus. »Richtig«, sagte ich, als wäre es mir gerade eingefallen. Ehrlich gesagt war mir nicht besonders wichtig, wie er hieß. Basti nickte, kratzte sich am Hintern und schlurfte zurück in sein Zimmer.

Die Pimmelfrage stand also im Raum. Nichts ist schlimmer, als die Genitalien eines Mannes zu sehen, mit dem man keinen Sex haben will. Ein Schwanz, der einmal ans Tageslicht gekommen ist, flüstert nämlich unentwegt: »Spiel mit mir! Ich langweile mich!« Wenn die Typen eine Hose tragen, sind diese Rufe so gedämpft, dass man sie kaum hören kann.

»Ich habe seinen Schwanz gesehen«, sagte ich zu Mimi, als wir nachmittags vor der Uni standen und den anderen dabei zusahen, wie sie in die Hörsäle hasteten. »Jetzt kann ich ihn nie wieder ansehen, ohne an seinen Pimmel zu denken.«

»So ein Blödsinn«, sagte sie. »Du hast deinen Vater doch auch schon mal nackt gesehen.«

»Ja«, sagte ich, »und das war ein traumatisches Erlebnis!« Mimi blickte mich verständnislos an. »Dann musst du ihm halt klarmachen, wo dein Tanzbereich anfängt und wo seiner. Nimm einfach einen De-Ejakulator mit. Das wird ihm eine Lehre sein, seinen Schniedel überall herumzuzeigen.«

Ich habe schon lange den Verdacht, dass ihre Mutter während der Schwangerschaft an ein paar Drogen genascht hat. Denn manchmal fällt es mir schwer, Mimi in ihre kleine bunte Welt zu folgen. Also fragte ich nach. »Was zur Hölle ist ein De-Ejakulator?« Sie verdrehte die Augen. »Na, ein potenterer Typ eben. Einer, der zudem besser aussieht als er. Du setzt ihm jeden Morgen einen anderen an den Küchentisch und schwärmst davon, wie toll er es dir besorgt hat. Und irgendwann hast du ihn dann entmannt. Er wird begreifen, dass Mitbewohner keine Männer sind. Das nennt man psychologische Kriegsführung.« Sie lächelte zufrieden. »Und du bist sicher, dass das nicht den gegenteiligen Effekt hat?«, fragte ich. »Nicht, dass er da plötzlich mithalten will.«

»Todsicher«, sagte Mimi. »Vertrau mir.«

Tag eins, Küche

Ich (frisch gevögelt): Morgen, Basti! Junge, Junge, ich hoffe, wir haben dich nicht geweckt. Aber dieser Typ, mannometer, ich sage dir… (mit den Händen zeigend). Ich bin fast geplatzt!

Basti (nackt, an der Kaffeemaschine hantierend): Nö. Ich bin erst total spät nach Hause gekommen. Sag mal, haben wir noch Kaffeefilter?

Ich (auf das Regal zeigend): Na ja, jedenfalls glaube ich kaum, dass ich heute Fahrrad fahren kann, hihi.

Typ (tritt ein): Hey, wer issn das? Du hast doch gesagt, deine Selbstachtung *und* dein Freund wären für ein paar Tage weggefahren.

Ich: Das ist nicht mein Freund, das ist Basti. Basti, das ist….

Typ: Arne.

Ich: Genau.

Tag zwei, Küche

Ich (nicht frisch, aber gevögelt): Hey! Wieder mächtig spät geworden gestern. Puh. Wegen der Lautstärke, also, da kannst du ruhig mal was sagen. Vielleicht lass ich mich auch einfach mal knebeln.

Basti (nackt, »Der Fänger im Roggen« lesend): Was?

Typ (vollständig bekleidet): Ich hau dann mal ab. Eigentlich wollte ich es dir schon gestern sagen, aber ich hab keine Lust auf was Festes. Wir sehen uns.

Ich: Klar. Haha. Ich ja auch nicht. Ciao!

Basti: Wer war denn das?

Ich: Ach, niemand.

Tag drei, Badezimmer

Ich (extrem zerschlagen aussehend, in labbrigem T-Shirt): Hoppla! ’tschuldige, hab nicht gesehen, dass du hier bist.

Basti: Ich putz mir nur schnell die Zähne. Komm ruhig rein.

Ich: Nee, schon okay. Ich wollte duschen.

Basti: Dusch doch. Macht mir nix.

Ich (aufgebracht): Ich will nicht vor dir duschen! Außerdem habe ich Besuch! Vielleicht will der mit mir duschen! Du bist mein Mitbewohner! Hey! Moment mal – hast du etwa einen Ständer?

Da waren wir also – Ständerboy und ich. Gerade noch in harmloses Geplänkel verstrickt, hatten wir mühelos die Grenze von Okidoki zu Abjetztwirdsanstrengend passiert. Fortan würde er nicht mal mehr »Willst du zum Frühstück ein Ei« sagen können, ohne dass es anzüglich klang. Danke, Mimi.

»Tja«, sagte ich und wedelte vage Richtung Penis. »Ich geh dann mal besser.« Basti sah an sich herunter. Als er wieder aufblickte, sah er beunruhigend erfreut aus. » Du kannst ruhig bleiben«, sagte er. »Nein danke«, sagte ich. »Aber du könntest ruhig mal wieder saubermachen. Da am Waschbeckenrand liegen überall deine Bartstoppeln!« Manchmal muss man den Leuten einfach ihre Grenzen aufzeigen.

Unglücklicherweise war das nicht so einfach. Ich hatte seinen Schwanz gesehen, sein Schwanz hatte mich gesehen, und irgendwie waren wir daraufhin in eine unheilige Allianz eingetreten, die lautete: »Ich ficke dich nicht – noch nicht. Ich warte, bis du betrunken genug bist.« Fortan lebte ich in meiner eigenen Wohnung auf Bewährung.

Eines Tages machten wir eine Party. Keine große Sache, eher die Art Party, bei der zwei, drei Freunde zu Besuch kommen, die zwei, drei Freunde mitbringen – und schon hat man einen sitzen und tanzt zu »Informer« in der Küche, während der Freund von deinem Kumpel, den du nie zuvor gesehen hast, in den Schränken wühlt und nach Essbarem sucht.

»Ey, habt ihr hier keine Salzstangen oder so was?«, fragte der Typ. Dunkle lange Haare, Holzfällerhemd, ganz offensichtlich ein Grunge-Fan – kein Wunder, dass Mimi ihn die ganze Zeit fixierte, als wäre er der Mann von der Mitfickzentrale.

»Wenn du schon was zu Kiffen mitbringst, kannst du auch für Futter sorgen«, sagte ich und tanzte zum Kühlschrank, um ihn zu öffnen. Bis auf eine halbe Flasche Orangensaft, eine Packung Eier und ein Stück Butter war aber nichts drin. »Hier ist jedenfalls tote Hose.«

»Ich zeig dir, wo die nächste Tanke ist«, sagte Mimi zu dem Grunge-Typen, hakte sich bei ihm ein und zog ihn zur Tür. »Knorke«, sagte der Typ, der offensichtlich keine Ahnung davon hatte, dass er in wenigen Augenblicken unter Mimi liegen würde. »Wir gehen dann mal Nachschub holen.« Die Tür war bereits ins Schloss gefallen, als Basti noch rief: »Bringt Bier mit.« Es dauerte eine Weile, bis er kapierte. »Moment mal«, sagte er dann, »hier gibt es doch gar keine Tanke.«

Die Küche leerte sich nach und nach. Bei mir war es genau anders herum: Ich wurde immer voller. Am Schluss waren nur noch wir drei übrig – Basti, ich und eine Flasche Moskovskaya.

»Du bist eigentlich ganz süß«, sagte ich und füllte unsere Gläser bis obenhin. Meine Zunge fühlte sich an wie betäubt. Das Sprechen fiel mir ziemlich schwer. »Findest du mich auch süß?« Irgendwo in meinem Inneren ging eine Alarmglocke los. Ich hörte sie schrillen, konnte aber nicht genau einordnen, wovor sie mich warnen wollte. »Klaro«, sagte Basti. »Ziemlich sogar.« Ich rückte näher. Sehr viel näher sogar. Genauer gesagt, setzte ich mich auf seinen Schoß.

Zwischen Keckheit und kompletter Idiotie verläuft nur ein

schmaler Grat. Nüchtern kein Problem für mich. Betrunken schon. Ich torkelte ihn entlang und stürzte dann zur falschen Seite ab.

»Du hast einen hübschen Oberkörper«, sagte ich zu Basti und zupfte an seinem Ohrläppchen. »Du auch«, sagte er und lächelte erfreut. »Du bist echt heiß.« Ich ruckelte auf seinem Schoß. Unter meinem Schritt konnte ich etwas Rundes spüren. Es lebte. Irgendwo in meinem Gehirn ging eine Tür auf. Mein nüchternes Ich trat heraus. Es rüttelte an meinem Stirnlappen. »Tu's nicht«, brüllte es, »das gibt nur Ärger! Du findest ihn gar nicht heiß! Das ist nur der Teufel Alkohol! Der Typ ist kein Mann, er ist nur ein Mitbewohner!« Aus einer anderen Tür schwankte mein betrunkenes Ich, griff sich das nüchterne Ich und latzte ihm mächtig eine rein. Danach wurde es dunkel.

Ich erwachte von etwas sehr Feuchtem an meinem Mund. Dann spürte ich eine große Wärme, die wiederum von kühlender Feuchtigkeit abgelöst wurde. Es dauerte eine Weile, bis mein Hirn sortiert hatte, was da eigentlich geschah. Das Hirn sendete umgehend einen Befehl an die Augen, die sich folgsam öffneten. Nicht, dass es nötig gewesen wäre. Inzwischen war auch mir klar, dass ich gerade mit Basti knutschte. Ich fokussierte seine geschlossenen Lider, aber das Zimmer drumherum drehte sich schneller als ein Kettenkarussell.

Mit der Hand tastete ich nach etwas Bekanntem, um mir Orientierung zu verschaffen. Ich bekam etwas zu fassen und hielt es mir zwecks Identifikation möglichst nahe vor die Augen. Bastis T-Shirt. Ich drehte den Kopf ein wenig und erkannte an der Wand ein R.E.M.-Poster. Wir lagen also in Bastis Zimmer. In diesem Augenblick machte er »Oh« und stülpte mir von neuem seine Lippen über. »Mmhhmm«, gab ich zurück, hauptsächlich, um zu beweisen, dass ich mir nicht völlig die Lichter ausgeknipst hatte.

Basti war kein schlechter Küsser. Er küsste leidenschaftlich und ohne Rücksicht auf Verluste, was eine gewisse Speichelbildung zur Folge hatte. Das Problem war eher meine totale Überraschung. Zwischen harmlosem Auf-dem-Schoß-sitzen und Sich-im-Bett-wälzen musste etwas geschehen sein, das sich meiner Kenntnis leider entzog. Aber wo ich schon mal hier war, konnte ich ebenso gut weitermachen. Mein Zimmer hätte ich sowieso nur auf allen vieren erreicht.

Anscheinend hatte ich sogar mein T-Shirt ausgezogen. Bastis Hände wanderten zu meinen Brüsten und streichelten sie. Er löste sich aus dem Kuss und rutschte tiefer, bis sein Mund an meinen Brustwarzen angelangt war.

Ich mag meine Brüste. Soweit ich weiß, mögen auch nahezu alle Männer Brüste. Aber keiner mochte sie so sehr wie Basti. Er fing an, so heftig daran zu saugen, als hätte seine Mutter vergessen, ihn abzustillen.

»Ist das geil«, sagte er, als er satt war. »Du machst mich total heiß, das wollte ich dir schon die ganze Zeit sagen.« Ich überlegte. Zu sagen: »Du mich eigentlich nicht, ich tu das nur, weil der Alkohol meinen Verstand ausgeschaltet hat« wäre definitiv ein Stimmungskiller gewesen. »Mmhhhmm«, machte ich und fing an, an seinem Oberkörper herum zu streicheln, der wirklich sehr hübsch war. Das Fatale am Alkohol ist, dass zwischen Kopf und allem anderen eine andauernde Meinungsverschiedenheit herrscht. Mein Hirn sagte »Nein«, meine Hosen sagten »Runter«. Ich gab den Hosen nach.

Am nächsten Morgen erwachte ich von der Sonne auf meinem Gesicht. Im Mund hatte ich einen dicken Feudel, im Kopf einen noch viel dickeren Presslufthammer. Ich überlegte, was für ein Tag sein könnte. Dann dachte ich darüber nach, dass die Wände in meinem Zimmer gar nicht orangefarben geschwammt waren, sondern weiß gestrichen. Als Nächstes kam mir das Bild von Basti in den Sinn, der keuchend über mir hing. Wie verzweifelt ich versucht hatte, zu kommen! Aber wie immer, wenn ich zu viel getrunken hatte, war nichts daraus geworden. Als Allerletztes fiel mir ein, dass Basti wahrscheinlich immer noch neben mir lag.

Augenblicklich versuchte ich, alle lebensnotwendigen Funktionen abzuschalten. Ich stellte mich tot.

Ich atmete flach durch die Nase. Die Luft touchierte kaum meine Lungenflügel, bevor ich sie wieder ausstieß. Mein Herz hämmerte wie eine Buschtrommel und ließ die Matratze beben. Während ich panisch nach einem möglichst eleganten Ausweg aus dieser Ménage à merde suchte, bewegte ich mich so wenig, als läge ich im Koma. Ich fing an, unmäßig zu schwitzen. Obwohl vielleicht 60 Sekunden seit meinem Erwachen vergangen waren, fühlten sich meine Glieder so steif an, als hätte ich zwanzig Stunden in einer kleinen Kiste gelegen. Zu einem plötzlichen Dehnzwang gesellte sich ein nerviger kleiner Schluckreflex. Je stiller ich zu sein versuchte, desto mehr Getöse veranstaltete ich. Rumorend und schwitzend lag ich neben Basti und spielte im Geist Exit-Strategien durch.

Strategie eins:

Basti: Guten Morgen.

Ich: Morgen. Tja, der beste Weg, über einen Typen hinwegzukommen, ist, sich unter einen anderen zu legen. Danke noch mal! (springe auf)

Strategie zwei:

Basti: Guten Morgen.

Ich: Tach auch! Was tu ich hier? Bin ich wieder schlafgewandelt?

Basti: Äh. Nö, eigentlich nicht. Erinnerst du dich nicht mehr?

Ich: Woran sollte ich mich erinnern? Wenn ich nicht schlafgewandelt wäre, läge ich wohl kaum hier. Ich bin doch nicht bekloppt und gehe mit meinem Mitbewohner ins Bett! Ich hoffe, ich habe nicht geschnarcht! Mach's gut! (springe auf)

Strategie drei:
Basti: Guten Morgen.
Ich: Wer bist du? Was tust du in meinem Bett?
Basti: Ähm, das ist mein Bett, und ich bin dein Mitbewohner.
Ich: Ich habe einen Mitbewohner? Wie heißt du? Wie heiße ich? Oh Gott, ich habe Amnesie! (springe auf)

Nichts davon kam mir so vor, als könnte ich es tatsächlich durchziehen. Ich lag weiter in meinem Schweiß und wünschte mich sehr weit weg. Nach einer Weile glaubte ich, ein leises Schnorcheln zu vernehmen. Er schlief also noch. Vorsichtig richtete ich mich auf. Meine Klamotten lagen verstreut vor der Matratze. Ich klaubte das Zeug zusammen, alles bis auf meinen BH. Offenbar war Basti der Houdini der Büstenhalter – er hatte ihn mir nicht nur unbemerkt ausgezogen, sondern anschließend auch noch weggezaubert. Das Ding war unauffindbar.

Als ich endlich die Türklinke in der Hand hatte, trat ich auf eine Diele. Sie knarzte. Basti war sofort hellwach.

Basti: Guten Morgen.
Ich: Ah, Morgen!
Basti: Wo gehst du denn hin?
Ich: Ich wollte nur mal eben schnell….Brötchen holen.
Basti: Prima Idee! Wir könnten im Bett frühstücken. Bringst Du mir ein Schokocroissant mit?
Ich: Ja, klar.

Ach, verdammt.

Eine halbe Stunde später stand ich bei Mimi auf der Matte. »Hilfe«, rief ich, während ich gegen die Tür hämmerte. »Ich habe etwas Schreckliches getan!« Hinter dem Spion der Tür gegenüber bewegte sich ein Schatten. Wahrscheinlich hoffte die alte Schreckschraube dahinter, dass ich blutbesudelt bei Mimi aufgekreuzt war, um einen Mord zu gestehen. Besudelt war ich, soviel stand fest.

»Was ist denn los?« Mimi öffnete die Tür einen Spaltbreit. Ich schob mich an ihr vorbei, ging in die Wohnung und hockte mich an den Küchentisch.

»Ich hatte Sex mit Basti«, sagte ich. »Jetzt kann ich nie wieder nach Hause.«

»So ein Blödsinn«, meinte Mimi. »Erklär ihm einfach, dass du betrunken warst. Kerle verstehen so was. Sag ihm, dass es nie wieder vorkommen wird, und fertig.«

»Don't fuck in the factory – das weiß doch jedes Kind!«, sagte ich. Ich fühlte mich bereit, auszuwandern. »Ab jetzt wird er auf Pärchen machen und sein Ich auflösen, bis es zu einem großen, grauenvollen Wir wird. Und ich muss mir jemand Neuen suchen, mit dem ich die Wohnung teilen kann. Du weißt doch, wie sehr ich Konflikte hasse!« Das war die reine Wahrheit. Ich kann nicht mal dem Metzger sagen, dass seine überteuerte Leberwurst wie schon mal verdaut schmeckt. Wenn er sagt: »Frollein, die Leberwurst ist im Angebot, darf's ein Stückchen sein?«, sage ich jedes Mal: »Och ja, warum eigentlich nicht?«

»Bleib cool«, sagte Mimi. »Du brauchst ihn nicht, aber er braucht dich. Immerhin ist er nur Untermieter. Geh jetzt einfach nach Hause, sag ihm, dass alles ein Missverständnis war, und dann tut ihr so, als wäre es nie passiert.«

»Klingt vernünftig«, sagte ich.

»Ich weiß«, sagte Mimi. »Meine Mutter macht das schon seit Jahren.«

»Wo warst du so lange?« Basti stand mit einem Kaffeepott in der Hand in der Küche. Nackt natürlich. Ab jetzt würde er sich vermutlich nie wieder anziehen. Er wedelte freudig mit dem Schwanz. Wie ein Hund.

»Die Bäcker hatten alle zu«, sagte ich.

»Du hättest eh nichts kaufen können«, sagte er. »Dein Portemonnaie liegt hier.«

»Oh«, sagte ich, »haha.«

Ich knispelte an meinem Schlüsselbund herum. »Hör mal«, fing ich an, »das mit heute Nacht war ein Ausrutscher, ist klar, oder?« Ich guckte ihn von unten an, treudoof. Das würde ihm die Sache erleichtern.

Seine Gesichtszüge entgleisten wie ein Schnellzug mit Achsenbruch. Es dauerte eine Weile, bis er die Trümmer wieder zusammengesammelt hatte. »Alles klar«, sagte er dann. »Meinetwegen. Ist vielleicht besser so.«

»Absolut«, versicherte ich ihm. »Wo wir doch zusammen wohnen und alles.« Meine Hand tätschelte beruhigend seinen Arm. Ich versuchte nicht auf seinen Schwengel zu sehen, der traurig den Kopf hängen ließ.

Wenn Konfliktlösung so einfach war, konnte sich der Metzger warm anziehen.

Zwei Wochen später fand im Uniclub eine Party statt. Wir standen nicht auf House oder Techno, darum hatten wir nicht allzu viel Auswahl. Ich sage das nur deshalb, weil auch Basti ständig in den Uniclub rannte. Es war schon schwer genug, ihm morgens in der Küche zu begegnen. Unser Zusammenleben war in etwa so entspannt wie ein Spaziergang mit einer Handvoll Playmates in der näheren Umgebung von Teheran.

Er stand auf der anderen Seite des Raumes. So lässig, wie er sich an die Backsteinmauer lehnte, konnte man meinen, dass er kein Interesse an einem Déjà-Fuck mit mir hatte, sondern sich gleich irgendeine Braut schnappen würde, um sie auf der Toilette zu vernaschen.

Ich ahnte, dass die Dinge sich wiederholen könnten, wenn ich zu viel trank. Also nippte ich an einer Cola. »Es tut mir mal ganz gut, nichts zu trinken«, sagte ich zu Mimi. Ich hörte mich so zuversichtlich an, als würde ich gerade versuchen, ihr eine Lebensversicherung anzudrehen.

»Wirklich traurig«, sagte Mimi. »Du hast kein Stückchen Selbstkontrolle. Bloß, weil du jetzt ein paar Bier trinkst, heißt das noch lange nicht, dass du wieder mit ihm in der Kiste landest.«

»Auf deine Verantwortung.«

»Ich gebe dir sogar eins aus.« Sie zerrte mich auf die Tanzfläche. »Aber erst wird getanzt!« Die Spin Doctors, Ugly Kid Joe und Arrested Development später hatte ich endlich ein Bier in der Hand. Es schmeckte gut. Und weil das Tanzen danach noch mehr Spaß machte, trank ich noch drei. Und dann noch zwei.

»Eigentlich ist Basti total süß«, sagte ich zu Mimi. Ich hatte ihn schon eine Weile nicht mehr auf der Tanzfläche gesehen. Vielleicht war er schon nach Hause gegangen. Irgendwie vermisste ich ihn. »Und stell dir mal vor, wie praktisch das wäre, wenn ich zum Sex haben einfach eine Tür weiter gehen müsste. Ich brauchte das Haus gar nicht mehr zu verlassen!«

»Du bist besoffen«, sagte Mimi. »Komm, wir nehmen den Nachtbus. Und wehe, du biegst zu Hause ins falsche Zimmer ab!«

Eine gute Stunde später kämpfte ich mit dem Türschloss. Das einzige Licht im Hausflur stammte von einer nackten 40-Watt-Birne. Ich hatte Schwierigkeiten, den Schlüssel in den Schlitz zu stecken. Er kratzte über den Beschlag und rutschte immer wieder ab. Ich lehnte mich schwer gegen die Tür, als sie plötzlich aufging.

»Passt dein Schlüssel nicht mehr?« Basti schob die Tür weiter auf, damit ich eintreten konnte.

»Doch«, sagte ich, »ich bin doch nicht betrunken! Es ist nur so verdammt dunkel da draußen.« Ich blinzelte ihn an. Seine Haare waren verwuschelt. Je später der Abend, desto hübscher sah er aus. Das ging mir leider öfter so. Irgendwer tauschte ständig die heißen Typen in meinem Bett nachts aus und ersetzte sie durch öde Normalos, neben denen ich dann aufwachte.

Mir war noch nicht nach schlafen. »Bist du alleine?«, fragte ich.

Basti nickte. »Klar, wer soll denn hier sein?«, sagte er.

»Weiß nicht«, sagte ich. »Irgendein Mädchen.«

»Nee«, sagte er. Und dann noch mal: »Nee.«

Ich will nicht behaupten, dass »Nee« ein spitzenmäßiger Anmachspruch ist. Aber irgendetwas löste es in mir aus. Ich fühlte mich zärtlich. In meinen Gedärmen fing es an zu rumoren. »Das ist bestimmt Verliebtheit«, dachte ich, weil man sich ja häufig in die Dinge verliebt, die man immer wieder sieht. (Erst am nächsten Mittag stellte ich fest, dass ich mir ein Magen-Darm-Virus eingefangen hatte.)

Ich beugte mich also zu ihm hin und küsste ihn. Er küsste zurück. Binnen Sekunden hatte ich einen amtlichen Speichelrand um den Mund. Wir klammerten uns aneinander. Er vermutlich aus Leidenschaft, ich, weil ich sonst umgefallen wäre. Mir wurde ganz schwummrig, sobald ich die Augen schloss.

»Komm, wir legen uns hin«, sagte ich und zerrte ihn in mein Zimmer. Unsere Klamotten flogen nur so durch die Gegend. Ich rutschte runter und bediente mich an seinem Schwanz. Nicht, dass es nötig gewesen wäre, rein technisch gesehen. Er stand gerade wie eine Eins. Das Ding war nicht gerade von der Größe, die mir eine Maulsperre einbrachte, war aber doch ganz manierlich. Ich hielt den Schaft in der einen Hand und seine Bälle in der anderen, und während ich das tat, fläzte er sich der Länge nach auf mein Bett.

Nach ein paar Minuten ließ ich es gut sein und gab ihm zu verstehen, dass er jetzt an der Reihe sei. »Saubere Arbeit«, sagte er, bevor er seinen Mund an meine Muschi heftete und dort das kleine Einmaleins des »Wie man eine Frau oral nicht befriedigt« praktizierte.

Kein Wunder, dass ich nach dem letzten Mal so wund gewesen war. Basti nutzte die Gelegenheit, zu zeigen, wofür ein Dreitagebart so alles nütze ist. Sein Kopf bewegte sich hin und her, als müsse er etwas sehr entschieden verneinen. Tatsächlich raspelte er mir mit seinem borstigen Kinn die Schleimhaut ab. Dazu hatte es sich seine Zunge auf meiner Klitoris bequem gemacht. Sie lag dort wie eine träge Katze und hatte offenbar nicht vor, sich zu bewegen. Ich spürte, wie mir sein Speichel über die Arschbacken rann.

»Autsch«, sagte ich, »lass gut sein.« Ich zog an seinem Kopf. »Komm lieber wieder hoch.«

Basti sah mich erstaunt an. »Zu feste?«, fragte er. »Unter anderem«, antwortete ich und schob mir nebenbei seinen Schwanz rein. Ich wusste nicht, was ich sagen sollte. Wenn ich mich jetzt in einem Einweisungsgespräch für Oralanfänger verlor, würde das erst recht nichts werden mit dem Sex.

Kaum steckte er in mir drin, fing Basti an, in meinem Unterleib herumzurühren wie in einem Kochtopf. Er klöppelte sich Richtung linker Eierstock, machte dann einen Schwung zum rechten und wurschtelte irgendwo dazwischen rum. Seine Hüfte war dabei stets fünf bis acht Zentimeter von mir entfernt. Außer innen hatten wir keinerlei Berührungspunkte. G-Punkt hin oder her, so kann ich nicht kommen.

Also packte ich ihn und drehte ihn auf den Rücken. Er keuchte erstaunt. »Ja, reit mich, du kleines geiles Stück!«, seufzte er, »nimm mich so richtig durch.« Der Sextalk stand in so großer Diskrepanz zu seiner Leistung, dass mir nichts anderes übrigblieb, als ihm den Mund zuzuhalten. Wahrscheinlich dachte er, ich stehe auf Knebelspielchen.

Plötzlich war ich besessen davon, mir einen Orgasmus zu besorgen. Ich ritt ihn wie beim Kentucky Derby; binnen kurzem konkurrierten wir in einem verbissenen »Ich komme besser als du«-Wettstreit. Meine Lippen waren zusammengekniffen, während ich mich stoßartig an ihm rieb. Leider bewegte er sich vollkommen gegensätzlich. Immer wenn ich einen Orgasmus angaloppieren spürte, veränderte er plötzlich den Winkel und rückte mich ein paar Zentimeter nach rechts oder links, vorne oder hinten. Wir kämpften um jede Bewegung und jeden Millimeter. Der Schweiß, der floss, war kein Schweiß der Leidenschaft. Sondern des Kampfes.

Am Schluss blieb mir nichts übrig, als ihn bei den Schultern zu packen und ihn so gut es ging zu fixieren. Ich war fix und fertig. »Bleib liegen«, sagte ich, »bleib um Himmels willen liegen!« Der Orgasmus, denn ich bekam, war von der durchschnittlichen Sorte. Aber ich war ihn mir schuldig.

Ich sah mir die Sache mit Basti noch drei Tage an, dann war es Zeit für einen Wechsel. Es war schließlich abzusehen, dass ich häufiger im Zimmer meines Mitbewohners landen würde. Nur lohnte es sich mit ihm einfach nicht.

»Ich würde dich ja Fotze nennen«, sagte er, als er seinen letzten Karton runtertrug. »Aber dafür hast du weder die Wärme noch die Tiefe.«

»Er hat vielleicht Recht«, sagte ich zu Mimi, während wir zusahen, wie Basti mit dem Pritschenwagen davonfuhr. Mimi sah mich liebevoll an. »Süße«, sagte sie, »erstens stimmt das nicht. Und zweitens hast du etwas ziemlich Entscheidendes, das er nicht hat – einen Hauptmietvertrag.«

Der Marathon-Mann. Oder wie ich einmal an einen Duracell-Hasen geriet, obwohl ich eigentlich nur Sex haben wollte

Beinahe jeden Sonntag zwischen März und Mai ging mein Großvater zum Heringsangeln. Wenn er nach Hause kam, klebten an seinen gummierten Hosen Laich und hunderte silbriger Schuppen, als hätte sich eine Geldbörse voller winziger Münzen über seine Beine ergossen. Er roch tranig, nach Morast und Meer und totem Fisch, und unter seinen Fingernägeln war sehr viel Schwarzes. Großvater war stolz wie ein Großwildjäger, aber er wollte es nicht zeigen. Nicht wegen der paar Fische.

»Nächsten Sonntag gibt's Rollmops«, brummte er dann nur. Er knallte seinen Kübel, aus dem tote Fische ragten, auf den Tisch und ging, von den schmatzenden Geräuschen seiner Gummistiefel begleitet, hinaus, um eine Pfeife zu rauchen. Auf dem Küchentisch glotzten Dutzende von Heringsaugen blind umher, während sich Großmutter mit einer Konditorsäge näherte, um den glitzernden Fischleibern die gröbste Haut abzuziehen. All die Jahre standen die Einmachgläser mit den Rollmöpsen auf dem oberen Brett in der Speisekammer. Es waren immer mindestens drei, manchmal auch fünf oder sechs, randvoll gefüllt mit sorgsam gerollten Fischseiten. Wie in einem Schaufenster klebten Lorbeerblätter an den Wänden der Weckbehälter, trieben Pfefferkörner im Sud.

Großvater pflegte sie mit bloßen Fingern aus dem Einmachglas zu fischen. Mit lautem Glucksen schmatzte er das Fleisch vom Hölzchen und schenkte sich anschließend einen Korn ein. »Rollmops«, rief er dann, »ach, du schmeckst so gut!«, bevor sich seinem trommelartigen Leib ein lauter Rülpser entwand, grollend wie das Rauschen der Wasser an der Flussmündung, wenn die Heringsschwärme im Frühjahr aus dem offenen Meer kamen.

Daran musste ich denken, als ich vor dem Kühlschrank stand und in die gähnende Leere starrte. Bloß ein einsames Glas Rollmöpse stand da, aber keins von den schönen, wie ich sie von der Ostsee kannte. Die blassen Fischrouladen trieben in einem traurigen Industriesud. Das Ganze sah aus wie das Taschen-Aquarium eines wahnsinnigen Tierhassers.

»Wer war dran mit Einkaufen?«, brüllte ich in die Stille der Wohnung. »Und wer hat meine Suppe aufgegessen? Der verdammte Kühlschrank ist schon wieder leer!«

»Ich nicht«, brüllte Mimi zurück. »Außerdem hab ich das letzte Mal eingekauft!«

»Jochen!«, schrie ich den Flur hinunter. »Lass gefälligst die Finger von meinen Fressalien!«

»Verpiss dich!«, kam es zurück.

Es war mal wieder Zeit für eine WG-Sitzung.

Im Radio sagten sie etwas von einer Hitzewelle in Chicago und den Leuten, die daran starben. 1995 – kein gutes Jahr, wie mir schien. Ständig starb irgendwer. Immerhin hatten sich unsere Demos gelohnt – Shell würde die Bohrinsel »Brent Spar« jetzt an Land verschrotten. Wäre der Typ von Greenpeace nicht so niedlich gewesen, wäre dieser Triumph komplett an mir vorübergegangen. Dafür würde ich ihm eines Tages sogar die Filzläuse verzeihen. Jetzt musste ich eigentlich nur noch herausfinden, was ich mit meiner Zukunft anstellen wollte.

Ich öffnete das Fenster. Sofort strömte heiße Luft herein. Am

Himmel war keine Wolke zu sehen. Und doch war meine Laune die einer Sachbearbeiterin auf dem Einwohnermeldeamt. Wir schrieben den Dienstag einer ungeraden Woche. Ich hatte nicht nur nichts zu essen, sondern auch noch Putzdienst.

Mimi kam in die Küche gefedert. Sie sang laut irgendeinen Song von Take That, wie immer in jenen Tagen. Meine Ohren fingen von diesem Mist schon an zu stinken. »Whatever I said, whatever I did, I didn't mean it, I just want you back for good, want you back, want you back for good....«

»Schnauze«, sagte ich.

»Hey, Moment mal, das ist ja wohl auch meine Wohnung!« Sie zog eine Schnute. »Ich kann singen, was ich will!«

»Babe, soweit ich mich erinnere, haben wir eine Gary-Barlow-Klausel in den WG-Vertrag geschrieben. Das war die Bedingung dafür, dass ich mit dir und Schwuli hier zusammenziehe«, sagte ich und zeigte auf Jochen, der in seiner Schlafanzughose in die Küche geschlappt kam.

»Gary Barlow ist der heißeste Typ auf dem Planeten«, sagte Jochen beleidigt und öffnete testhalber den Kühlschrank. Nachdem er sich vergewissert hatte, dass wirklich nichts drin war, richtete er sich auf. »Bloß weil du einen miesen Musikgeschmack hast, heißt das nicht, dass Gary Barlow nicht die Popmusik revolutionieren wird«, sagte er. »Und Robbie Williams ist nichts als ein Verräter, der mit Mann und Maus untergehen wird! Du wirst schon sehen!«

»Reg dich ab«, sagte ich und ließ Wasser ins Spülbecken, um die verkrusteten Teller einzuweichen.

»Mir kann sowieso nichts die Laune verderben«, sagte Mimi. »Wollt ihr wissen, was mir Tolles passiert ist?«

»Nein«, sagte ich.

»Au ja!«, sagte Jochen.

»Also«, fing Mimi an und lächelte wie ein Zirkusdirektor vor der Hauptattraktion. »Ich habe gerade herausgefunden, dass die Jungs auf der Arbeit eine Wette laufen hatten, wer mit mir schlafen würde, bevor ich gefeuert werde.« Sie strahlte großartig in die Runde.

»Fantastisch«, sagte ich. »Und wer hat gewonnen?«

Mimi sah mich verständnislos an. »Na, alle!«

»Wie heißen sie denn?«, fragte Jochen, wie immer interessiert an Details.

»Nur, weil sie sie gevögelt hat, bedeutet das noch lange nicht, dass sie ihre Namen kennt«, sagte ich und kratzte dabei die steinharten Spaghetti aus dem Nudeltopf.

»Na, na«, sagte Mimi, »nur kein Orgasmusneid!«

»Du hast Recht. Entschuldige.«

»Schon okay.« Mimi überlegte. »Im Nachhinein betrachtet hätte ich den Schwanz meines Chefs vielleicht nicht als ›Restposten‹ beschreiben sollen.«

»Soll das heißen, du bist gefeuert worden?« Ich hielt drohend die Spülbürste hoch. Mimi hob die Schultern. »Jepp«, sagte sie und warf mir eine Kusshand hin. »Aber keine Sorge wegen der Miete. Die Semesterferien sind ja noch lang.«

Zwei Wochen passierte gar nichts. Es blieb unerträglich heiß. Ich musste an Al Pacino denken, wie er in »Hundstage« in der Bankfiliale herumsteht, schwitzt wie ein Schwein und darauf wartet, dass etwas geschieht. Irgendwo da draußen wurde gerade irgendwer flachgelegt. Und hier saß ich – mit einer fast antiken Ausgabe des »Playgirl« in der Hand, während mein Mitbewohner nebenan auf seinem Nintendo mit Super Mario spielte.

Ich legte die Story über »Juan, Sex-Torero aus Andalusien« zur Seite und ging Jochen, besuchen. »Hey«, sagte ich und lehnte mich lässig in den Türrahmen. »Was macht Gary Barlows Zukunftsplanung?«

»Klappe halten«, sagte Jochen, ohne vom Bildschirm aufzublicken. »Take That wird sich nicht auflösen, da kannst du lange warten.«

»Aber klar doch«, sagte ich. »Qualität setzt sich ja immer durch.« Wir schwiegen eine Weile. Jochen jagte derweil einen Schnauzbart in roter Hose durch die Gegend. Der Computer spuckte nervige Geräusche aus. »Puh«, sagte ich. »Das war aber knapp! Eieiei!« Jochens Konzentration ließ nach. Sein Blick verfinsterte sich. Die Figur auf dem Bildschirm strauchelte und fiel in ein Loch. »Falls dir langweilig ist«, sagte er schließlich und ließ den Controller sinken, »kannst du Mimi auf der Arbeit besuchen. Sie hat vorhin angerufen. Hat einen neuen Job in irgendeinem Restaurant. Jimmy's Diner oder so.«

»Ich kann es nicht glauben«, sagte ich empört. »Während ich zu Tode gelangweilt in meinem Zimmer sitze, hockst du hier stundenlang auf so heißen Informationen?«

»Rache für Gary«, sagte Jochen und nahm den Controller wieder auf. Offenbar brauchte er bald mal wieder eine Mieterhöhung.

»Jimmy's Diner« war einer dieser Ami-Läden mit Harley im Eingangsbereich, rot gepolsterten Plastiksitzbänken und einer Menge Stars and Stripes. Die Kellner trugen affige Army-Kostüme im Stil der 40er Jahre. Mimi konnte ich nirgendwo entdecken. Vermutlich verging sie sich gerade am Koch.

Der Laden war prächtig gefüllt. Manche Kunden hatten große Teller mit Burgern vor sich, andere hatten schon ein paar zu viel davon gegessen und warteten darauf, dass sie vom Herumhocken wieder abnehmen würden. Und so ziemlich alle sahen aus, als würden sie sich am liebsten einen Gewehrlauf in den Mund schieben.

In der Küche klirrten ein paar Teller. Mimi konnte also nicht weit sein. Schon klappte die Schwingtür auf, und sie kam mit zwei

Tellern rechts und links herausgetanzt. Auf den Tellern lagen zwei dicke Burger, aus denen US-Flaggen aus Papier ragten. Sie hetzte an mir vorbei, ohne mich zu sehen. Ihr Körper steckte in einer schlammfarbenen Kombi aus Bluse und Stiftrock. Auf ihrem dunklen Haar thronte eine bescheuerte Army-Kappe.

Ich saß am Tresen und nuckelte an einem Erdbeershake. Mimi wackelte mit dem leeren Tablett in der Hand auf mich zu. Ihr Busen schaute halb aus der Bluse heraus. Sie war immer schon moppelig gewesen, aber in den letzten Monaten war sie explodiert wie ein Stück Popcorn. In diesen Klamotten sah sie aus wie ein entschieden zu wuchtig geratenes Pin-Up.

»Willkommen zu Hause«, sagte Mimi. Mit verschwörerisch gesenkter Stimme fuhr sie fort: »Das hier ist wie eines dieser Fischbecken, bei denen man zehn Mark hinblättert und dann garantiert einen Fisch rauszieht.« Sie zwinkerte mir zu. Ich verstand kein Wort.

»Was?«

»Sieh dich doch mal um«, sagte sie. Ich sah mich um. Überall saßen zu dicke Menschen ungesund und unglücklich vor ihren Pitchern mit Bier. »Wen meinst du«, fragte ich. »Käpt'n America super size und seine Freunde?«

»Papperlapapp«, sagte Mimi. »Ich spreche von meinen lieben Kollegen. Eins A-Ware, und zwar alle.« Wie auf Kommando trat in diesem Augenblick ein Typ aus der Küchentür. Sein Haar hatte die Farbe von Spülwasser, aber sein Gesicht war das von Robert Redfords unehelichem Sohn. Mit großen Schritten durchmaß er den Raum. Eine khakifarbene Hose umspannte seine prächtigen Backen. Wo sein Schwanz sein musste, sah es aus, als trage er ein Suspensorium. Als er an uns vorbeikam, zwinkerte er uns zu und zeigte seine weißen Beißerchen.

»Nicht schlecht«, sagte ich.

»Und der ist noch gar nichts«, erklärte Mimi. »Ich habe festgestellt, dass die Personalchefin Wert auf besondere Qualitäten legt. Kennst du das Hooter's?«

»Klar, das ist dieser Laden, der nur Kellnerinnen mit dicken Möpsen einstellt.«

»Jetzt stell dir mal vor, das hier wäre eine Zweigstelle davon«, sagte Mimi. »Nur, dass sie hier ausschließlich Kerle engagieren, die ein ordentliches Paket dabeihaben.«

»First come, first serve. Da du hier arbeitest, habe ich Vetorecht und darf zuerst aussuchen«, sagte ich und streckte die Hand aus, damit Mimi einschlagen konnte. »Gebongt«, sagte Mimi. Und schon hatten wir eine prima Beschäftigung für den Sommer gefunden.

Jochen war natürlich ganz aufgeregt. »Ich komme mit«, sagte er. »Ich will zusehen, wie zwei Heterobräute um die Wette Typen aufreißen. Vor allem, wenn der Nachschub begrenzt ist.«

»Der Nachschub ist nicht begrenzt«, sagte ich und schlüpfte in ein enges weißes T-Shirt. »In diesen Läden wird ständig irgendwer gefeuert. Außerdem darfst du nicht mitkommen. Du hast meiner Mutter gesagt, dass ihr Salatdressing nach Samen schmeckt!«

»Du hast damit angefangen«, sagte Jochen. »Und außerdem ist das hier ein freies Land.« Er meinte es ernst.

In »Jimmy's Diner« war gerade Happy Hour. Zumindest, was das Personal betraf. »Ich glaub's einfach nicht«, sagte Jochen. Er stand mit offenem Mund im Eingang herum und leuchtete wie ein Kind, das den Weihnachtsmann beim Geschenkeverteilen erwischt hat. »Und die gehören alle euch?«

»Red keinen Unsinn«, sagte ich. »Rein rechnerisch sind mindestens zehn Prozent davon schwul. Und da kommen mindestens noch mal zehn Prozent Schrankschwule drauf. Du musst dich nur an den Tresen setzen und hübsch aussehen, dann läuft die Sache von alleine.« Ich klopfte ihm beruhigend auf die Schulter. »Sieh es einfach als einen Besuch im Schlaraffenland. Die Täubchen kommen gleich.« Kellner aufreißen war wirklich keine große Kunst. Die wenigsten haben Lust, nach einem stressigen Abend voller Lärm und Rauch allein nach Hause zu gehen.

»Huhu! Hier drüben!« Mimi in ihrem Army-Kostüm. Sie winkte uns an den Tresen. »Heute sind Robert, Enzo, Toni und Johann in der Spätschicht«, sagte sie, als würde sie uns die Abendkarte vorlesen. »Toni ist in der Küche, der fällt also raus. Aber die anderen drei – mjamm!« Sie machte schmatzende Geräusche und küsste ihre Fingerspitzen.

»Ok«, sagte ich. »Wer ist wer? Mir gefällt der Dunkelhaarige da.« Ich deutete unauffällig in die Richtung, wo der Typ gerade benutzte Colagläser und Teller auf einem Tisch stapelte. »Johann«, sagte Mimi, »prima Typ. Hübsches Gesicht, gut gebaut. Ich war sowieso eher an Robert interessiert.« Sie winkte einem Kerl zu, unter dessen Kappe sich blonde Locken bis zu den Schultern kräuselten. Er winkte zurück. Offenbar war hier das Rennen schon gelaufen. »Und was ist mit Enzo«, fragte Jochen. »Ist Enzo zufällig an Männern interessiert?«

»Ich weiß nicht genau«, sagte Mimi. »Aber er mag Take That und Barbra Streisand, also…«

»Schwul«, sagten Jochen und ich gleichzeitig. Das würde ein lustiger Abend werden. Zur Sicherheit bestellten wir einen Pitcher Erdbeer Daiquiri. Auf Kosten des Hauses, versteht sich.

Zweieinhalb Pitcher später hatten sich die meisten Gäste verzogen, und Jochen war mit Enzo noch etwas trinken gegangen. Mimi stand hinter dem Tresen und schäkerte mit Robert. Ich saß immer noch davor und hörte Johann zu. Ich fragte mich, wie alt er war. 23, schätzte ich. Höchstens. Offenbar hatte er einen Großteil davon auf dem afrikanischen Kontinent verbracht.

»Ich mache das hier nur so lang, bis ich genug Geld für das Flugticket zusammen habe. Auf dem Kilimandscharo war ich schon. Aber der Batian in Kenia fehlt mir noch. Und natürlich das Ruwenzori-Gebirge.«

»Hört sich toll an.« Ich sog an meinem Strohhalm. Johann schlug sich auf die Brust. »Gorillas, verstehst du? Ich werde Gorillas sehen. Und dann das Gefühl, oben auf dem Gipfel zu stehen, die Welt unter einem, ehrlich, was Besseres gibt es gar nicht.« Ich nickte. Dabei dachte ich an den Feldberg im Schwarzwald. Das war der höchste Berg, auf dem ich je gewesen war. Das letzte Stück hatte ich mich tragen lassen. Meine Füße machen so einen Stress einfach nicht mit.

Johann klatschte in die Hände. »Du musst unbedingt mitkommen! Der Batian ist vielleicht ein bisschen hart für den Anfang, aber du könntest ja unten im Basecamp warten!« Er sah mich so verzückt an, als würden wir gleich im Überlebensladen shoppen gehen. »Wow«, sagte ich, ehrlich geschmeichelt. »Das ist ja nett. Da müsste ich natürlich auch erstmal genug Geld zusammenkratzen.« Meine Ersparnisse befanden sich in einem alten Rollmopsglas unter dem Bett. Bei der letzten Inventur hatte ich 23 Mark gezählt. »Also abgemacht«, sagte Johann und hielt mir die Hand hin, damit ich einschlagen konnte. Zögernd legte ich meine Hand in seine. Ich war mir nicht sicher, ob er betrunken, begeistert oder bekloppt war.

Eine Stunde später standen wir zu viert vor unserer Haustür. »Ihr kommt ja wohl noch mit hoch auf einen Absacker«, sagte Mimi. »Logisch«, sagte Johann und schob die Haustür auf. Er federte die Treppe hoch, als wäre er schon ein Dutzend Mal hier gewesen. An der ersten Kehre des Geländers machte er halt. »Welcher Stock? Zweiter? Dritter?«

»Dritter.« Ich sah ihm zu, wie er die Stufen nahm, immer zwei auf einmal. Langsam kletterte ich hinterher. Als wir oben ankamen, stand er längst tänzelnd vor der Wohnungstür. »Na endlich«, rief er. »Bisschen mehr Sport täte euch auch gut, was?« Ich wischte mir den Schweiß von der Stirn und fingerte nach meinem Schlüssel. Ich mache jede Menge Sport, dachte ich dabei, wirst schon sehen.

Im schummrigen Licht der Flurlampe sah die Wohnung viel gemütlicher aus als bei Tageslicht. Der indische Krempel an den Wänden wirkte im Halbdunkel nicht halb so billig, sondern irgendwie weltgewandt. Jochen schnalzte anerkennend mit der Zunge. »Ist das Kali?«, fragte er und tippte auf das Bild einer dunkelblauen Frau mit vielen Armen. »Keine Ahnung«, sagte ich atemlos, »gehört alles Mimi.« Das schien ihm fürs Erste zu genügen. Aus der Küche kam ein Poltern. »Was wollt ihr? Bier?«, rief Mimi. »Ich glaube, mir reicht's für heute«, rief ich zurück und nahm Johanns Hand, um ihn in mein Zimmer zu führen.

Es war nämlich so, dass Mimis und mein Zimmer Wand an Wand lagen. Und zwar deshalb, weil keine von uns neben Jochen wohnen wollte, der die ganze Nacht am Computer daddelte oder, schlimmer noch, Take That-Songs hörte. Darum bekam Jochen das gute Zimmer neben dem Bad. Und wir zogen in die beiden kleineren am Ende des Flurs.

Die Dielen zwischen diesen beiden Zimmern verliefen quer, was a) bedeutete, dass die Wand nachträglich eingezogen worden war, und dass sich b) die Dielen bei jeder Bewegung drüben auf meiner Seite hoben. Die Vorstellung, zeitgleich mit Mimi um die Wette zu vögeln, überforderte mich. Um ein bisschen auf die Tube zu drücken, zog ich mich sofort aus.

»Hoppla«, sagte Johann. »Du hast es aber eilig!«

Das beschämte mich. Ich konnte spüren, wie Röte über meine Kehle kroch. »Nee«, sagte ich. »Ich hab's nur gerne bequem.« Ich tippte auf die Bettkante neben mir. »Klar!« Er sprang aus den Klamotten, als hätte er vor, sich mal eben in einem See zu erfrischen. Nackt kam er unter meine Decke geklettert. Binnen Sekunden hatten wir es gemütlich wie in einem Biwak.

Seine Arme waren dünn und lang wie der Rest seines Körpers. Ich kam mir neben ihm fetter vor als ein Kübel Schweineschmalz. Wahrscheinlich hatte ihn das Wandern über afrikanische Gipfel ausgezehrt. Malaria. Typhus. Gelbfieber. Ich strich über seine Haut. Sie war weich und roch nach warmem Karamell. Über Johanns Gesicht wanderte ein Lächeln. Sein Atem flatterte mir ins Gesicht. Ich hob den Kopf und presste meinen Mund auf seinen. Wir küssten uns eine Weile, beinahe geräuschlos. Durch die Wand konnte ich hören, wie Mimis Zimmertür aufschwang. Ein gedämpftes Kichern, dann ein Poltern. Schließlich Schweigen. Wahrscheinlich knutschten sie gerade.

Über mir geriet Johann mächtig in Wallung. Sein Penis bohrte sich in meinen Bauch. »Was machst du denn da?«, konnte ich Mimi nebenan sagen hören. »Moment, ich zeig es dir.« Kurz darauf fingen die Dielen an zu knacken, dann legte sich ein rhythmisches Tack-Tack-Tack darüber. Am Geräusch des Holzes konnte ich erkennen, dass er nicht gut war.

»Denen zeigen wir es, was meinst du?«, sagte Johann. Offenbar lag es ihm im Blut, den Gipfel immer als Erster erreichen zu wollen. Und ich wollte keine Spielverderberin sein. Ich war betrunken. Nicht sehr, aber betrunken genug für das Stadium, in dem mein Hirn reihenweise Sätze aus einem schlecht geschriebenen Porno produziert.

»Ich will dich«, kam aus meinem Mund. »Fick mich, wie mich noch nie jemand gefickt hat!« Kaum waren die Worte heraus, bereute ich sie auch schon.

Sagen wir so: Dafür, dass er einen Großteil seiner Zeit in einer Steilwand hängend verbrachte, hatte er eine bemerkenswert schlechte Augen-Penis-Koordination. Er stocherte eine Weile an meinen Oberschenkeln herum, nahm schließlich die Hand zur Hilfe und sagte: »Ah, da geht's lang!« Mit so einem würde ich auf keinen Fall die Kalahari durchqueren, geschweige denn irgendwelche Berge besteigen. Er gluckste. Schließlich rutschte sein Schwanz sachte in mich hinein.

Er bewegte sich erst langsam, beinahe nachdenklich, dann aber übermannte ihn der Wunsch nach Konformität, und er passte sich dem Tackern aus Mimis Zimmer an. Die Dielen ächzten, es klang wie ein Wettkampf zwischen Industrienähmaschinen. Das machte offenbar Robert drüben auf Mimi nervös. Er versuchte, davonzurattern. Tactactactactac. Johann zog nach. Tectectectectec. Ich hörte es Keuchen, und das Rattern versiegte. Wahrscheinlich hatte Mimi ihren Robert an der Gurgel gepackt.

Ich lag unten und dachte an meinen Orgasmus, während Johann oben ungerührt sein Programm abspulte. Ich bin nicht davon besessen zu kommen, aber die Aussicht, mich mit Kreuzstichen vernähen zu lassen, erfüllte mich nicht gerade mit Wonne.

»Mmmm«, machte Johann und schmatzte. »Yeah.« Wahrscheinlich dachte er gerade an den Kilimandscharo. Schritt für Schritt zum Gipfel, und jetzt bloß nicht das Tempo verlieren. Ich hielt ihn an den Schultern fest. »Lass mich mal nach oben, okay?«

»Klar!« Folgsam wie ein Hündchen drehte er sich auf den Rücken und wartete, dass ich ihm ein Leckerli zuwarf. Ich setzte mich auf ihn und versuchte, meinen Orgasmus hervorzulocken, indem ich das Tempo änderte. Vor und zurück, mehr Schiffsschaukel als Gipfelsturm. Im selben Augenblick ging es drüben wieder los. Tactactaratatac. Mimi quiekte wie ein Meerschwein. Das Geräusch ging Johann an seine Ehre. Er griff mich an den Hüften und fing an, mich hoch und wieder runter zu rütteln. Das war ihm bald zu anstrengend, denn bevor ich irgendwas sagen konnte, hatte er mich runtergeschubst, auf alle viere gedreht, und versuchte, die Schussfrequenz einer Uzi hinzubekommen. Tatatatatatattatattttatttttta.

»Stop«, rief ich und machte mich lang. »Vielleicht sollten wir warten, bis die fertig sind. Ich steh nicht so auf Wettrennen.« Johann sah mich verständnisvoll an. »Mach dir keine Sorgen«, sagte er, »ich bin total ausdauernd. Das viele Höhentraining, weißt du?« Er legte sich auf mich und drang wieder in mich ein. Diesmal blieb er ruhig. Ich fing an, mich zu entspannen. Von drüben drang ein letztes Tactaraktaaaatack herüber. Dann war es still.

Die Minuten verstrichen. Johanns Atem kam stoßweise, und das Bergsteigerherz puckerte in seinem Brustkorb ein gleichmäßiges Morsesignal. »Bitte kommen! Bitte kommen!« Ich lag da und versuchte, mich zu konzentrieren. Vielleicht könnte ich ihn bitten, es mir mit dem Mund zu besorgen? Lieber nicht, dachte ich, wer weiß, was ein Typ, der sich regelmäßig Trockenfleischstreifen reinzieht, mit meiner Klitoris macht. Ich könnte die Sache auch einfach abblasen. Abblasen, hihi, dachte ich. Trockenfleisch, igitt. Ich sollte mal wieder einkaufen gehen. Gleich morgen früh. Milch, Butter, Eier, ein bisschen von dieser Pastete. Die war so lecker! Und ein wenig Fisch! Fisch wäre gut. Omega-3-Säuren und alles. Hatte ich noch genug Geld für Fisch? Oh, wow, da oben an der Decke ist ja ein Riss! War der vorher schon da? Könnte auch eine Spinnwebe sein. Schwer zu sagen. Ich bräuchte mal wieder neue Kontaktlinsen. Und Kontaktlinsenreiniger. Die letzte Flasche ist fast leer. Himmel, dachte ich, ich darf nicht vergessen, nachher meine Kontaktlinsen herauszunehmen!

»Ist es so gut?«, fragte Johann.

»Äh«, sagte ich. »Na ja. Ich bin noch nicht gekommen.«

»Dachte ich mir«, sagt er fröhlich und küsste mich . »Aber die Nacht ist ja noch lang.« Er machte weiter, wo er aufgehört hatte. Tactictactic. Puh, war ich müde. Vielleicht sollte ich mich einfach richtig fallen lassen. Nur kurz die Augen zu, Hirn ganz runterfahren, danach würde sich meine Orgasmuswahrscheinlichkeit wie von selbst auf mindestens 80 Prozent erhöhen. Und wenn ich den Typen packen und ihn benutzen musste wie einen fleischgewordenen Vibrator.

Ich versuchte, an nichts zu denken. Mein Atem wurde langsam und tief. Bilder tauchten vor meinem inneren Auge auf. Rucksäcke, Typen in Teva-Sandalen. Aus dem Gebüsch trat ein Gorilla. Er grunzte mich an und griff mir voller Interesse zwischen die Beine. Seine Pranke legte sich hart auf meine Schamlippen.

Ich erwachte mit einem Zucken. »Huh!«, entfuhr es mir.

»Alles okay?«, fragte Johann. Tactactactac. »Ja«, sagte ich. »Ich glaube, ich muss nur mal schnell was trinken gehen.«

»Jetzt?«

»Ja, unbedingt.« Ich stand auf. Meine Adduktoren ächzten. Breitbeinig schwankte ich zur Tür und griff mir ein T-Shirt zum Überwerfen. »Ich warte hier«, rief Johann und winkte mir zu. Sein Ständer wackelte dabei zur Bestätigung.

In der Küche brannte Licht. »Was machst du denn hier? Solltest du nicht gerade über Wolke sieben gejagt werden?« Mimi am Küchentisch. Jochen daneben. Ich hatte ihn gar nicht nach Hause kommen hören. Er sah mies gelaunt aus. »Stell dir vor«, fing er gleich an, »dieser Enzo glaubt doch tatsächlich, dass Take That ohne Robbie Williams keine Chance hat. Was für ein Vollidiot!« Er verschränkte die Arme beleidigt vor der Brust. »Nicht zu fassen«, sagte ich. »Und was das andere angeht: Nee. Der Typ kommt einfach nicht. Der Marathon-Mann persönlich. Ich bin eben schon eingepennt.«

Mimi sah mich mitleidig an. »Ich hatte mal einen«, sagte sie, »der konnte nur kommen, wenn ich ihm versaute Sachen ins Ohr geflüstert habe. Versuch's doch mal. Vielleicht ist der Typ ja doch einer zum Behalten.« So mitfühlend klang sie nur, wenn sie frisch gevögelt war. Apropos. »Wo ist eigentlich Robert?«, fragte ich.

Mimi machte eine wegwerfende Handbewegung. »Hab ihn nach Hause geschickt. Nichts sagt deutlicher ›Dieser Typ muss sofort verschwinden‹ als ein Ständer an deinem Rücken, der dich um drei Uhr morgens wach hält.« Ich wusste ganz genau, was sie meinte.

Ich trank noch einen Schluck Wasser und machte mich wieder auf in mein Zimmer. Johann und sein Schwanz waren immer noch startklar. »Ich bin müde«, sagte ich, »lass es gut sein für heute.« Das traf ihn. Er glotzte mich so traurig an, als hätte ich gerade seinen isotonischen Drink verschüttet. »Nur noch ganz kurz«, sagte er. »Bitte.«

Mitleid ist beim Sex nie ein gutes Motiv. Aber manchmal ist es das einzige, das man hat.

Da er genau da weitermachte, wo er vorher aufgehört hatte, beschloss ich, Mimis Kniff anzuwenden. »Du Riesenschwanz«, sagte ich, »du unglaublicher Ficker!« Sex-Talk ist nicht gerade meine Stärke. Aber ich wollte bald mal schlafen. Offenbar funktionierte es, denn ich konnte spüren, wie sich sein Schwanz mit noch mehr Blut vollpumpte. »Ja, das bin ich«, sagte er. Keuchen. »Was noch?« Ich suchte das Zimmer nach Hinweisen ab. Schwierig. »Du sollst mich gegen die Wand lehnen und richtig durchnageln«, sagte ich. Mein Blick fiel aufs Bücherregal. »Und dann sollst du mich ans Regal fesseln und es mir besorgen, wie es mir noch nie einer besorgt hat!«

Tactarakatactac. Junge, Junge. Mein verdammtes Zimmer war keine große Hilfe. »Zermalm mich wie ein Vögelchen mit deinem riesigen Schwert!«, sagte ich nach einem Blick auf ein Album von »The Byrds«.

Die Minuten verstrichen. Inzwischen fühlte sich mein Innenraum an, wie mit Aku-Pads gescheuert. Was war ich auch für eine dumme Gans! Wie lang brauchte man, um den Kilimandscharo zu erklimmen – Tage? Wochen? Ich war mehr fürs Flachland gemacht, keine Frage. Hier saß ich nun in Base-Camp II fest. An einen Gipfelsturm war nicht mehr zu denken. Also packte ich meine Notfallausrüstung aus.

»Aaaah!«, schrie ich. »Ouahauaaaah! Aua!« Johann sah mich erschrocken an. »Was ist los? Hab ich dir wehgetan?« Ich streckte mein Bein in die Luft. »Ein Krampf!«, jammerte ich. »Ein schrecklicher Krampf!« Wahrscheinlich passiert das Männern in den Bergen häufiger. Johann hockte sich jedenfalls hin wie ein Profi und fing an, meine Muskeln zu dehnen. »So«, sagte er, »ist bestimmt gleich vorbei. Dann legst du dich einfach auf den Bauch, und ich mach's dir von hinten.« Ich sah an Johann hinunter. Da stand sein Pimmel, immer noch stramm und aufrecht wie ein dummer, kleiner Soldat.

Ich musste an meinen Großvater denken. Er war ein praktischer Mann. Was sagte er noch immer? »Eiswasser, mein Liebchen. Du musst Eiswasser drübergießen, das verhindert, dass sie faulig werden.« Er hatte zwar die Heringe gemeint. Aber was mit Fisch funktionierte, klappte bestimmt auch mit Penissen.

»Bin gleich wieder da«, sagte ich zu Johann. Ich ging in die Küche und suchte nach dem großen Putzeimer. Zum Glück hatten wir jede Menge Eiswürfel im Gefrierschrank.

»Was war das für ein Schrei?«, fragte Mimi, als ich kurz darauf zu ihr ins Bett kroch. »Ich musste nur ein paar Eier abschrecken«, sagte ich.

»Ich verzeihe dir den Kalauer, weil es schon so spät ist«, sagte Mimi. »Aber weißt du was?«

»Was?«

»Ich sollte die beiden einfach feuern lassen«, sagte sie. »Und weshalb willst du sie feuern lassen?«, fragte ich und zog mir die Bettdecke hoch. »Wegen Verbrechens gegen die G-Punkt-Konventionen?«

»Keine schlechte Idee«, sagte Mimi. »Vielleicht solltest du Anwältin werden.«

Jura. Natürlich. Kaum zu glauben, dass mir das noch nicht selbst eingefallen war. Amnesty International würde mich sofort nehmen.

Der Winzling. Oder wie ich einmal Dinge verschwinden ließ, obwohl ich eigentlich nur Sex haben wollte

Das Schiff legte pünktlich um zehn Uhr ab. Ich klammerte mich an die Reling. Die anderen beugten sich über das Geländer, um den paar Affen unten am Kai zuzuwinken. Die Szenerie verschwamm vor meinen Augen; ich wusste, dass ich seekrank sein würde, noch bevor wir offenes Wasser erreicht hatten.

Die Seeluft trug einen zähen Ölgestank übers Deck. In meiner Magengegend fing es an zu gurgeln. Ich brauchte wirklich einen Drink. »Ich hasse dich«, sagte ich zu Mimi, »kein Mann der Welt ist es wert, dass ich mich fünf Tage lang übergebe.«

Mimi hat eine Leidenschaft für alles, was es umsonst gibt. Ständig schleppt sie mich zu Shoperöffnungen und Filmpremieren, weil sie scharf ist auf die Goody Bags, die einem für den Nachhauseweg in die Hand gedrückt werden. Mich interessieren eher die immateriellen Beigaben. Ein geschenkter Cunnilingus zum Beispiel, *das* ist etwas, womit man mich kriegen kann. Da sage ich brav Danke und gehe anschließend nach Hause, wie es sich für ein vernünftiges Mädchen gehört.

Mimi lässt sich für eine kostenlose Kreuzfahrt tagelang mit lauter Bekloppten auf einem Schiff einsperren. Es war klar, dass ich da mit musste.

»Das wird sicher lustig«, sagte sie, und warf ein paar Kusshände ins Publikum unten am Pier. »Und wie oft wird man schon zu einer Kreuzfahrt eingeladen? Ich sollte häufiger mit Marketingheinis von Reedereien ausgehen. Kai ist irgendwie niedlich, findest du nicht?« Kleine Rülpser stiegen meine Speiseröhre hoch. Wohl das Aufwärmkommando. »Süße«, sagte ich zu Mimi, »der Mann ist ein Spielzeug, mehr nicht. Dass dir das meinen Mageninhalt wert ist, sollte dir zu denken geben.«

Ich drückte mir ein Taschentuch vor den Mund, um den Speichel abzufangen. Ein paar Meter von mir entfernt stand ein kleiner Junge. Als sich unsere Blicke trafen, fing er an zu grinsen und beugte sich vor, als würde er herzhaft aufs Deck kotzen. Ich fuhr mir mit dem Finger über die Kehle, damit ihm klar war, dass er mir in den nächsten Tagen besser nicht über den Weg laufen sollte. Er zuckte mit den Schultern und schlenderte dann zu den Rettungsbooten, wahrscheinlich, um ein paar Löcher reinzubohren. In meinem Nacken konnte ich Mimis beleidigte Blicke spüren. »Außerdem«, sagte sie, »soll die Ostsee sehr reizvoll sein.« Sie deutete mit dem Finger Richtung Bug. Dahinter breitete sich das Meer aus. Es war grau und platt wie ein toter Fisch.

Die Ausdünstungen der Motoren hatten es bis in die Bar auf dem oberen Deck geschafft. »Einen Gin Tonic«, sagte ich zum Barkeeper, »ich brauche was für den Magen.« Er lächelte mich an, aber das Lächeln war ungefähr so echt wie die Palmwedel rechts und links von seinem Tresen. »Es ist mir klar, dass es erst kurz nach zehn ist«, sagte ich. »Aber mir wird auf Schiffen immer übel.« Ich wollte nicht, dass er ein falsches Bild von mir bekommt. Schließlich würden wir in den nächsten fünf Tagen eine Menge Zeit miteinander verbringen. Er schaltete sein Geschäftslächeln ab und schickte ein echtes in meine Richtung. »Verstehe«, sagte er, »ist schöner, einen triftigen Grund zu haben, die Toilette zu umarmen, wie? Bringen Sie's besser schnell hinter sich und nehmen Sie eins von den Fischbrötchen aus dem Bistro. Funktioniert bei mir immer.« Er schob mir das Glas hin. »Der geht auf's

Haus.« Ich nahm eine Packung Zigaretten aus der Handtasche und hielt ihm eine hin. Er schüttelte kaum sichtbar den Kopf, dann nickte er Richtung Tür. Ich musste gar nicht hinschauen. Mimi war deutlich zu hören.

Sie stieß die Schwingtür auf wie ein Cowboy, der seinen Erzfeind zum alles entscheidenden Duell aus dem Saloon holen will. Kai, der Marketingmann, folgte ihr mit einem Meter Abstand. Schon jetzt schaffte es der arme Mann nicht, mit ihr Schritt zu halten. Sie ließ sich auf den Barhocker neben mir fallen und winkte dem Barkeeper, als wäre es nötig, in einer leeren Bar auf sich aufmerksam zu machen. »Wir nehmen das Gleiche.« Kai sah aus wie ein Welpe, der gerade dabei erwischt worden war, dass er ins Bett gemacht hatte. »Ich trinke nicht«, winselte er. Es schien ihm so langsam zu dämmern, wen er sich da an Bord geholt hatte. »Na, ist ja auch egal«, sagte Mimi eine Spur zu laut und wandte sich zu mir. »Kai hat eine tolle Überraschung für dich.« Aus dem Augenwinkel sah ich, dass der Barkeeper mich mitleidig ansah. Ich schluckte. Sagen wir: Ich versuchte es zumindest.

Beim letzten Mal, als Mimi gesagt hat, dass es eine Überraschung für mich gebe, musste ich mich drei Tage lang bergauf durch schlammiges Gelände kämpfen. Am Ende des Weges wartete ein Zelt, das mitten in einem sumpfigen Wald stand, in dem sich ein paar hundert Stechmückengroßfamilien zur Fortpflanzung verabredet hatten. Manchmal frage ich mich, ob irgendwas mit meinem Karma nicht stimmt.

Aber Mimi ist meine Freundin. Ich nahm also mein Glas und trank es leer. »Ok, schieß los.« Danach war ich eine ganze Weile ziemlich still.

»Baby, ich hoffe, der Typ weiß, was er tut.« Meine Stimme klang schrill. Ich schmiss meinen Koffer auf das Teil in der Kabine, das eines Tages ein Bett sein würde, wenn es groß war. »Ich bin noch genau ein schlechtes Date entfernt davon, mir 30 Katzen anzuschaffen.«

Es war nicht so, dass ich etwas dagegen hatte, mit einem Mann in der Kajüte zu liegen. Mir war nur nicht klar, warum meine Freunde ständig das Bedürfnis hatten, mich zu verkuppeln. Ich fühlte mich dadurch ungefähr so erwachsen, als würden sie mir jeden Morgen die Klamotten rauslegen.

»Was hast du denn gegen ein paar Mal Kommen, während wir hier ein wenig herumschippern? Ich versuche nur, dir ein bisschen was Gutes zu tun.« Mimis Stimme klang dumpf aus dem Nebenzimmer. Dann schob sie ihren Kopf durch die Tür, die unsere Kabinen trennte. Ihre Mundwinkel zuckten. Hoffentlich würde sie nicht anfangen zu heulen. Bei Orgasmusverweigerung war sie echt empfindlich. »Reg dich ab«, sagte ich. »Es ist bestimmt schön, beim Kotzen ein bisschen Gesellschaft zu haben.«

Im Speisesaal hatten die meisten offenbar schon angefangen zu trinken. Ich war ganz froh über die Geräuschkulisse. So würde man wenigstens mein Fluchen nicht hören. Mit Highheels auf hochflorigem Teppich zu gehen, während der Boden mal in die eine, mal in die andere Richtung kippte, war etwas, das ich erst lernen musste. »Die Schüssel schwankt, als würde draußen ein Orkan toben«, jammerte ich, »und hier gibt es nicht mal Haltegriffe.« – »Du spinnst«, sagte Mimi, »das Ding bewegt sich doch überhaupt nicht.« Ich tastete mich an der Wand entlang. Ein Wunder, dass ich den Gin Tonic bei mir behielt. Seit dem Vormittag hatte ich nichts anderes mehr gegessen.

Die Tische im Speisesaal waren einer Massenvergewaltigung durch den Floristenverband zum Opfer gefallen. Teller passten keine mehr darauf. Zumindest würde es eine figurfreundliche Reise werden. Kai erhob sich vorsichtig und versuchte, das riesige Ranunkelarrangement nicht umzustoßen. »Schön«, sagte er, als würde er Mimi, mich und die Blumen gleichzeitig meinen.

Sein Arm hing in der Luft, unentschlossen, ob er winken sollte oder uns umarmen. Er entschied sich fürs Winken. »Und das hier«, sagte er, nachdem sich sein Arm wieder beruhigt hatte, »ist mein Freund Jakob.«

Meine Übelkeit war wie weggeblasen. Sofort bedauerte ich, dass die Reise nur fünf Tage dauern würde und nicht ein ganzes Jahr. Jakob war zu schade für One-Night-Stands, das sah ich sofort. Er war die Art Mann, bei dem einem Gott für jedes Mal Sex ein paar Lebensjahre dazu schenkte. Ich fühlte mich, als hätte ich in der Penis-Lotterie gewonnen. »Mach den Mund zu«, zischte Mimi, »ich hab's dir doch gesagt!«

Ich hatte schon schönere Männer gesehen. Sein Gesicht sah aus, als sei es aus einem Baukasten zusammengesetzt worden, und zwar von jemandem, der dabei an etwas vollkommen anderes gedacht hatte. Der Mund war ein wenig zu voll, die Augen lagen ein bisschen zu nahe beieinander, und die Nase war etwas zu perfekt. Der schnurgerade Nasenrücken endete in zwei vollkommenen kleinen Nüstern, die sich aufblähten und wieder senkten, wenn er etwas sagte. Und doch war etwas in der Art, wie er sprach und sich bewegte, das einem gleich ans Herz ging. Es dauerte eine Weile, bis ich drauf kam, was es war: Selbstbewusstsein. Er war einer dieser Männer, die sich in der Gewissheit durchs Leben bewegen, dass sie rundum in Ordnung sind. Ich war augenblicklich verknallt.

Das Essen war vorzüglich. Ich bekam natürlich kaum einen Bissen runter. Vorfreude ist der beste Appetitzügler. »Wie ist dein Fisch?«, fragte Jakob. »Hervorragend«, zwitscherte ich und schob ihm eine Ladung Wolfsbarsch in einem Mäntelchen aus Parmaschinken in den Mund. Wir kannten uns 40 Minuten und benahmen uns jetzt schon wie zwei komplett idiotische Flitterwöchner. »Möchtest du noch etwas von meinem Kürbisrisotto?« Ich schüttelte den Kopf. »Nein danke«, sagte ich wahrheitsgemäß, »ich hätte eher Lust auf Nachtisch.« Dann langte ich über eine gelbe Ranunkel und griff nach seiner Hand. Ich sah keinen Grund, zu zögern. Fünf Tage konnten mit so einem Mann verdammt kurz sein.

»Junge, Junge«, murmelte Mimi und legte ihre Serviette zwischen das Grün, »so wie du dich benimmst, könnte man fast annehmen, du hättest dir Monogamie eingefangen. Lass mal sehen, ob du schon Fieber hast.« Ich wusste nicht, was ich darauf sagen sollte. Aber ich bin ja nicht bekloppt. Wenn ich den Mann meines Lebens ausgerechnet auf einem Kreuzfahrtschiff kennenlernen sollte, dann war es eben so. Der Gedanke erschien mir gar nicht so bedrohlich. Vielmehr hoppelte er auf meinen Schoß und ließ sich dort von mir streicheln. Ich lächelte.

Nach dem Dessert gingen wir an die frische Luft, um eine zu rauchen. »Meinst du nicht, dass es ein wenig kalt ist hier draußen?« Jakob legte besorgt den Arm um meine Schultern. Der Fahrtwind war tatsächlich eiskalt. Ich kam mir vor wie auf der »Titanic«, kurz bevor es kracht. Der Optik halber bestand ich trotzdem darauf, im Seidenkleid an der Reling zu lehnen. Das Metall versuchte, meine Haut durch den Stoff hindurch schockzugefrieren. Rita Hayworth hätte das sicher besser hingekriegt. Ich klemmte mir die Kippe zwischen die Lippen und versuchte sie dadurch am Zittern zu hindern. Hoffentlich, dachte ich, sieht der meine Gänsehaut nicht. Meine Nippel waren vor Kälte so hart geworden, als würden sie versuchen, auszubrechen.

»Du siehst aus wie ein Hollywoodstar«, sagte Jakob und strich mir das flatternde Haar aus dem Gesicht. Offenbar lohnte sich die Friererei. »Allerdings wie ein ziemlich unterkühlter.« – »Ach, so kalt ist es gar nicht«, log ich. »Wahnsinn, wie toll die Sterne von hier aussehen. Weißt du, wo die Andromeda liegt? Der Anblick des Universums führt uns unsere Unzulänglichkeit vor Augen, findest du nicht?« Ich hätte gerne meinen Mund gehalten, aber dann hätten meine Zähne angefangen zu klappern. So viel Mist hatte ich nicht mehr verzapft, seit ich damals in der Klavierstunde erwischt worden war. Unglücklicherweise war meine Mutter genau in dem Moment reingekommen, als mein Klavierlehrer mich mithilfe seiner Zunge zum Singen bringen wollte. Ich weiß bis heute nicht, ob sie mir den Satz »Wir suchen nur nach meinem inneren Resonanzkörper« wirklich abgenommen hat. Den Rachmaninov hatte ich jedenfalls in Null Komma nix drauf. Sex ist unheimlich gut für das Gedächtnis. Außerdem weiß ich seitdem, dass Penisse in etwa das Gleiche sind wie streunende Katzen. Wenn man sie einmal so richtig sattgemacht hat, stehen sie ständig bei einem vor der Tür.

Jakobs Hand lag warm auf meiner Schulter. Ich nahm sie in meine Hand und zog ihn fest an mich. Durch das ganze Sternengeflimmer und die Kälte war mir ganz komisch geworden. Ich fühlte mich so romantisch, als hätte Linda de Mol meine Seele übernommen. »Ich glaube, ich würde jetzt doch gerne reingehen«, sagte ich, »ich bräuchte jetzt irgendetwas, das mich aufwärmt.« Jakob lächelte, nickte und führte mich wieder ins Schiffsinnere. Er war ein Mann mit schneller Auffassungsgabe. Ich schätze das. Es bringt ja nichts, wenn man jeden Schritt zum Orgasmus hundertfach erklären muss.

Das Gehechel der Klimaanlage vermengte sich mit unzähligen Stimmen. Ab und zu durchstieß ein lautes Lachen die Geräuschkulisse.

In den Gängen vor den Kabinen war es ruhiger. Ein dunkelroter Teppich verschluckte unsere Schritte. Ich war so nervös, als würde ich gerade zu meiner öffentlichen Entjungferung geführt.

»Ist das okay für dich?« Er zeigte auf seine Kabinentür. Ich nickte. In Wahrheit hätte ich gern den Kopf geschüttelt. Warum müssen manche Männer ständig das Offensichtliche wiederholen? Sie fragen »Darf ich dich küssen?«, wenn man wie ein junger

Vogel mit weit aufgesperrtem Mund vor ihnen liegt oder »Ist es in Ordnung, wenn ich jetzt deine Hand halte«, als wären Versuch und Irrtum etwas Unanständiges.

Seine Kabine sah aus wie unsere, nur dass sie um einiges kleiner war. Kein Wunder, er ließ sich schließlich nicht von Kai vögeln. Jakob setzte sich auf die Matratze und klopfte mit der flachen Hand auf das Stück neben sich, damit ich mich auch hinsetzen würde. Seine Hose bildete an seinem Schritt einen dicken Wulst. »Das ist aber eine schöne Überraschung«, sagte ich und schlüpfte aus den Schuhen. »Wie bitte?« – »Ach, nichts.« Ich setzte mich neben ihn und legte meine Hand in seine. Eine Weile sagten wir gar nichts und schauten nur verlegen in der Kabine herum, als hätten wir vergessen, wie es ab jetzt weitergeht. Irgendwann fing er an, meinen Hals zu küssen. Er strich mit den Lippen über meine Kehle, ließ sie in der kleinen Kuhle unter dem Ohr kurz ausruhen und küsste sich dann wieder nach unten. Ich bin ziemlich sicher, dass Jungs irgendwann während der Schulzeit zur Seite genommen werden, damit sie lernen, wie man den Mädchen durch Halsküsse das Höschen lockert. Was soll ich sagen? Es funktioniert.

Es gab einen niedlichen Moment des Zögerns, als wir uns das erste Mal auf den Mund küssten. Er tat, als würde er sich nicht trauen, dann tat ich, als würde ich mich genieren, und schon waren wir mittendrin. Es gibt diesen Moment beim Knutschen, wo einem das ganze Blut in die Muschi sackt, und ehrlich gesagt hatte ich den nach zehn oder zwölf Sekunden.

Wir legten uns der Länge nach hin. Ich schlang meine Beine um seine Hüften und holte ihn näher an mich heran. Ich konnte seine Erregung spüren. Sein Körper bebte unter meinen Berührungen. Ich fuhr mit den Fingern über die glatte Haut an seinem Rücken. Er streichelte meine Taille, dann erkundete er vorsichtig meinen Bauch. Seine Finger waren warm. Ich wollte, dass er mich überall berührte, und bog mich so zu ihm hin, dass die Botschaft auch ankam.

Das Schöne am Erwachsensein ist, dass man beim Entkleiden nicht mehr zimperlich sein muss. Seit ich ungefähr 22 bin, ist es mir komplett egal, was die Leute von mir denken. Ich öffnete sein Hemd und ließ zu, dass er mir aus dem Kleid half. Keine Ahnung, warum, aber ich fühlte fast so etwas wie Verliebtheit. Dabei hatten wir uns noch nicht einmal richtig unterhalten.

»Du bist wunderschön«, flüsterte er und sah mir in die Augen. »Danke«, wisperte ich zurück, »du bist wundervoll.« Nachdem wir diese Höflichkeiten ausgetauscht hatten, fand ich, dass es an der Zeit sei, zur Sache zu kommen.

Wir wälzten uns ein wenig hin und her. Langsam ließ ich meine Hand über seinen Bauch rutschen. Als sie die Kante seines Slips berührte, machte ich eine kurze Höflichkeitspause. Er bewegte sich auf mich zu und seufzte. In meiner Fantasie sah ich, wie ich seinen Schwanz in die Hand nehmen und den Schaft auf und ab bewegen würde. Die Wulst an seiner Hose hatte sehr vielversprechend ausgesehen.

Ich tastete mich in seine Hose vor. Eigentlich hatte ich erwartet, dass sich mir etwas entgegenstrecken würde. Aber vielleicht war er nicht so schnell zu erregen wie ich. Ich tastete mehr nach links, aber da war auch nichts. Dann wanderte meine Hand nach rechts. Ich wusste ja, dass da irgendwo ein Schwanz sein musste. Aber als meine Finger schließlich fanden, was sie gesucht hatten, war ich so überrascht, dass ich vor Schreck innehielt.

Was ich da berührte, entsprach ganz und gar nicht dem, was ich erwartet hatte.

Mitten in Jakobs Unterhose stand ein kurzer Stängel. Das Ding war trotzig hochgereckt wie ein kleiner Finger. Ich sage kleiner Finger, der Fairness halber sollte ich hinzufügen, dass Mittelfinger die Sache eher traf.

Sein Schniedel war schmal wie der eines präadoleszenten Messdieners und so kurz, dass er sich anfühlte wie ein Hühnerknochen. Ich griff beherzt zu, vor allem, weil ich dachte, dass sich größenmäßig vielleicht noch etwas machen ließe. Aber Jakobs Schwanz war kein magischer Blutpenis. Der arme Mann war mit dem kleinsten Ding gestraft, dass ich je zu fassen bekommen hatte.

Ich musste an ein englisches Sprichwort denken: »Nicht die Größe des Bootes ist wesentlich, sondern die Bewegung des Ozeans.« Ziemlich offensichtlich, dass sich das ein Mann ausgedacht hatte. Meine Erfahrung deutete in Richtung eines anderen Sinnspruches: »Man kann Sahne nicht mit einem Zahnstocher steif schlagen.«

Kein Mann kann etwas für seinen Schwanz. Trotzdem denke ich manchmal, dass wir aufhören sollten, zu behaupten, dass Größe keine Rolle spielt. Kein Schwanz muss länger sein als eine mittelgroße Mohrrübe. Aber was den Durchmesser betrifft, bin ich Realistin. Mit einer Salzstange kann ich einfach nicht kommen.

Jakob seufzte und bewegte sich. »Du machst mich so scharf«, sagte er, »fass mich ruhig ein bisschen fester an.« – »Ja«, sagte ich lahm. Was sollte ich auch sonst sagen! Ich hielt seinen Schwanz und war ratlos. Irgendwie tat er mir leid. Er war so süß. Außerdem kannte er vielleicht ein paar Tricks, um sein Defizit auszugleichen.

Ich bin niemand, der vorzeitig aufgibt. Es gibt diesen blöden Witz, wo die Frau den Mann fragt, ob er schon drin sei. Daran musste ich denken, während er ein Kondom überstreifte. Das Gummi war vermutlich eine asiatische Spezialanfertigung.

Jede Frau, die Wert auf ein gut erhaltenes Jungfernhäutchen legt, ist bei Typen wie Jakob an der richtigen Adresse. Ich spürte jedenfalls nichts, zumindest nichts von seinem Schwanz. Stattdessen kam ich mir – tja: ausgeleiert vor. Meine Vagina war offenbar angelegt wie ein Zauberhut, um Penisse verschwinden zu lassen.

Keine Ahnung, warum, aber ich machte mir Vorwürfe, als wäre seine Winzigkeit mein Problem. Wäre ich enger, wenn ich weniger Sex gehabt hätte? Wenn ich meine Beckenbodenübungen regelmäßig machen würde? Mittlerweile war ich so voll Luft gepumpt, dass meine Vagina rülpsende Geräusche von sich gab. »Ist es schön für dich?«, keuchte er. »Sehr«, antwortete ich. Etwas Besseres fiel mir nicht ein.

Zwanzig Minuten später saß ich mit Mimi an der Bar.

»Keine Ahnung, wie er es geschafft hat, ohne Reibung zu kommen«, sagte ich, »wäre er nicht auf mir gelegen, hätte ich ihn gar nicht bemerkt.« Ich deutete mit dem Finger auf mein leeres Glas. Im gleichen Moment stellte der Barkeeper ein neues Gimlet hin. Er war erstaunlich fix für jemanden, der 20-Stunden-Schichten machte.

Mimi schüttelte traurig den Kopf. »Immer erwischt es die netten Typen«, sagte sie. »Und das Schlimme ist, man kann einfach nicht drüber hinwegsehen. Ich meine, das ist etwas, was man einfach nicht ausgleichen *kann.* Trotzdem gut, dass ihm nicht bewusst ist, dass er ein Problem hat.« Sie griff in die Schale mit den Erdnüssen. Wenn Mimi bekümmert ist, helfen nur Kalorien. Und sie ist eine wirklich mitfühlende Frau. Vielleicht ist sie deshalb so dick. »Und wenn er dich leckt? Vielleicht hat er es da zu einer besonderen Meisterschaft gebracht. So wie ein Blinder. Wenn ein Sinn verkümmert, entwickelt sich dafür ein anderer stärker.« – »Negativ. Er hat es versucht, aber offenbar haben sich die Dinge bei ihm auf mehreren Gebieten schwach entwickelt.« Ich konnte mir nicht mal vorstellen, ihm einen zu blasen. Obwohl – endlich mal Oralsex ohne Würgereflex oder Kieferschmerzen. Ich betrachtete den Strohhalm in meinem Glas. Daran zu saugen verursachte mir schließlich auch keinerlei Schwierigkeiten.

Am Morgen im Frühstücksraum war die Stimmung seltsam gedrückt. Wahrscheinlich lag das an meinem Kater. Dafür, dass ich Jakob erklärt hatte, ich müsse sofort gehen, weil ich mich endlich mal ausschlafen wolle, sah ich ziemlich durchgefeiert aus. Mimi starrte ungeniert auf Jakobs Schoß. Dann hielt sie eine Gebäckstange hoch und sagte feierlich: »Zum Frühstück habe ich eigentlich lieber etwas Schlankes, Zartes.« – »Lass das«, sagte ich, »er kann schließlich nichts dafür.«

Immerhin war ich bislang noch nicht seekrank geworden. Kein Wunder: Meine gesamte Energie ging für Penis-Exit-Strategien drauf. Wenn man mit jemandem auf einem Schiff unterwegs ist, ist es besser, Konflikte unter dem Deckel zu halten. Mir fiel einfach nichts ein, was ich sagen konnte, ohne ihn in seiner Männlichkeit zu kränken. »Spontan lesbisch geworden« war noch meine beste Idee.

»Ich brauche schließlich eine Menge Eiweiß«, sagte Jakob, nachdem er sich zwei Mal Rührei geholt hatte, und zwinkerte mir dabei zu. So langsam dämmerte mir, dass er ernsthaft glaubte, unsere kleine Partie Mini-Steck habe noch ein Encore verdient. »Wie sieht es aus, wollen wir nachher ein bisschen über die Magic Promenade spazieren?« Die Aussicht, mit einem Mann ohne nennenswerten Penis durch die Shopping Mall eines Kreuzfahrtschiffes zu wandern, entsprach nicht gerade meiner Vorstellung von Spaß. »Tut mir leid«, sagte ich, »ich muss unbedingt in die Spinning-Class und danach habe ich einen Massagetermin.« Jakob streichelte meinen Arm und drückte mir einen Kuss auf die Wange. »Aber ich kann dich doch auch massieren«, sagte er, »das würde mir Freude machen.« Das Ganze tat mir leid. Ich zeigte auf meinen Rücken. »Morbus Scheuermann«, sagte ich entschuldigend. »Da dürfen nur Profis ran.«

Drei Yogaklassen, einen Tortendekorationskurs und zwei Stunden Bowlen »Kabinen 201 bis 225« gegen »Kabinen 226 bis 250« später war ich am Ende. »Ich habe das Gefühl, du weichst mir aus«, sagte Jakob. »Ich wüsste gerne, warum.« Ich war zu erschöpft, um zu lügen. »Du hast Recht«, sagte ich. »Ich finde, wir sind einfach nicht füreinander gemacht.«

Er schüttelte den Kopf: »Ich verstehe nicht, was du meinst. Der Sex war doch super.« – »Lass es mich anders formulieren«, sagte ich. »Ob eine Yacht groß oder klein wirkt, kommt ganz auf den Hafen an, in den sie einläuft.« Es dauerte ein bisschen, bis er verstand. Wahrscheinlich würde er gleich losziehen und allen erzählen, dass ich die weiteste Muschi hatte, die man sich vorstellen kann.

Als er ging, konnte ich ihn »Flittchen« zischen hören. Ich mag das Wort »Flittchen« nicht. Ich bevorzuge »Penis-Enthusiastin«.

Der Fetischist. Oder wie ich einmal lernte, meine Füße zu benutzen, obwohl ich eigentlich nur Sex haben wollte

Es war zwei Uhr morgens. Ich konnte die Zeiger der Küchenuhr voranrücken sehen, ohne Hast, als müsste sich die Zeit erst überlegen, ob sie vergehen wollte. Das Blut in meinem Kopf rauschte im Takt des Sekundenzeigers.

Ich sah mich um. Selbst in einem Raum, den man auswendig kennt, findet man noch interessante Details. Die Fliege auf dem Apfel in der Obstschale. Den Staub auf der Dunstabzugshaube. Mir war nie zuvor aufgefallen, dass er sich auf dem Fettfilm in Wellenlinien abgesetzt hatte. Neben dem Spülbecken war eine kleine Flasche Balsamicoessenz umgefallen. Eine dunkelrote Pfütze hatte sich an der Öffnung gebildet und mündete in ein kleines Rinnsal. Als wäre dort ein winziger Zwerg verblutet.

All das konnte ich natürlich nur sehen, weil ich auf dem Küchentisch saß.

Die Fernbedienung lag auf einem Magazinstapel. Eine kurze Bewegung hätte genügt, sie zu erreichen. Mitten in der Nacht Nachrichten zu gucken hat etwas Beruhigendes. Nachrichtensendungen geben mir das Gefühl, dass sich jemand um das Schicksal der Welt kümmert, während alle anderen schlafen. Ich beugte mich nach rechts, erst ein wenig, dann immer mehr, bis ich feststellte, dass mein Arm zu kurz war, um die Fernbedienung zu erreichen. Unauffällig würde ich das Gerät nicht schnappen können. Dafür war sowieso keine Zeit mehr. Denn genau in diesem Moment sagte eine Stimme: »Oh, ja, du, ich glaube, jetzt komme ich.«

Sein Name war Johannes. Wir gingen seit gut drei Wochen miteinander. Er hatte mich in einem Schuhladen angesprochen, als ich gerade ein Paar graue Wildlederpumps von Sergio Rossi anprobierte. Er war nicht besonders groß, ungefähr 1,75 Meter. Wenn ich Highheels trug, konnte ich sehen, dass sein blondes Haar in der Mitte seiner Schädeldecke schütter wurde. Johannes war einer jener Typen, die hip wirken. Allerdings durch Zufall. Zufällig nämlich waren die Klamotten, die er schon seit Jahren trug, plötzlich in Mode gekommen. Sein Brillengestell war schwarz und viel zu groß, eine Nerd-Brille, nur dass er sie total ernst meinte. Irgendwie mochte ich ihn. Allerdings fiel mir manchmal nicht ein, warum.

Unter meinem Hintern konnte ich spüren, wie sich leichte Erschütterungen durch die Tischplatte zogen. »Jetzt komme ich«, wiederholte Johannes und fing an, sich schneller zu bewegen. Er stand vor mir am Tisch. Um ein Haar hätte ich »Na, endlich!« gesagt. Aber ich beherrschte mich. Manche Dinge muss man in Würde zu Ende bringen. Außerdem wollte ich endlich ins Bett. Meine Hand suchte nach Halt und stieß dabei eine Flasche Olivenöl um. Zum Glück war sie leer. Bei meinem gegenwärtigen Olivenölverbrauch wäre es sinnvoller, sich mit einem toskanischen Landwirt einzulassen als mit einem Hochschullehrer. Ich schob die Flasche beiseite und blickte auf seinen Schwanz.

Der lag wie die Wurst im Hot Dog-Brötchen zwischen meinen Füßen. Die bewegten sich an seinem Schaft hin und her und auf und ab. Sie glänzten ölig. Für mich fühlte sich das Ganze an wie Sit-ups. »Warte«, keuchte Johannes. »Halt sie mir hin, ich will sie genau sehen.« Er zog seinen Schwanz zwischen meinen Füßen hervor, umfasste ihn und starrte dabei auf meine Füße, die ich jetzt parallel hielt, um eine möglichst große Fläche zu bieten.

Ich überlegte, ob ich mal wieder meine Zähne bleichen lassen könnte. Sekunden später erinnerte ich mich daran, wie mir einmal im Freibad eine Ladung Curryketchup auf die Füße gekleckert war. Es wurde sehr warm und sehr feucht. »Geiler Nagellack, total scharfes Rot«, sagte Johannes keuchend und fixierte noch immer meine Zehen, die jetzt aussahen, als hätte ich sie in Zuckerguss getunkt. »Ich kaufe dir den auch noch mal in Gold.«

»Du siehst vielleicht beschissen aus«, sagte Mimi am nächsten Tag, während wir beim Selbstbedienungs-Italiener für die Lachs-Spinat-Lasagne anstanden. »Du solltest mehr Sex haben, das ist gut für den Teint.«

Ich hatte große Lust, ihr mit dem Tablett eins überzuziehen.

Sie hatte gut reden. Seit fast zwei Monaten bekam sie jeden Freitag Besuch von einem Musikproduzenten aus Hamburg, der einen Großteil des Wochenendes dafür nutzte, Mimi abwechselnd das Gehirn rauszuvögeln und sie mit Leckereien vollzustopfen. Kein Wunder, dass sie so prall und rosa wie ein Marzipanschwein aussah.

Ich versuchte, in der Antipasti-Vitrine einen Blick auf mein Gesicht zu erhaschen. Es ist schwer, sich in einer Glasscheibe zu spiegeln, hinter der ein riesiger Haufen Vitello Tonnato liegt. Aber Mimi hatte Recht. Meine Wangen waren eingefallen, meine Haut wirkte irgendwie grau, sogar mein Haar war glanzlos geworden. Meine Stimme klang jämmerlich: »Ich versuche ja, Sex zu haben!« Ein paar Leute in der Schlange vor uns drehten sich um. Etwas leiser fügte ich hinzu: »Es ist nur nicht so einfach wie du denkst.« Mimi stellte ihr Tablett vor sich auf die kleine Ablage und kaute jeden Buchstaben ordentlich durch, bevor sie sie ausspuckte: »Wovon zur Hölle redest du?«

Zum Glück war der Tisch am Fenster frei. »Irgendetwas sagt

mir, dass ich das jetzt unbedingt hören sollte«, sagte Mimi. »Das Essen geht heute auf mich.« Sie schnitt ein Stück Lasagne ab, führte die Gabel zum Mund und legte sie wieder hin.

»Nur damit ich das klarkriege«, sagte sie, »du gehst seit drei Wochen mit diesem Johannes, richtig?«

»Richtig.«

»Dieser gut aussehende Prof für angewandte Medienwissenschaft. Knackiger Arsch, schicke Wohnung, spitzenmäßiger Film- und Musikgeschmack. Richtig?«

»Jaha.«

»Der, von dem du neulich gesagt hast, der Sex sei ganz gut, aber ausbaufähig?«

»Genau.«

»Also hast du doch Sex.« Sie schüttelte den Kopf. »Baby, ich fürchte, das ist mir zu hoch.«

Im Grunde kann ich Mimi alles sagen. Wenn ich ihr eröffnen würde, dass ich an Schizophrenie und Osteoporose gleichzeitig erkrankt wäre, würde sie ohne zu zögern ihre Wohnung behindertengerecht umbauen lassen und mir in ihrem Badezimmerschrank ein, zwei Fächer für meine Medikamente freiräumen. Aber ihr zu sagen, dass ich seit drei Wochen keinen nennenswerten Orgasmus vorweisen konnte, das überstieg meine Kräfte. Ich hatte Angst, dass sie mich fragen würde, warum ich den Kerl nicht zur Hölle schickte. Ich sagte es ihr trotzdem.

»Warum schickst du den Kerl nicht zur Hölle?« Mimi hackte so wütend in ihre Lasagne, dass die Gäste an den Nebentischen besorgt herüberblickten. »Weil ich ihn mag«, sagte ich kläglich, »weil wir ansonsten eine Menge Spaß haben.«

»Du spinnst!« Mimi tippte sich mit Schwung an die Stirn, ohne die Gabel loszulassen. Ein Stück Lachs löste sich von den Zinken, beschrieb in der Luft einen hübschen Salto und blieb auf dem Blatt einer Fächerpalme liegen. »Man kann keine Beziehung auf miesem Sex aufbauen. Wenn er es nicht bringt, ist das bedauerlich, aber nicht dein Problem.«

»Es ist nicht so, dass er es nicht kann«, sagte ich und kratzte die Spinatreste zusammen. »Als wir es mal gemacht haben, war es ganz okay. Es ist nur so, dass er eigentlich ausschließlich auf Füße steht. Füße und Schuhe. Ich sage dir, wenn ich mit dem Typen zusammen bleibe, werde ich zum McGuyver der Masturbation. Ich kann inzwischen aus fast jedem Gegenstand einen Dildo basteln.«

Um 21 Uhr am selben Abend klingelte Johannes. »Ich komme runter«, sagte ich in die Gegensprechanlage. »Nein, nein«, knackste es aus dem Lautsprecher, »ich komme hoch. Ich habe eine Überraschung für dich.«

Er hastete die Treppe hoch. Sein Gesicht leuchtete, als würde unter seiner Schädeldecke gerade eine Supernova verglühen. In der Hand hielt er ein Paket, das ungefähr so groß war wie ein Telefonbuch und doppelt so dick. Ich trage Schuhgröße 41. Man musste keine große Leuchte sein, um zu erraten, was darin war.

»Oh, wow! Christian Louboutins!« Ich war ehrlich überrascht. Für ein bisschen Ejakulieren legte er sich mächtig ins Zeug. Johannes nickte. »Archidisco T-bar Sandals«, sagte er und lächelte glücklich. »Goldfarbenes Lack-Leder. 12 Zentimeter Absatz.« Er kannte sich wirklich aus. Vielleicht gab es Seminare für Fußfetischisten, wo sie Kenntnisse in Fußpflege und internationaler Schuhmode erwerben konnten. Oder er hatte eine Mutter mit verdammt gutem Geschmack. Die Schuhe waren jedenfalls fabelhaft. In den nächsten zwei Wochen mit ihm Schluss zu machen, wäre einfach unanständig gewesen. »Ich habe dir außerdem den letzten Roman von David Foster Wallace mitgebracht. Aber jetzt führe ich dich erstmal zum Essen aus.« Erfülltes Sexualleben hin oder her, die inneren Qualitäten eines Mannes sind schließlich auch nicht zu verachten.

Zwei Stunden später waren wir wieder da, wo wir immer landeten: auf meinem Küchentisch. »Man kann auf dem Tisch übrigens auch essen«, witzelte ich. »Wie wäre es, wenn du mich mal vernaschst?« Es war ja nicht so, dass es unbedingt das volle Programm sein musste. Aber ein Cunnilingus sollte schon mal drin sein.

Johannes hob den Blick mit so großer Mühe von meinen Füßen, als würde jedes seiner Lider mindestens eine halbe Tonne wiegen. »Möchtest du das?«, sagte er. »Aber nur, wenn du die neuen Schuhe anziehst.« Eilig schlüpfte ich in die Louboutins. Das goldfarbene Leder warf Reflexe auf meine Haut. Er seufzte. Sein Schwanz bäumte sich in der Hose auf, als versuchte er, an die frische Luft zu kommen. Johannes nahm meinen Fuß und fing an, daran zu schnüffeln. Auch mir stieg der süßliche Duft von neuem Leder in die Nase. Aber in meiner Fantasie konnte ich nur sehen, wie fabelhaft die Pumps zu meinem violetten Kleid passen würden. Ich räusperte mich und zeigte auf meine Muschi. »Sie vermisst dich«, sagte ich. »Ganz schrecklich sogar.«

Wenn sich ein Tiger auf seine Beute stürzt, dürfte er ungefähr so klingen wie Johannes, als er sein Gesicht in meinem Schoß versenkte. Er knurrte. Dann machte er schmatzende Geräusche, als risse er mir gerade Fleischlappen von den Knochen. Als ich nach acht Minuten immer noch an mein violettes Kleid dachte und an die Männer, die ich darin kennenlernen würde, gab ich auf. »Süßer«, sagte ich, »hast du Lust, ein bisschen mit meinen Füßen zu spielen?«

Er kam zwischen meinen Beinen hochgeschossen und wischte sich den Mund ab. »Ja«, sagte er und öffnete seine Hose, »klar!«

Schwänze haben manchmal ein seltsames Eigenleben, vor allem während des Cunnilingus. Man muss sie dann gelegentlich noch mal aufpäppeln, bis sie so richtig einsatzbereit sind. Bei Johannes reichte offenbar schon der Gedanke an meine Füße in Louboutin. Sein Schwanz war hart und gerade wie ein Laternenpfahl.

»Da rein?« Ich hielt meinen Fuß hoch und sah zu, wie Johannes mit seinem Penis an meinem Fuß herumstocherte. »Bleib so«, keuchte er, »bleib genau so.« Er schob seinen Schwanz zwischen Schuhsohle und Fuß hindurch. Es war ein bisschen wie bei der Betrachtung von paranormaler Aktivität. Erst ist man verwirrt und verängstigt. Und dann, am Ende, ist man gar nicht mehr so sicher, wirklich etwas gesehen zu haben.

Es war nämlich so, dass er sich genau zwei Mal hin und her bewegte und dann mit einem lauten Juchzer kam. Kurz war ich versucht »Schwimmt, Jungs, schwimmt!« zu rufen, ließ es dann aber lieber bleiben. Fortpflanzung war offenbar kein Thema, mit dem er sich bis dato ernsthaft beschäftigt hatte.

»Na, wie war dein Wochenende?« Mimis Stimme am Telefon klang frisch und ausgeruht. Ich bemühte mich, nicht in Ohnmacht zu fallen. Dieses Aufspringen aus dem Tiefschlaf bekommt mir einfach nicht. Als ich langsam wieder Umrisse und Farben erkennen konnte, blickte ich auf die Uhr. Es war 6 Uhr 10. »Scheiße, Mimi«, sagte ich, »wenn du so weitermachst, bekomme ich noch vor meiner Mutter einen Herzinfarkt.« – »Papperlapapp«, sagte Mimi, »wenn du noch länger miesen Sex hast, *dann* bekommst du einen Herzinfarkt. Also, wie war's?« Ich war zu müde, um groß herumzulügen. »Jämmerlich«, sagte ich, »aber das wird schon noch. Wahrscheinlich braucht er ein bisschen, um sich mir ganz zu öffnen.«

Ich konnte Mimi kichern hören. »Schätzchen, ach, mein Schätzchen«, sagte sie. Mir passte nicht, wie mitleidig sie klang. »Fetischisten bleiben Fetischisten«, machte sie weiter. »Erinnerst du dich noch an den Typen, der immer wollte, dass ich mir diesen Stöpsel mit Pferdeschwanz in den Hintern stecke?« Ich konnte mich gut daran erinnern. Mimi und ich haben uns wochenlang das Maul über ihn zerrissen. Aber das hier war etwas völlig anderes. Schließlich stand ich auch auf schöne Schuhe. »Ich muss jetzt auflegen », sagte ich. »Je früher ich zur Arbeit komme, desto besser. Um zwölf habe ich einen Termin bei der Pediküre.«

Wenn ich etwas mache, dann richtig. Ich habe nie Light-Zigaretten geraucht, sondern immer Gauloises. Ein Leben mit angezogener Handbremse ist einfach nichts für mich. Im Büro zog ich die Strümpfe aus, um meine Füße zu überprüfen. Die Zehennägel konnten durchaus eine neue Lackierung vertragen. Außerdem waren da raue Stellen am Ballen.

Normalerweise mache ich Beckenbodenübungen, während ich am Computer sitze. Jetzt beschäftigte ich auch meine Füße. Ich lief barfuß herum und hob Stifte mit den Zehen auf oder versuchte, mit einem kleinen Ball zu jonglieren. Mimi hatte ganz bestimmt Unrecht, was die Sache mit dem Fetischismus betraf. Johannes brauchte einfach nur ein bisschen mehr Mut, dann würde er sich meinem ganzen Körper hingeben. Und nicht nur meinen Füßen.

Es war eine Frage des Ehrgeizes. Nachdem ich mit ihm fertig war, würde er einen spitzenmäßigen Fuckbuddy abgeben. Das war mein Geschenk an die Frauenwelt. Bislang war er nämlich einfach nur Fuck.

Drei Tage später war ich mit ihm im Kino. Draußen war es so kalt, als hätte irgendwer vergessen, die Kühlschranktür zuzumachen. Ich hatte Socken unter meine Stiefel gezogen und sie dann heruntergerollt. Ich neige zum Perfektionismus. Schließlich wollte ich nicht, dass Johannes von Strumpfabdrücken irritiert wurde. »Schöner Film, nicht?«, sagte er, »ich mag, wie sie die gesellschaftskritische Botschaft geschickt in Action verpackt haben. Vielleicht sollte ich meine Studenten eine Arbeit darüber schreiben lassen.« Ich blickte noch mal auf die Tickets, nur um sicherzugehen, dass ich nicht einen anderen Film gesehen hatte. Aber auf beiden Karten stand das gleiche: »Zombieland«. Ich zuckte mit den Schultern, weil mir nichts anderes einfiel. »Möchtest du noch mit zu mir kommen?«, fragte ich. »Ich mixe uns ein paar Gimlets.« Johannes hakte sich ein und zog mich vorwärts. Wie ein Mann, der einen Job zu erledigen hat.

Das Ende war Mimis Idee. Inzwischen hatte ich fast mütterliche Gefühle für Johannes. Er war ein Küken, das meinen Schutz brauchte. Ich wollte ihn nicht kränken, aber es war klar, dass ich nicht diejenige sein würde, die ihn von Fuß auf Muschi umpolen würde. »Sag ihm doch einfach, dass deine Füße im Moment keine feste Beziehung wollen«, sagte Mimi. Ich könnte schwören, dass sie sich um ein Haar selbst applaudiert hätte. »Spaß beiseite«, sagte sie, nachdem sie sich beruhigt hatte, »wir drei gehen am Freitag zu Louie's. Ich regele das für dich.« Ich hatte keine Ahnung, was sie vorhatte. Aber manchmal war Mimi wirklich Gold wert.

Louie's ist eines dieser teuren Restaurants, das Leute besuchen, die gesehen werden wollen. Schauspieler, Medienfuzzis, Künstlertypen, und alle sind viel zu sehr damit beschäftigt, sich nach allen anderen umzusehen, um ordentlich Konversation zu machen. Mimi hat seit Jahren eine lockere Affäre mit dem Besitzer, und darum ist es für uns nicht gerade eine Anstrengung, dort einen Tisch zu bekommen.

Louie ist Amerikaner, ein Typ wie George Clooney, nur weniger Stil, dafür mehr Party. Große Hände, große Klappe, verdammt großes Herz. Und so, wie er auf uns zugerauscht kam, musste der Abend bis dahin unglaublich langweilig gewesen sein. Ich sah mich um: nur eine Handvoll Soap-Darstellerinnen und dazwischen ein paar reiche Cougars mit ihren Bettjünglingen. »Girls!«, rief Louie und legte seine Hand gleich zum Ausruhen auf Mimis Fleisch, »endlich kommt ein bisschen Leben ins Haus! Schnell, schnell, wir müssen sofort einen trinken!«

Sollte er Johannes bemerkt haben, dann zeigte er es zumindest nicht. Louie eilte durch die Tischreihen und schob ein paar blonde Miezen zur Seite. Sie warfen mir giftige Blicke zu. Aber ich war heute mit Teflon übergossen, alles glitt an mir ab. In meinem Kleid sah ich aus wie eine sehr große lilafarbene Blüte. Meine Füße steckten in den goldenen Louboutins.

»So«, sagte Louie und blieb abrupt stehen, »das ist euer Tisch.« Dann fiel sein Blick auf Johannes. Er tat so überrascht, als bemerke er ihn tatsächlich erst jetzt. »Well, well«, machte Louie, »wen haben wir denn da? Einen Boyfriend?« – »Mhmnjatja«, machte ich und hoffte, damit genug gesagt zu haben. »Johannes«, sagte Johannes und verbeugte sich steif. Louie stutzte, dann knallte er ihm eine seiner Türsteherpranken auf die Schulter und brüllte: »Boy, oh, boy, da braucht aber jemand dringend einen Drink. Geht aufs Haus. Du siehst aus, als könntest du einen Schotten vertragen.«

Nach drei Gläsern Laphroaig hatte sich Johannes beruhigt. Er wurde sogar richtig keck. »Und wohin fährst du am liebsten in Urlaub?«, fragte er Mimi. Ich wünschte, er hätte etwas anderes gefragt. Denn »Urlaub« war genau Mimis Stichwort.

»Am liebsten verreise ich in Deutschland«, sagte sie. »Hier gibt es so schöne Städte. Warst du schon einmal in Füssen?« Johannes lächelte. Der arme Kerl glaubte tatsächlich, Mimi nähme ihn ernst. »Leider noch nie. Ich muss zugeben, dass ich mich in Deutschland nicht besonders auskenne.« Mimi lächelte, als hätte sie die Backen voller Hornissen. »Verstehe«, sagte sie, »lass mich raten: Du bist einer, der gerne nach Süditalien reist. Direkt an die Stiefelspitze.«

Ich überlegte, ob es angebracht wäre einzugreifen. Aber Johannes schien es zu gefallen, dass sich jemand mit ihm über Reiseziele unterhielt. Er drehte sein Glas in den Händen und schaukelte den Kopf hin und her. »Nee, leider nicht. In der Türkei war ich aber schon öfter.« – »Ach, Süditalien musst du einfach ausprobieren!«, rief Mimi theatralisch, »Oder Sizilien, und dann direkt ein Hotel am Fuß des Ätna – das ist einfach perfekt.« Ich gab ihr unter dem Tisch einen Tritt. Der Ausdruck in ihrem Gesicht zeigte mir, dass ich gut getroffen hatte. »Schade nur«, fuhr Mimi fort, »dass man mit Paula nirgendwo hinfahren kann.«

Johannes wirkte jetzt ehrlich interessiert. Sein Rücken straffte sich, und er blickte so erwartungsvoll auf Mimi, als würde sie gleich den Zaubertrick des Jahrhunderts vorführen. »Tja«, sagte Mimi. »Es ist wirklich bedauerlich. Aber sie hat diese schrecklich gemeine Krankheit, das will man ja auch niemandem zumuten.« – »Krankheit?«, fragte Johannes, »welche Krankheit denn?« Mimi nahm einen Schluck von ihrem Gimlet und holte zum finalen Hieb aus. »Das Üble ist, dass man nicht sieht, wie krank sie ist. Aber sie hat eine seltene und extrem hartnäckige Art von Fußpilz. Paula, hast du ihm etwa nicht davon erzählt?«

Während wir zusahen, wie Johannes' Mimik in ihre Einzelteile zerfiel, näherte sich Louie von hinten mit neuen Drinks.

»Was ist denn mit dem los?«, fragte er und zeigte auf Johannes.

»Ich weiß auch nicht«, sagte ich. »Aber ich glaube, wir verzichten heute auf das Dessert.«

Der Wanderer. Oder wie ich einmal auf Trekkingtour musste, obwohl ich eigentlich nur Sex haben wollte

Ich war ein wenig zittrig an jenem Samstag und irgendwie nicht ganz bei der Sache. Klarer Fall von Orgasmuspanik. Ich hatte schon drei Tage keinen mehr gehabt und fühlte mich wie ein Junkie auf Entzug. Ich tauchte ungebremst in einen Cold Turkey. Womöglich hätte ich sonst früher kapiert, dass beispielsweise der Sessel »Das Ei« von Arne Jacobsen grundsätzlich ein Hinweis darauf ist, dass etwas in die vollkommen falsche Richtung läuft.

Es fing damit an, dass Mimi und ich in der »Bar Tausend« saßen, einem dieser Läden, die sich darin gefallen, eine besonders strenge Tür zu haben. In Wahrheit hilft ihnen die Türpolitik gar nichts, weil die Bar trotzdem voller Idioten ist, nur dass sie hier teurere Klamotten tragen als anderswo.

Mimi kommt hierher, weil sie auf die Fingerfertigkeit des Barkeepers steht, und zwar in jeder Hinsicht. Ich komme hierher, wenn ich einen Mann will, der zu eitel ist, um nach dem Sex um meine Handynummer zu betteln.

Wir tranken ein paar Gimlets und sahen uns die Auslage an. Mimi zeigte auf einen Typen am Ende der Bar. Dunkler Anzug, teure Schuhe; selbst im Sitzen sah man ihm an, dass er mindestens eins neunzig groß war und einen beträchtlichen Teil seiner Zeit damit verbrachte, seinen Körper aufzupolieren. »Was ist mit dem?«, fragte sie, »solide und zuverlässig, overworked und underfucked. Da musst du dich nicht mal anstrengen.«

Ich mag Mimis Anglizismen nicht besonders, aber in diesem Fall hatte sie Recht. Den Geschäftsmännern von heute steigt der Samenüberdruck immer gleich hinter die Augäpfel. Ich bin sicher, dass sie Sperma heulen könnten, wenn sie sich nur ein bisschen anstrengten. »Ich weiß nicht«, sagte ich, »du weißt doch, wie die Typen sind. Bei denen funktioniert normaler Sex nicht, die können Leistungsdruck und Leidenschaft nicht auseinanderhalten.« Gemeinsam betrachteten wir ihn eine Weile. Als würden wir eine dieser Doku-Fictions ansehen, die im Nachtprogramm laufen. Inhaltlich interessant, aber handlungsarm.

Männer, die alleine an einer Bar hocken, sind heikel. Entweder, sie sind versetzt worden, womit man sich selbst dazu herablässt, jemanden aufzureißen, der einer anderen nicht gut genug war. Oder sie haben keine Freunde, also irgendein soziales Defizit, über das man beim besten Willen nicht hinwegsehen kann.

Schwer zu sagen, was mit diesem hier los war. Er ruckelte auf seinem Hocker herum, als hätte ihm jemand Reißzwecken untergeschoben, und drehte sein Glas auf dem Tresen hin und her. Gelegentlich blickte er zur Tür. Nicht so, als würde er auf jemanden warten, sondern so, als würde er auf *etwas* warten.

»Vielleicht ist ihm langweilig«, sagte Mimi. »Bestimmt ein Opfer neumodischer männlicher Verabredungsstrategien«, widersprach ich. »Treffen wir uns nachher? Ja. Vielleicht. Und dann sitzen sie am Ende alleine da.« Ich nahm mein Glas und rutschte vom Stuhl. »Das mindeste, was ich tun kann, ist, ihm eine hübsche Geschichte zu schenken, die er am Montag im Büro erzählen kann, glaubst du nicht?«

Aus seinem Hemdkragen kräuselte dichtes, silbrig glänzendes Gewöll, als habe er sich die Brust mit Aku-Pads gepflastert. Sein Gesicht hatte etwas von einem Weizenfeld vor der Ernte, ebenmäßig und romantisch, aber trotzdem hatte man das Gefühl, dass irgendjemand bald etwas dran ändern sollte.

Als er merkte, dass ich ihn ansah, setzte er das Glas an die Lippen und versuchte beiläufig zu tun, was ihm misslang. Ein halber Schluck Whisky entwischte ihm aus dem Mundwinkel. Hastig schickte er eine lange Zunge hinterher, um die Tropfen aufzufangen, doch die seilten sich bereits vom Kinn ab. Er wurde rot und wischte hektisch auf seiner Hose herum. Es gab also keinen Grund, ihn nicht anzusprechen.

»Soll ich dir einen Strohhalm besorgen?« Er tat so, als habe er mich bis jetzt nicht bemerkt und versuchte dem Ruck, mit dem er den Kopf hochriss, etwas Natürliches zu geben. »Wie? Ach so, ha, peinlich, was?« Ich verehre Männer, die sich schämen können. »Vielleicht sollten wir dir noch was bestellen, oder?«, sagte ich und zeigte auf sein fast leeres Glas. »Was trinkst du?« Seine Mundwinkel verzogen sich zu einem Lächeln, das so breit und scharfkantig war, dass man einen Mantel dran aufhängen konnte. »Whisky Sour«, sagte er bestimmt und wollte damit wohl unterstreichen, dass er ein echter Kerl ist. Das würden wir ja dann noch sehen.

Als ich nach einer Stunde auf die Uhr blickte, waren erst zwanzig Minuten vergangen. Ich hatte mir angehört, wie er heißt (Simon), was er beruflich macht (irgendwas mit Bilanzharmonisierung), wohin er in Urlaub fährt (Ischgl, St. Tropez) und was er gerne isst (kein Fisch, dafür Premium Beef). Jetzt fand ich, dass es an der Zeit sei, die Dinge auf den Fleischtransporter an die Rampe zu bringen. »Hör mal, wie wäre es, wenn wir die Location wechseln?«, sagte ich und legte meine Hand auf seine. »Ich fände es schön, wenn wir etwas privater zusammen sein könnten.« Er lächelte. In seinen Augen war drinnen plötzlich das Licht angegangen: »Ich kenne da einen Laden nicht weit von hier, der ist fast immer leer.«

Ich hatte vielleicht ein Glück. Da riss ich mir endlich mal wieder einen Typen auf, und dann war er begriffsstutzig.

Es war nicht seine Schuld. Ich mache den Feminismus dafür verantwortlich. In letzter Zeit begegnen mir immer häufiger Männer, die eine Aufforderung zum Sex erst verstehen, wenn man ihnen die Brüste ins Gesicht drückt. Der moderne Mann wird im Stripclub von einer Lapdancerin angesprochen: »Na, Lust auf einen Tanz?«, und sagt: »Och, ich bin eigentlich kein guter Tänzer.« Das können wir nicht gewollt haben.

Seine Wohnung lag im vierten Stock eines frisch renovierten Altbaus. Natürlich war der Fahrstuhl kaputt. Es ist schwierig, in einem Rock, der einem quasi auf den Leib gemalt worden ist, elegant Treppen zu steigen. Alle paar Meter verfingen sich die Absätze meiner Stilettos im Sisalteppich auf den Stufen. Als ich oben ankam, schmerzten meine Hüftgelenke vom Arschwackeln. Ich war völlig außer Atem. Außer Sex treibe ich schließlich kaum Sport.

Die Wohnung roch nach Frühling. Er half mir aus dem Mantel. Auf einem langen Tisch stand ein riesiges Arrangement von Tulpen und Narzissen. »Schön«, sagte ich und strich über das Holz. »Teak?« Er nickte. »Das ist am stabilsten«, sagte er und zwinkerte mir zu. Das war der Moment, in dem ich hätte Verdacht schöpfen sollen. Aber ehrlich, ich hatte drei Gimlets getrunken und dachte hauptsächlich daran, möglichst schnell meine Klamotten loszuwerden. Inzwischen war ich feucht und weit wie ein Blauwal beim Krillfang.

Simon strich über meine Schulter und küsste mich hinter das Ohr, bevor er begann, meinen Hals mit seinen Lippen zu streicheln. Langsam schob er mich zum Tisch und setzte mich dann mit einer Bewegung, die an Endgültigkeit nichts zu wünschen übrig ließ, auf die Tischkante. »Warte, mein Rock!« Bleistiftschnitte sind nichts für spontanen Sex, obwohl sie genau danach aussehen. Ich drehte mich so, dass er bequem den Reißverschluss öffnen konnte, der über der Linie meines Hinterns nach unten verlief. Langsam schob er den Stoff zur Seite, um ihn dann mit beiden Händen herunterzuziehen. Ich hörte, wie sein Atem kurz Pause machte, als er entdeckte, dass ich Nylons und keine Strumpfhosen trug.

Er fuhr mit den Fingern am Rand meines Slips entlang, zupfte dann kurz daran und zog ihn mir, als ich nicht protestierte, ebenfalls aus. Seine Hände legten sich warm um meinen Hintern, dann drehte er mich mit Schwung um. Für einen Augenblick hatte ich Angst, dass er das Falsche tun würde, doch dann ging er auf die Knie.

Seine Nase ruhte sich kurz auf meinem Hügel aus. Er holte tief Luft, bevor seine Zungenspitze erste Erkundungsgänge in die Gegend unternahm. Ein Seufzer stolperte aus mir heraus, dann noch einer. Ich streckte die Arme nach hinten, um mich ganz zu entspannen. Die Oberfläche seiner Zunge war rau. Ich konnte spüren, wie sich meine Klitoris unter ihren striegelnden Bewegungen wand, und als er mit seinen Fingern in mich glitt, hatte ich nur noch Rauschen in den Ohren. Ich entspannte mich noch mehr, so dass er sich tiefer in mich versenken konnte. Bleib so, dachte ich, bleib ganz genau da, nur noch eine Sekunde.

»So«, sagte er und tauchte plötzlich wieder zwischen meinen Beinen auf. Sein Mund glänzte, als hätte er sich vor kurzem ein Butterbrot reingezogen. »Jetzt fängt der Spaß erst richtig an.« Ich hatte keine Ahnung, was zur Hölle er meinte. Meine Libido verzog sich jaulend in die hinterste Ecke. »Mein Lieber«, sagte ich, »du hast mir gerade ganz schön die Tour versaut.« Er stutzte kurz, dann kletterten seine Mundwinkel nach oben. »Baby«, sagte er und legte meine Hand an die Beule in seiner Hose, »Baby, ich besorge es dir, wie es dir noch nie einer besorgt hat.« Ich bin Optimistin. Also glaubte ich ihm.

Wir knutschten eine Weile herum, bis die Dehnbarkeit seiner Hose das Maximum erreicht hatte. Mit einem Griff ließ ich seinen Schwanz frei, es war traurig, ihn so eingesperrt zu sehen. Er war zum Glück keiner von diesen Riesentypen, bei denen man nach jedem Stoß das Bedürfnis hat, seine Innereien neu zu ordnen. Und keiner von den Männern, bei denen man ständig hin und her zappeln musste, um zu erraten, ob sie überhaupt schon drin sind. Kurzum: Sein Schwanz passte mir perfekt.

Er stieß ein paar Mal zu. Das Blumenarrangement auf dem Tisch fing an zu wackeln. Besorgt schüttelte er den Kopf. »Lass uns woandershin gehen«, sagte er. Ich schielte nach einem Bett, aber er packte mich am Hintern und schleppte mich mit winzigen Trippelschritten durch den Raum. Woandershin gehen hieß für ihn: auf die Anrichte. Ich zerrte ein »Wallpaper« unter meinem Hintern hervor und versuchte, mich von seinen Bewegungen nicht in die Obstschale schieben zu lassen. Tief in mir drin musste ein Orgasmus stecken, nur war er beim besten Willen nicht zu finden.

Kein Wunder. Der Wanderer gehört zu der schwierigsten Sorte von Liebhabern, an die eine Frau geraten kann. Ortswechsel im Minutentakt, alles in der Wohnung wird zum Vögeln benutzt, nur um Gottes willen nicht das Bett. Als gelte es, vor dem Spaß davonzurennen. Das Tragische war der Erfolg dieser Taktik: Meine durchschnittliche Orgasmuswahrscheinlichkeit war gerade von 97 auf 2 Prozent gesunken. Vermutlich würde er mich gleich auf den Eckunterschrank werfen. Und dann auf den Arne-Jacobsen-Sessel vor dem Kamin. Und dann…

Das Problem des Wanderers beruht auf einem Missverständnis. Er glaubt, dass Frauen Männer für exotische Liebhaber halten, sobald sie nur oft genug die Örtlichkeit wechseln. Dabei übersieht der Wanderer eines: Frauen brauchen Kontinuität. Am meisten, wenn sie gerne kommen möchten. Und fünf verreckte Orgasmen sind schlimmer als gar keiner.

Einmal habe ich versucht, das einem Wanderer zu erklären, aber er hat es nicht kapiert.

An jenem Samstag versuchte ich es noch mal. »Keine Frau der Welt kann kommen, wenn du sie ständig woandershin schleppst«, sagte ich zu Simon. »Wieso?«, sagte er. »Weil sie dann Angst hat, sie könnte zu schwer sein?«

»Okay, ich gebe zu, dass das von Fall zu Fall eine Rolle spielen könnte. Aber das ist überhaupt nicht der Punkt.« Ich nahm sein Gesicht in die Hände, damit er aufhörte, mir auf die Brüste zu starren statt zuzuhören.

Schließlich wollte ich das Leben der Frauen, die nach mir kamen, besser machen. »Wir kommen durch eine Mischung aus Kontinuität, Vorstellungskraft und physikalischem Druck. Druckabfall und mangelnde Beständigkeit bringen es einfach nicht. Und wenn wir durch die Küche und das ganze Wohnzimmer und wieder zurück gejagt werden, dann denken wir irgendwann nicht mehr an Sex, sondern daran, dass du mal wieder saubermachen könntest.«

Er seufzte. »Das ist mir zu kompliziert«, sagte er dann. »Können wir jetzt weitervögeln?«

Mein Blick wanderte zu seinem Arne-Jacobsen-Sessel. Es war nicht die Optik, die mich störte. Im Gegenteil, ich finde, dass der Sessel sehr hübsch aussieht. Aber der letzte Wanderer, an den ich geraten war, hatte genau den gleichen. Vielleicht interpretieren bestimmte Männer den Namen »Das Ei« falsch und denken, darauf zu vögeln habe etwas mit Potenz zu tun. Hat es nicht. Dafür mit häufigen Besuchen beim Chiropraktiker.

Kaum hatte ich den Gedanken zu Ende geführt, hob er mich wieder hoch und schleppte mich zur Spüle. Ich weigerte mich, die Hoffnung einfach so aufzugeben. »Hey«, flüsterte ich in sein Ohr, »wie wäre es, wenn wir uns zum Vögeln auf dein Bett zurückziehen würden.« – »Ach, komm schon«, sagte Simon, der

Wanderer, »im Bett ist es doch total langweilig.« – »Ich kann so nicht kommen«, sagte ich und verfluchte mich im selben Augenblick. Denn jetzt legte er sich erst richtig ins Zeug.

Ich verstand jetzt die Härte seines Schwanzes. Er benutzte ihn wie eine Mistgabel, um mich von einem Ort zum anderen zu schaufeln. Kaminsims, Stuhl, der verdammte Sessel, auf den Tisch und wieder auf die Anrichte. Nach einer Weile hatte ich nicht nur eine Menge Krümel am Hintern, sondern wahrscheinlich auch den Abdruck diverser Zeitungsartikel.

Kurze Zeit später hatte Simon mich ins Badezimmer geschafft. »Auf die Wanne«, keuchte er, »setz dich auf den Wannenrand.« Er war nassgeschwitzt. Auch für ihn musste das Herumgetrage höllisch anstrengend sein. Vielleicht, dachte ich, sind Wanderer gar keine schlechten Liebhaber, sondern bloß Männer, die zu geizig sind, für ein Fitnessstudio zu bezahlen. Jedenfalls war es Zeit, die Stopptaste zu betätigen.

»Warte«, sagte ich und stieg von der Wanne. »Leg dich auf den Badewannenvorleger, und ich setze mich auf dich.« Er gluckste. »Der Vorleger, ja, das ist gut!« Ich ließ ihn in mich hineinrutschen und begann, mich zu bewegen. Ich schob meine Hüfte so, dass mein Kitzler seine Haut berührte, und drückte mich fest an ihn. Alle paar Augenblicke versuchte er aufzuspringen, es war, als säße ich auf einem Rodeopferd. Mit Mühe schaffte ich es, oben zu bleiben.

Sein Penis rieb an der Innenseite meiner Möse entlang. Ich ließ mich nach vorne sacken, um ihn besser zu spüren. Langsam fing es an, in meinen Ohren zu knistern, bis ich schließlich gar nichts mehr hörte und zuckend und keuchend kam. Ich hatte gehofft, dass er zur selben Zeit losballern würde. Aber: Nein. Als er sagte: »Lass uns doch mal das Waschbecken versuchen«, zog ich mich an. Wirklich, ich bin doch nicht Mutter Teresa.

Der Naturbursche. Oder wie ich einmal die italienische Fauna kennenlernte, obwohl ich eigentlich nur Sex haben wollte

Das Motto der vergangenen Nacht schien »Bedauern« gewesen zu sein. Ich konnte es sogar schmecken. Schlimmer noch, ich wachte direkt daneben auf.

Es bewegte sich grunzend unter der Decke. Oben guckten ein paar erdbeerblonde Haare heraus. Ich nahm ein leises Vibrieren wahr. Er schnarchte. Mein Kopf schmerzte. Meine Kehle auch. Der Innenraum meines Mundes fühlte sich an, als hätte ich einem Kaktus einen geblasen.

Ich versuchte, mich an seinen Namen zu erinnern. Thorsten? Thomas? Das könnte er gewesen sein, aber auch sein Freund, mit dem Mimi abgezogen war. Ich wusste nur noch, dass ich ihn zu »Highway to Hell« angetanzt hatte. Manchmal sollte ich mir wirklich mehr Mühe geben, die Zeichen zu deuten. Sollte sich seine Nummer in meinem Handy finden, würde ich sie auf jeden Fall ändern in »du würdest es nicht tun, wenn du nüchtern wärst«.

Apropos Telefon.

Es klingelte wie verrückt.

Ich ging dran. Eine Männerstimme plapperte los. Ich verstand kein Wort.

Nach einer Weile hatte ich mich gefangen. »Psychoanalyse?«, fragte ich und hielt den Hörer ein Stück vom Ohr weg, der Lautstärke wegen. Ich hatte wirklich starke Kopfschmerzen. »Wovon um Himmels willen redest du da? Wenn du Probleme hast, dann sprich mit deinen Freunden darüber.« Ich wartete eine ganze Weile auf eine Antwort, bis mir einfiel, dass ich so, wie ich den Hörer hielt, nichts hören konnte. Also presste ich ihn wieder ans Ohr.

»Hörst du mir überhaupt zu? Ich sagte, genau das hatte ich vor«, ningelte die Stimme meines Bruders aus der Muschel. »Darum habe ich eine kleine Reise übers Wochenende für uns gebucht. Ich möchte, dass wir mal wieder so richtig quatschen können.«

Drei Wochen später saßen Mimi und ich im Zug. Vor dem Fenster zog Modena vorbei. Das Gelände wurde hügeliger. Noch eine Stunde, und wir würden in Bologna den Zug nach Lizzano in Belvedere besteigen. »Erklär mir noch mal, warum ich mitkommen muss«, sagte Mimi, »ich will nur sichergehen, dass ich es richtig verstanden habe.«

»Du kommst mit, weil Moritz sich mit Leuten umgeben möchte, die ihn schon von klein auf kennen. Er sagt, das sei Teil seines Heilungsprozesses.«

»Und warum müssen wir dafür durch die italienische Wildnis latschen? Mir tun jetzt schon die Füße weh.«

Mimi weigert sich prinzipiell, etwas anderes als Highheels zu tragen. Hoffentlich hatte sie nicht ernsthaft vor, so durch den Wald zu laufen.

Ich hingegen neige dazu, mich den Umständen anzupassen. Nicht ohne Stolz sah ich auf meine Füße, die in sehr teuren, sehr neuen Trekkingboots steckten. Ich knotete den Schnürsenkel fester und zog mir dann meine Survivaljacke an. Ich war mir nicht sicher, ob ich jetzt im Sommer wirklich eine brauchen würde. Der Typ im Trekkingladen war jedenfalls der Meinung gewesen. »In der Natur«, hatte er geraunt und dabei die Stimme gesenkt, »ist es besser, auf wirklich alles vorbereitet zu sein.«

Er hatte ja Recht. Sollte ich wirklich in einen Moskitoschwarm geraten, wäre ich durch das besondere Material der Jacke auf jeden Fall geschützt.

Ich wusste nicht genau, was sich mein Bruder ausgedacht hatte. »Sein Therapeut will, dass er sich entschleunigt und so eine Art interfamiliäre Supervision macht«, sagte ich zu Mimi, die schmollend aus dem Fenster schaute. »Außerdem tut uns ein bisschen Natur mal ganz gut.«

Mimi schnaufte. »Diese beschissene Franziska«, sagte sie. »Ich wusste doch gleich, dass das nicht hält. Wenn sie ihn nicht verlassen hätte, könnten wir hier wenigstens irgendwo gemütlich am Strand liegen und uns anbeten lassen.« Die letzten Tage hatten wir damit zugebracht, unsere Libido noch mal so richtig durchzufüttern. Mit Sex würde es in den nächsten Tagen garantiert nichts werden. Stattdessen würden wir abends neben meinem Bruder hocken und uns Geschichten darüber anhören, wie gemein Frauen waren. Ich war nicht sicher, ob Mimi und ich wirklich das Publikum waren, das er brauchte.

Wir seufzten und schauten nach draußen. Hinter dem Zugfenster verwischten die Hügel der Emilia Romagna zu grünen Klecksen. Oben im Himmel hatte irgendjemand die Dusche angestellt.

Mein Bruder stand am Bahnsteig und winkte. Das war nicht unbedingt nötig, außer ihm wartete nur noch ein altes Ehepaar. »Gottverlassenes Kaff«, sagte ich zu Mimi und deutete auf den leeren Bahnhof, »sag trotzdem schon mal Arrivederci zur Zivilisation und lächele freundlich. Gleich geht's mit dem Jeep rauf in die Berge – und dann wird da überhaupt niemand mehr sein.« Mein Bruder kam uns mit ausgebreiteten Armen entgegen. Er sah aus, als hätte er die Nacht in einem Weinkeller verbracht. Ich bekam augenblicklich Durst.

»Tut mir leid«, sagte Moritz und meinte wahrscheinlich das Wetter, sein Gesicht, die Umstände, einfach alles. »Aber danke, dass ihr da seid. Das Miststück hat mich nicht mal zum Geburtstag angerufen. Egozentrische Schlampe. Ich gebe ihr das Haus, sie gibt mir ein Magengeschwür. Das ist einfach nicht gerecht.« Unverständliche Verwünschungen ausstoßend, schleppte er unser Zeug zum Ausgang. Die Szene wirkte, als hätte unser Gepäckträger das Tourette-Syndrom.

Inzwischen war es fast dunkel geworden. Der Jeep hielt vor mehreren mickrigen einstöckigen Gebäuden, die jemand vor vielen Jahrhunderten dort hingestellt und dann offenbar vergessen hatte. Die Steine des Gemäuers waren mit Moos bewachsen, an der Wand strömte der Regen in zopfdicken Rinnsalen herab, und sammelte sich auf einem schlammigen Weg, wo er zu einem Bach wurde. Die vier Gebäude waren nebeneinandergestapelt wie Bauklötzchen aus verschiedenen Spielen.

Soweit ich an den Fenstern erkennen konnte, waren in jedem Haus drei Gästezimmer untergebracht. Nur in einem brannte Licht. Auch das noch.

»Agriturismo«, sagte mein Bruder, »prima Sache, um Abstand von dem ganzen Zeug zu bekommen, das einen im Alltag vom Wesentlichen ablenkt. Jetzt steht nicht so rum! Ich zeig euch eure Zimmer.« Er schlurfte durch den Matsch auf eine kleine Tür zu. Über dem Eingang schaukelte eine Laterne einsam im Regen.

Mimi sah auf ihre Highheels herunter. Mit der Schuhspitze kickte sie einen Lehmklumpen zur Seite und stakste los. »So schnell gebe ich mich nicht geschlagen«, sagte sie. »Hoffentlich haben die hier wenigstens ein anständiges Klo.«

Eine Stunde später hatte ich alle Spinnen aus meinem Zimmer vertrieben und lief über den Hof. Von unserem Haus aus führte eine Spur ganz normaler Fußabdrücke in die gleiche Richtung. Mimi hatte sich also tatsächlich dazu herabgelassen, feste Schuhe anzuziehen. Ich folgte den Spuren bis unter die nächste Laterne und spähte durch das beschlagene Glas der Tür.

Hinter der Tür saßen Mimi, Moritz und ein Unbekannter. Erst sah ich nur seine Schulter und sehr viel dunkelblondes Haar, das sich über der Schulter kräuselte. Dann drehte er sich ein wenig ins Licht, und mein Herz machte einen Augenblick Kurzurlaub.

Meine fünf häufigsten Probleme mit Männern:
- Er will mich nicht.
- Ich will ihn nicht.
- Er will mich unbedingt, was dazu führt, dass ich ihn garantiert nicht will.
- Ich will ihn unbedingt, was dazu führt, dass er mich garantiert nicht will.
- Ich will ihn, er will mich, ist aber unglücklicherweise der beste Freund meines großen Bruders und darum, sexuell gesehen, so etwas wie ein Todesstreifen.

Philipp war der beste Freund von Moritz. In den Jahren, in denen sie wirklich gut befreundet waren, war ich erst 16 und rückte gemächlich auf 21 vor, was naturgemäß ein idealer Zeitraum ist, um sich flachlegen zu lassen.

Moritz bekam schnell mit, dass wir scharf aufeinander waren, und beendete die Sache mit einem Gespräch unter Männern, bevor sich überhaupt etwas entwickeln konnte: »Wenn du sie anfasst, schneide ich dir die Eier ab und mache ihr Ohrringe draus, zum Geburtstag.« Wenn man jung ist, glaubt man Drohungen noch. So verstrichen die Jahre ohne Philipp, bis ich mir vorkam wie Dornmöschen.

»Mensch, Philipp, was machst du denn hier?« Ich wusste nicht, ob ich ihm um den Hals fallen oder die Hand schütteln sollte, also umarmte ich ihn linkisch auf Männerart, als wäre ich ein Kerl und hätte Angst vor Körperkontakt. Er sah immer noch genau so aus wie damals, nur dass er jetzt Ende dreißig war. In seinem Gesicht hatten sich genau an den richtigen Stellen ein paar Falten gebildet, und der Haaransatz war um ein, zwei Zentimeter nach hinten gerückt.

»Ich war selber überrascht, als Moritz mich angerufen hat«, sagte er und nahm sein Rotweinglas, um Moritz zuzuprosten, »aber wenn man keine familiären Verpflichtungen hat und finanziellen Spielraum...«

»Das ist ja witzig«, unterbrach Mimi, »Paula hat auch keine familiären Verpflichtungen!«

»Danke, Mimi«, sagte ich, »herzlichen Dank.« Sie schafft es immer wieder, dass ich mir ungefähr so behämmert vorkomme wie eine Stripperin in einer Moschee.

Den Rest des Abends bewarfen sich die anderen mit Weißt-du-noch- und Franziska-die-blöde-Schlampe-Wir-haben-es-doch-geahnt-Geschichten. Ich hörte nur halb zu. Nebenbei schmiedete ich Pläne, wie ich mir Philipp krallen könnte. Als wir kurz nach Mitternacht in unsere Zimmer gingen, wusste ich, wie – wenn er nicht von selber drauf käme. Seinen Blicken nach zu urteilen, musste ich mir da keine Sorgen machen.

Ich wachte von einem klackernden Geräusch auf. Irgendjemand warf Steine an mein Fenster. Bestimmt Philipp. Er war ganz schön spät dran. Draußen war es längst hell. Ich zupfte mein Nachthemd zurecht und fuhr mir kurz durch die Haare. Dann warf ich mich verführerisch lächelnd übers Fensterbrett.

»Los, raus aus dem Bett«, rief Moritz und bewarf mich mit einem Tannenzapfen, »unser Guide wartet!« Philipp stand neben ihm und grinste. Soweit ich sehen konnte, steckte er von Kopf bis Fuß in Überlebenskleidung.

Zwanzig Minuten später saßen Mimi und ich eingepfercht auf der Rückbank von Moritz' Jeep und versuchten, uns nicht den Schädel anzuschlagen. Der Weg sah aus, als hätten sich ein paar Irre mit Asphaltiermaschine und Vorschlaghammer aufgemacht, das italienische Straßennetz interessanter zu gestalten. »Nicht so mies gelaunt, Mimi«, rief mein Bruder in den Rückspiegel, »ab heute beginnt ein neues Zeitalter!«

Mimi mies gelaunt zu nennen, war die Untertreibung des Jahrhunderts. »Du kannst dir dein neues Zeitalter sonst wohin stecken«, sagte sie. »Mich ohne Kaffee in den Wald zu schicken! Um 6 Uhr! Früher wärst du für so was im Kerker gelandet.«

Ein Gebirge aus Zornesfalten staute sich zwischen ihren Augenbrauen. Sie sah aus dem Fenster und beschimpfte die Landschaft. Ihre Wanderschuhe stampften auf der Fußmatte einen Totentanz für meinen Bruder.

Ich war bestens gelaunt. Philipps Locken schlängelten sich zwischen Kopfstütze und Sitz. Ich streichelte vorsichtig darüber.

»Die hätten sich einen Eheberater nehmen sollen«, sagte Mimi. »Nein, besser noch einen echten Freund, der ihnen sagt, dass sie nicht zusammenpassen. Dann könnte ich jetzt schön frühstücken und müsste nicht durch den Wald stiefeln, um nach Fuchskacke zu suchen.«

»Wolfsspuren«, sagte ich, »es sind Wölfe, keine Füchse. Und außerdem schult so ein Ausflug in die Wildnis die Intuition ungemein. Das erspart dir dann so Typen wie den Glatzkopf von neulich.«

»Das glaube ich gern«, sagte Mimi. »Weil ich vorher längst an Borreliose krepiert bin.«

Philipp nutzte den Moment, um aus dem Fenster auf eine Bergkette zu zeigen. »Schaut nur, die Corne delle Scale. Und dann diese Wälder! Vielleicht haben wir Glück, und der Führer schießt uns ein Wildschwein. Wenn wir schon mal hier sind, sollten wir so viel Natur mitnehmen wie möglich.«

Meine Intuition sagte mir, dass ich fröhlich zur Bestätigung lachen sollte. Erst später wurde mir klar, dass ich gar keine hatte.

Der Weg ging steil bergauf. Unser Guide Salvatore, genannt

Toto, marschierte voran. Der Rucksack wippte auf seinem Rücken, in den Seitentaschen seiner Hose steckten ein großes Messer und ein Funkgerät: »Falls die Wölfe uns angreifen.« Er gackerte vor sich hin und stapfte weiter bergan. »Ich kenne da oben eine super Stelle, da finden wir ganz bestimmt Spuren.«

Ich ließ mich ein wenig zurückfallen, um zu sehen, ob Philipp sich auch zurückfallen lassen würde. Das tat er. Mimi, eine wirklich wunderbare Freundin, ging brav nach vorn, um sich den Herzschmerz meines Bruders anzuhören. Von ihrem Gespräch waren nur ein paar Fetzen zu hören. »Das Schlimmste ist«, sagte mein Bruder gerade, »dass ich mich fühle, als hätte sie meinen Penis mitgenommen. Ich habe mich noch nie so entmannt gefühlt.« Mimi legte ihm tröstend die Hand auf den Hintern. Für solche Gespräche war sie wirklich die perfekte Ansprechpartnerin.

»Was soll das eigentlich«, fragte ich Philipp, »ich meine, dieser, Trip hier.«

»Keine Ahnung.« Er zuckte mit den Schultern. »Wenn ich es richtig verstanden habe, braucht er so was wie einen Neustart.«

»Festplatte löschen.«

»So ungefähr, ja. Und danach ist dann alles möglich. Dinge, die man immer schon tun wollte, zum Beispiel.« Er sah mich auf die Art von der Seite an, die einem die Klamotten auszieht.

Leider ging das gerade nicht.

Toto war nämlich stehen geblieben.

»Oh!«, rief er, und: »ach!«. Ich beeilte mich, nach vorne zu kommen. Wenn schon Wölfe, dann wollte ich sie wenigstens sehen. Während Toto sich hinkniete, versuchte ich, irgendwas zu erkennen. Aber da war nur ein brauner Strunk, in sich zusammengefallen wie eine vertrocknete Maispflanze. »Prächtig! Wunderbar!«, rief Toto und streichelte die Pflanze, »Lymodorum Abortivum! Ich dachte schon, sie wäre hier ausgestorben.«

Mimi schüttelte traurig den Kopf. »Die sind doch alle bekloppt«, meinte sie. »Muss an dem vielen Sauerstoff liegen. Zigarette?«

Beim Abendessen fielen wir über die Pasta mit Wildschweinragout her, als hätten wir den ganzen Tag nichts gegessen. Genauer betrachtet, stimmte das sogar. Sowohl Toto als auch Moritz' Therapeut waren der Ansicht, dass ein entleerter Körper automatisch einen entleerten Geist hervorbringt.

Was das Entleeren anging, wollte ich gern behilflich sein. Ich hoffte, dass Philipp nicht zu viel trank. Nichts ist enttäuschender, als sich auf einen ordentlichen Fick zu freuen, um dann festzustellen, dass der Schwanz ins Delirium gesunken ist.

Gegen halb zehn sah ich auf meine Uhr und streckte mich. »Leute, ich bin völlig kaputt«, sagte ich, »was dagegen, wenn ich mich hinlege?« – »Nicht, wenn ich dein Dessert kriege«, sagte Mimi. »Noch so ein Tag, und ich falle vom Fleisch.« Philipp rückte seinen Stuhl nach hinten, sah erst auf seine Uhr und dann in mein Gesicht. Er zwinkerte. »Ich denke, ich bleib noch zehn Minuten. Aber dann muss ich mich wirklich entspannen.« Mimi rollte mit den Augen und machte sich über mein Tiramisu her. Ich strich meinem Bruder über den Kopf und ging zur Tür.

Draußen war es warm wie in einem Einmannzelt. Die Grillen zirpten.

Wenn ich nicht total daneben lag, würde ich in knapp zehn Minuten einen Besuch bekommen, auf den ich meine halbe Jugend gewartet hatte. In der Ferne ertönte ein grollendes Geräusch. Ich hoffte, dass es nicht von einem Wolf stammte.

Ich schmiss mein moskitostichsicheres Hemd und die schlammige Hose in die Ecke und schlüpfte in ein Nachthemdchen, das eher Schaufenster als Gardine war. Ich überlegte, ob ich mich abschminken sollte, aber eigentlich wollte ich so scharf wie möglich aussehen. Also putzte ich stattdessen die Zähne. Das würde wirken, als hätte ich tatsächlich geglaubt, gleich schlafen zu gehen.

Zehn Minuten später saß ich vögelbereit auf dem Bett.

Zwanzig Minuten später blätterte ich in einer zerfledderten Illustrierten.

Dreißig Minuten später war ich stinksauer.

Fünfunddreißig Minuten später klackerten wieder Steine an mein Fenster. »Ich dachte schon, du wärst schwer von Begriff«, rief ich so leise wie möglich. »Tut mir leid«, sagte Philipp, »dein Bruder wollte noch über seine Chancen auf dem Singlemarkt sprechen. Kommst du runter?« Ich zeigte auf mein Nachthemd. »Komm du lieber rauf.« Philipp schüttelte den Kopf. »Nee«, sagte er, »es ist so schön warm hier. Diese Nacht ist wie geschaffen für uns.«

Tagsüber durchs Unterholz zu stapfen ist eine Sache. Dasselbe bei vollkommener Dunkelheit zu tun, eine völlig andere. Mir kam wieder der Verdacht, dass ich nachtblind bin. Ich sah überhaupt nichts. »Dort vorn ist eine schöne Lichtung«, sagte Philipp, »ziemlich romantisch.«

Von der Lichtung sah ich auch nicht viel. Sie muss aber da gewesen sein, denn plötzlich hörten die Bäume auf, und die grausigen Töne, die ein Wald nachts von sich gibt, drangen ungedämpft an mein Ohr. Der Wind wehte warm und sacht, nahm für einen kurzen Moment Fahrt auf und flaute dann wieder ab.

»Bist du sicher, dass Wölfe nicht auf Menschenfleisch stehen?« Ich klammerte mich an Philipps Arm, um ein wenig Nähe zu schaffen. »Vollkommen sicher«, sagte er und strich mir das Haar aus dem Gesicht. »Ich habe mich vorher schlaugemacht.« Er küsste mich zart auf die Lippen. Dann wurde er ein wenig fordernder und schob seine Zunge hinterher. Mir wurde schwindelig. Meine Hände tasteten Philipps Hintern ab. Seine Erektion stieß gegen meinen Bauch. Vielleicht hatte sein Schwanz auch Angst vor Wölfen und wollte die Sache schnell hinter sich bringen. Ich konnte ihn gut verstehen.

Philipp suchte nach meinen Brüsten und streichelte liebevoll über die Nippel. Er presste seinen Unterkörper an mich und seufzte. »Ich habe so lange darauf gewartet.«

»Ich auch«, zirpte ich, »ich auch.«

»Oh, Paula.«

»Oh, Philipp.«

Irgendwie schaffte ich es, seine Hose zu öffnen. Sich groß zu zieren machte nach so vielen Jahren Warterei keinen Sinn. Er riss mir das Hemd aus der Hose und streifte es ab. Dann knöpfte er meine Hose auf und zog sie herunter, so dass mein Hintern frei atmen konnte.

Ich schob Philipps Hose abwärts, bis sie um seine Knöchel hing. Wenn wir jetzt wegrennen müssten, hätten wir nicht den Hauch einer Chance.

Wir machten eine Weile rum. Sein Herzschlag war noch stärker geworden, sein ganzer Körper bebte wie eine Basstrommel. Er stöhnte laut.

Dann knackste es im Unterholz.

»Sch, sch!« Ich presste meine Hand auf seinen Mund. »Was war das?« Das Weiße in Philipps Augen reflektierte das bisschen Licht, das noch übrig war. Der Anblick half nicht gerade, mich zu beruhigen. »Da«, sagte ich, »dieses Knacken.« Ich versuchte, meine Ohren auf scharf zu stellen. Aber plötzlich war nur noch Wind zu hören, und Äste, die sich aneinanderrieben.

Philipp drückte mich fester an sich. »Ich höre nichts.«

»Ich auch nicht. Schon gut.«

Wir knutschten weiter. Ich fühlte mich trotzdem so allein wie Rotkäppchen. Offenbar schlug meine Unruhe auf Philipps Potenz.

»Ähm, wir haben ein Problem.« Er zeigte auf seinen Penis, der in einer sanften Kurve herunterhing wie ein Palmwedel. »Oh, der Arme«, sagte ich, »jetzt haben wir ihn verschreckt.« Ich griff beherzt zu und nahm seinen Sack in die andere Hand. Philipp seufzte auf und ließ mich machen.

Dann hielt er plötzlich meine Hand fest. »Würdest du ihn auch in den Mund nehmen?«, fragte er, »Irgendwie macht mich das mehr an.«

»Klar.« Ich ging auf die Knie. Das Erste, was ich dachte, war: Wenn jetzt ein Wolf kommt, kann er mich einfach am Genick packen und in den Wald schleppen. Und dann finden irgendwelche Spaziergänger Wochen später einen halb zerfressenen Körper, um dessen Knöchel eine heruntergelassene Hose hängt.

Das Zweite, was ich dachte, war: Aua! Offenbar bestand der Waldboden hier aus einer Mischung von Rollsplitt und zerstoßenen Tannennadeln, die versuchten, an meinen Knien einen maximalinvasiven Eingriff vorzunehmen.

Während Philipps Penis wuchs und mir allmählich die Luft abschnürte, ruckelte ich unruhig hin und her, um eine angenehmere Position zu finden. Philipp interpretierte das als Erregung und stieß mir seinen Schwanz tiefer in den Schlund, bis er meinem Gaumensegel Guten Tag sagen konnte. Ich würgte. Warum müssen manche von diesen Dingern so verdammt lang sein? Kurz und dick wäre völlig ausreichend. »Du machst mich so scharf«, sagte er, »ich habe wirklich ewig auf diesen Moment gewartet.« Ich ja auch, aber meine Erregungskurve benahm sich nicht gerade wie ein ICE. Eher wie ein serbischer Bummelzug. Es war nicht nur so, dass ich Schiss hatte hier im Dunkeln. Ich war wirklich erschöpft.

Ein paar Augenblicke später richtete ich mich ächzend auf. »Ich kann nicht«, sagte ich. »Das ist alles zu viel. Zu viel Wald, zu viel Wanderung, zu viele Tannennadeln. Lass uns morgen weitermachen, okay? Und mir wäre recht, wenn Moritz nichts davon mitkriegen würde.«

Philipp nickte. »Klar. Denkst du, ich habe die Sache mit den

Ohrringen vergessen? Morgen ist das Wetter sowieso besser. Klare Sicht. Dann ist es auch nicht so dunkel.«

Nachdem ich mir den Splitt aus den Knien gepult hatte, stolperten wir zurück durch den Wald auf unsere Betten zu. Was meinte er mit »nicht so dunkel«? Wenn wir uns in den Laken wälzen, ist es schließlich vollkommen gleichgültig, ob es draußen hell ist oder dunkel oder neblig.

In selben Augenblick ratschte mir etwas übers Gesicht. Ich spürte einen kurzen Schmerz, dann lief etwas Warmes meine Wange hinunter. »Au, Scheiße«, rief ich, »mir hat gerade ein Ast das Gesicht zerfetzt.«

»Sicher nur ein Kratzer«, sagte Philipp.

Als wir unten ankamen, sah ich in einem Fenster am Gasthaus die ganze Bescherung.

»Was meinst du mit Kratzer?«, jammerte ich. »Ich sehe aus, als wäre ich heute Nacht einer schlagenden Verbindung beigetreten.« Ich tastete vorsichtig über meine Wange. Der Riss war locker fünf Zentimeter lang. Blut sickerte in dunklen Fäden heraus. Ich schickte Philipp schlafen und ging auf mein Zimmer, um mich zusammenzuflicken.

Am nächsten Tag war es schon frühmorgens brüllend heiß. Allein vom Augenöffnen fing ich an zu schwitzen. Bis ich den Frühstückstisch erreicht hatte, war ich komplett durchnässt.

»Was ist denn mit dir passiert?«, fragte mein Bruder. Philipp lächelte warm wie frisches Toastbrot zu mir herüber.

»Ich bin mit dem Rasierer abgerutscht. Lange Geschichte.«

»Im Gesicht?«

»Wie gesagt, das ist ziemlich kompliziert. Vergiss es einfach.«

Mimi warf mir einen ihrer Blicke zu und zeigte mit dem Kinn auf Philipp. Ich nickte und biss in mein Schokohörnchen. Manchmal ist essen das Einzige, was man tun kann.

Toto war in Hochform. »Ich habe da hinten vor ein paar Tagen einen Riss entdeckt. Vielleicht finden wir noch ein paar Knochen.« Der Boden war jetzt trockener, das Gehen fiel uns leichter. Sogar Mimi war gut gelaunt. Sie pfiff vor sich hin und hob gelegentlich eine Eichel vom Boden auf, um sie nach meinem Bruder zu werfen.

»Der Wolf geht immer in der Spur seines Vorgängers«, sagte Toto, »so spart er Energie. Außerdem erlegt er immer nur so viel Beute, wie er tatsächlich braucht. Ein gutes Beispiel für ökologischen Lebenswandel.« Mimi kniff mich in die Seite. »Hör dir das gut an, Schätzchen. Man muss eben mit seinen Kräften haushalten. So, wie du jetzt schon aussiehst, wirst du die nächsten Tage nicht überstehen.«

»Ich kann nichts dafür«, sagte ich. »Ich hab so lange darauf gewartet, da musste ich einfach zugreifen.«

»Das verstehe ich schon«, sagte Mimi. »Was ich nicht kapiere, ist, wie du dir im Bett so einen Schmiss einfangen konntest.«

»Wir waren ja gar nicht im Bett«, jammerte ich. »Ich habe den schlimmen Verdacht, dass er ein Naturliebhaber ist.«

»Du meinst die Art Mann, der den Kontakt zu seinem Ur-Ich sucht? Ein Feld-und-Wiesen-Ficker?«

»Ich fürchte, ja.« Mimi legte mir den Arm um die Schultern. »Na ja«, sagte sie dann, »es hat auch sein Gutes. Auf die Art lernst du eine Menge mehr über die Gegend als ich. »

Abends um zwanzig nach zehn klackerte es wieder am Fenster. »Komm hoch«, bettelte ich. »Ich kann nicht in geschlossenen Räumen«, sagte Philipp. »Da fühle ich mich so eingesperrt.«

Fünf Minuten später stapften wir wieder durch den Wald.

»Heute ist Vollmond«, sagte Philipp entrückt und deutete in das Schwarz der Bäume. Da und dort blitzte die helle Scheibe durch. »Eine richtige Wolfsnacht.« Meine Nackenhaare standen stramm. »Aber nur ganz kurz«, sagte ich, »ich bin mehr der Indoor-Typ.«

Ich werde nie kapieren, was Männer so toll daran finden, es zwischen Ameisenhaufen oder Sandhügeln zu treiben. Wenn ich nur daran denke, was einem so alles in die Körperöffnungen kriechen kann, macht meine Vagina dicht wie eine erschrockene Auster. Wahrscheinlich halten Männer Sex an Stellen, deren Bestandteile hinterher operativ entfernt werden müssen, für besonders abenteuerlich.

Ich mag auch Sex unter Wasser nicht. Unter Lebensgefahr kann ich einfach nicht kommen. Ich sehe ein, dass Sex im Wald mehr nach Ich-bin-ein-ganzer-Kerl klingt als ein Fick in Satinbettwäsche. Trotzdem. Wenn es nicht Philipp gewesen wäre, ich hätte ihn längst zum Teufel geschickt.

»Hier?« Ich kam abrupt zwischen einigen Baumstumpen zum stehen. Philipp nickte glücklich. »Aufregend, nicht? So viel besser als in irgendeinem Bett.« Das Mondlicht ließ Spielraum für ein paar ungute Fantasien. Da hinten, bewegte sich da nicht etwas zwischen den Bäumen? Und das da, waren das nicht zwei spitze Ohren? Meine Pupillen waren vermutlich so riesig, als hätte ich zwei dicke Joints geraucht. Dann wäre mir wenigstens gleichgültig gewesen, dass Philipp mich gegen einen Baumstamm lehnte, der offenbar von Käfern mit gesundem Appetit auf Holz bewohnt wurde. Der Stamm sah aus, als würde er vor dem Zusammenbruch nur ein kurzes Päuschen machen. Meine Finger suchten nach Halt. Ich ertastete etwas Kühles, Feuchtes und zog die Hand schnell wieder weg.

Nachdem er mich nass geleckt hatte, schlüpfte er in mich. Unter normalen Umständen hätte ich keine Orgasmusprobleme gehabt. Sein Schwanz passte wie angegossen. Ich konnte jede seiner Bewegungen spüren. Das Pulsieren in seinem Penis erinnerte mich an meinen Lieblingsvibrator. Aber alles, woran ich denken konnte, waren Augen, die uns aus dem Dunkel beobachteten. Geduckte Gestalten, die uns langsam einkreisten. Es knackte. Dann heulte ein Käuzchen. Die Rinde hobelte mir die Haut an meinem Rücken ab. Ich hoffte, dass er sich nicht zu viel Mühe geben würde. »Fick mich«, feuerte ich ihn an, »fick mich fester.« Eine ordentliche Ejaculatio praecox wäre jetzt genau das Richtige.

»Scheiße, ist das finster«, sagte ich, während ich vorwärtsstolperte.« – »Gib mir deine Hand«, sagte Philipp, »ich sehe ziemlich gut im Dunkeln.« Offenbar erkannte er den Felsvorsprung auch erst, als es schon zu spät war. Ich knallte ungebremst mit dem Knöchel dagegen und knickte um.

»Alles okay?« Vorsichtig hob er mich vom Boden auf. Ich schüttelte den Kopf und presste die Lippen aufeinander.

Am nächsten Morgen humpelte ich. »Was ist denn jetzt schon wieder passiert?« Moritz stellte den Ayurveda-Tee ab und schüttelte den Kopf. »Ich glaube, du versuchst dich vor dem Wandern zu drücken, Schwesterchen.«

»Quatsch«, sagte ich, »nur eine kleine Verspannung. Das wird schon.«

Mimi reichte mir ein Hörnchen. »Du solltest mal an deiner Taktik feilen«, sagte sie. »Sonst bist du ab morgen bettlägerig.« Ehrlich gesagt, war das kein schlechter Vorschlag.

Toto schleppte uns über Berg und Tal. Er wies auf Pfotenabdrücke hin, die aussahen, als stammten sie von einem sehr großen Hund. Der Boden war mit Abdrücken bestempelt: Rehe, Wildschweine, Kaninchen. »Die Wölfe müssen ganz in der Nähe etwas gerissen haben«, sagte Toto. »Könnt ihr das Blut riechen?«

Abends war ich fix und fertig. Mein Fußgelenk puckerte dumpf. Erst hatten wir im Wald zwei große Batzen Wolfskacke bestaunt. »Seht ihr die Wildschweinborsten darin?«, hatte Toto voller Begeisterung gerufen, »manchmal findet man sogar ein gut erhaltenes Paar Hufe.« Dann mussten wir auf einer Lichtung haltmachen für eine Art Beziehungs-Pow-Wow. »Im Grunde«, hatte Mimi am Ende gesagt, »muss man doch nur darauf achten, dass man es ordentlich besorgt kriegt. Stimmt die sexuelle Kommunikation, ist der Rest ein Kinderspiel.« Wenn das so war, hatten Philipp und ich keine Zukunft. Jedenfalls keine gemeinsame. Schimpft mich meinetwegen langweilig und verklemmt, aber in meinen sexuellen Fantasien kommt ziemlich häufig ein Bett vor. Und damit meine ich kein Flussbett.

Um 22 Uhr hockte ich vor der Tür meines Häuschens und wartete. Hineinzugehen wäre reine Energieverschwendung gewesen. Es wunderte mich, dass mein Bruder wegen meines Schlafbedürfnisses noch nicht misstrauisch geworden war. Ich bin eigentlich niemand, der geht, bevor die Party vorbei ist.

Philipp kam um die Ecke gefedert wie einer, der sich auf den Weihnachtsmann freut. »Baby«, sagte er, »heute habe ich etwas ganz Besonderes für dich.« Vermutlich würde er mich an irgendeine Gebirgswand nageln und versuchen, mich über einem 200 Meter tiefen Abgrund zu lieben. Einfach, weil die Luft dort so gut ist. Aber ich würde mir zum Abschluss unserer Reise meinen Orgasmus abholen. Und wenn es mich mein Genick kosten würde.

»Mit dem Auto?« Ich zeigte auf den Wrangler-Jeep. »Ja, klar. Dein Fuß tut weh, und außerdem ist es unsere letzte Chance, ein bisschen was von der Gegend zu sehen.« Er hielt mir die Tür auf, damit ich auf den Beifahrersitz rutschen konnte. Sex im Auto finde ich gut. Es hat das nostalgische Flair der gymnasialen Oberstufe. Außerdem hatte der Jeep einen prima Überrollbügel.

Ungefähr eine halbe Stunde holperte der Wagen bergauf. Die Straße schlängelte sich unter Kastanienbäumen die Berge hoch. Ein paar Mal kratzten die Reifen am Abgrund. Dann hielt der Jeep plötzlich an. Vor uns tat sich eine meilenweite Talsenke auf. Ich sah die Wipfel der Bäume im Mondlicht. Wenn der Wind über sie strich, fingen sie an zu glitzern, als wären sie aus Goldfolie geschnitten. Hinter uns stieg der Berg steil an. Dort verschluckte dichter Wald alles Licht.

»Schön«, sagte ich und meinte es. »Du bist auch schön«, sagte Philipp. »Ich wollte dir immer sagen…« – »Schhhh«, machte ich und drückte meinen Mund auf seine Lippen. Ich wollte verhindern, dass er etwas sagte, was zu irgendeiner Art von Commitment führen würde.

Langsam zogen wir uns aus. Das Licht fiel vorteilhaft auf meinen Körper. Im Wind richteten sich meine Härchen auf, bald war ich in einen hübschen Erpelparka gekleidet. Trotzdem war mir nicht kalt. Zum ersten Mal seit dem Beginn dieser Reise fühlte ich meine Säfte wieder fließen.

Ich lehnte mich an den Überrollbügel und ließ die Beine auseinandergleiten. Er schob seinen Kopf in meinen Schoß und fing an, mich zu lecken. Seine Zunge war fest und sicher, er nahm den Kitzler in den Mund und machte mit den Lippen saugende Bewegungen. Sein Schwanz zeigte zum Himmel. Ich spürte den Orgasmus praktisch auf mich zurennen. Meine Schenkel begannen zu zucken. Ich drängte mich gegen seinen Mund. Er leckte mich fester. Dann nahm er seinen Zeigefinger und schob ihn mir tief in die Möse. Aus meinem Mund drang ein Stöhnen. Ich war auf dem besten Weg ins Nirwana.

Da hörten wir es.

Es begann wie ein langsames, sehr trauriges Lied. Dann kam ein Bellen dazu. Schließlich wieder ein Heulen. Das Jaulen steigerte sich zu dem beklagenswertesten Laut, den ich je gehört hatte. Es war ganz bestimmt kein Geräusch, das man nachts in einem vom Vollmond beschienenen, jahrhundertealten Wald hören möchte – kilometerweit entfernt von der nächsten Behausung.

Das war aber nicht das Hauptproblem. Denn zwischen den Blättern bewegte sich etwas.

Philipp stand auf. Wir klammerten uns aneinander wie Hänsel und Gretel.

Ich konnte ein Schnaufen hören. Ein Schnüffeln. Brummen. Ich versuchte, nicht zu atmen. Zwischen den Bäumen knackte es wieder. Philipp blickte mit zusammengekniffenen Augen in den Wald. Er sah besser als ich, aber bald erkannte auch ich die Silhouette eines Tieres. Eine matt glänzende Schnauze richtete sich witternd in unsere Richtung und fing dann an, hin und her zu pendeln wie Stevie Wonder bei einem Song. »Vielleicht ist es nur ein Dachs«, flüsterte ich. Philipp bewegte sich nicht. »Ein Dachs ist kaum größer als ein Kater«, flüsterte er zurück. Wir waren wie erstarrt.

Und dann richtete sich das Vieh auf. Es wirkte groß wie ein Basketballspieler und drei Mal so breit. Oben auf dem Kopf hatte es kleine runde Ohren.

»Scheiße, ein Bär!« Ich stieß Philipp weg und sprang zurück auf den Beifahrersitz. »Fahr«, rief ich, »um Gottes willen, fahr schon!« Philipp stieg hastig auf den Sitz, drehte den Zündschlüssel um und setzte den Wagen zurück. Im Laub drehten die Reifen durch. Er hackte der ersten Gang rein und bretterte den Weg entlang, den wir gekommen waren. »Schneller«, schrie ich. »Die verdammte Kiste hat nur 60 PS«, brüllte er zurück. Sein Penis lag verschreckt wie ein Welpe auf seinem Schoß. Bei jedem Schlagloch tat er einen kleinen Hüpfer.

»Blöde Nostalgie«, sagte ich zwölf Stunden später zu Mimi, als wir im Zug nach Rimini saßen, »jetzt habe ich mir nicht nur meine Haut, sondern auch noch die Erinnerungen an meine Pubertät versaut.« Mimi streichelte meine wunden Knie. »Wir erholen uns erstmal«, sagte sie. »Ich habe uns ein wunderschönes Hotel direkt am Strand gebucht. Mit Wellnessbereich und sehr hübschen Kellnern. Und die Betten sind King Size.«

Ich lächelte aus dem Fenster. Ein schöner Mann und ein breites Bett waren genau das, wonach mir der Sinn stand. Ich bin ja, wie gesagt, mehr der Indoor-Typ.

Der High-Performer. Oder wie ich mir einmal vorkam wie in einem schlechten Film, obwohl ich eigentlich nur Sex haben wollte

Viele Menschen, die ich kenne, reagieren auf Stress mit Appetitlosigkeit. Leider gehöre ich nicht zu dieser Kategorie. Ich reagiere auf Stress mit grenzenloser Gefräßigkeit. Sobald irgendetwas im Busch ist, verspüre ich unbändigen Hunger.

Wobei »im Busch« genau das war, wo bei mir gerade *nichts* stattfand. Keine Ahnung, woran es lag, aber ich hatte seit ein paar Wochen keinen Sex mehr gehabt. Aus meinem Körper war ein Waisenhaus geworden. Noch ein paar Tage länger, und ich hätte jeden aufgenommen.

An diesem Tag hatte ich zum Frühstück einen Windbeutel verspeist. Zwei, um ganz ehrlich zu sein. Mir war immer noch schlecht. Trotzdem häufte ich ein paar Stunden später schon wieder Mozzarellakugeln und Cocktailtomaten auf meinen Teller. Es ist nicht einfach, Käsekugeln zu balancieren und gleichzeitig entspannt zu wirken, wenn man dabei ganz woanders hinsieht. Nebenher musste ich nämlich noch mit dem Kellner flirten. Ich wollte schließlich nicht, dass mir meine Orgasmuskompetenz völlig abhandenkam.

Ich lächelte und zupfte ein paar mickrige Basilikumblättchen von einer Topfpflanze, die aussah, als hätte sie jemand großzügig mit Entlaubungsmittel besprüht. Der Kellner lehnte am Tresen und sah mir entspannt zu. Entweder hatte er eine lausige Arbeitsmoral, oder der Schuppen gehörte seinem Vater. Er machte keine Anstalten, irgendwen zu bedienen, obwohl der Laden, wie immer um die Mittagszeit, brechend voll war.

Gerade als ich beschlossen hatte, ihn um etwas frisch gemahlenen Pfeffer aus einer lächerlich großen Pfeffermühle zu bitten, sagte Mimi zu mir: »Erinnerst du dich noch an die Zeiten, als die einzige Geschlechtskrankheit, über die wir uns Sorgen machen mussten, ein Knutschfleck war?«

Der Kellner schnappte sich ein Geschirrtuch und fing an, mit größter Konzentration Weingläser zu polieren.

»Was ist eigentlich mit dir los?«, zischte ich, »jetzt hast du ihn erschreckt.« Mimi sah mich zerstreut an.

»Vergiss es«, sagte ich, »du willst mir doch hoffentlich nicht sagen, dass dir die Kondome ausgegangen sind.«

»Nee«, sagte Mimi, »aber ich hatte letzte Nacht Sex mit dem beknacktesten Typen der Welt. Und irgendwie wächst in mir der Wunsch, dass ihm der Schwanz abfaulen möge.«

Ich erinnere mich nur an zwei Penisse, die Mimi jemals zur Hölle gewünscht hat. Der eine davon gehörte Andrzej, einem polnischen Künstler. Mimi hatte den Fehler gemacht, Andrzej mit auf die Weihnachtsparty bei Vincenzo zu nehmen. Vincenzo ist Mimis Chef. Sie fliegt für ihn um die Welt, um exotische Lebensmittel zu entdecken. Vincenzo ist also durchaus gewohnt, dass Mimi seltsame Dinge mitbringt.

Leider fühlte sich Andrzej aus irgendeinem Grund nicht genug beachtet und trank eine Menge. Später baute er sich dann von Vincenzo und Mimi auf, Mimis Kinn in der einen Hand, seinen eigenen Sack in der anderen, und sagte: »Baby, meine Eier werden gleich ein wichtiger Bestandteil im Leben deines Mundes werden.« Nachdem sich das betroffene Schweigen aufgelöst hatte, stellte Mimi kurz darauf fest, dass Andrzejs Eier vor allem im Mund von Vincenzos Steuerberaterin eine Rolle spielten.

Der zweite Penis hing an einem Typen namens Tom. Tom war ein blonder Mittvierziger und ziemlich niedlich. Zumindest, wenn man auf soziale Kompetenz keinen Wert legte. Er bemühte sich ungefähr drei Wochen um Mimi, und als sie ihn endlich mit nach Hause nahm, bekam er keinen hoch. »Tja, Baby«, sagte er, »ich habe dir die Chance gegeben, interessant zu sein, und du hast versagt. Dann habe ich dir Gelegenheit gegeben, nuttig zu sein, und wie es aussieht, ist auch das nicht gerade deine Stärke.« Dass Mimi ihn ohne Hose auf die Straße gesetzt hat, fand ich nur fair.

»Der Typ von der Ausstellungseröffnung?«, fragte ich. Mimi nickte. »Sebastian, genau. So eine Zeitverschwendung! Seine ganze Wohnung ist vollgepflastert mit Fotos von ihm selbst. Na gut, denke ich, vielleicht war er früher mal kleinwüchsig oder so und muss sein Ego aufpolstern. Dann sehe ich den Spiegel im Schlafzimmer. Von da an: senkrecht bergab.«

»War der Spiegel über dem Bett oder am Kopfende?«

»Kopfende.«

Das waren die schlimmsten. Ich nickte mitfühlend. Männer wie der fickten im Grunde immer nur sich selbst.

»Wirklich, ich habe nichts gegen ein bisschen Unterwerfung«, sagte Mimi, »aber bei dem hätte ich auch einfach meine Muschi dalassen und wieder gehen können. Ich kam mir vor wie eine verdammte Gummipuppe.«

Mimi ist eine der schönsten Frauen, die ich je gesehen habe. Aber die Vorstellung, dass sie wie eine Gummipuppe unter einem Dorian-Gray-Egomanen liegt, ist zu komisch. Als Mimi sich das letzte Mal auf die Waage stellte, blieb der Zeiger bei 98 Kilo stehen. Sie hätte diesen Sebastian einfach zu Mus quetschen sollen.

»Hör auf zu lachen«, sagte sie. »Wenn du mir nicht glaubst, probier ihn doch selber aus.«

Ich fand die Idee nicht schlecht. In dem Moment piepte Mimis Handy.

»Ich sollte mal die Schwingungen überprüfen, die ich offenbar aussende«, sagte sie und starrte auf ihr Telefon. Dann blickte sie hoch. »Du wirst es nicht glauben, aber er hat mir gerade zwei Fotos von seinem Schwanz geschickt.« Mimi hielt mir das Display hin, damit ich mich selbst überzeugen konnte. »Wenn du jemanden brauchst, der dir ein Rohr verlegt, ruf mich an«, las ich vor. Manchmal bin sogar ich noch verblüfft. Der Kerl hatte neben seinen Schwanz zum Größenvergleich doch tatsächlich eine Zahnpastatube gelegt. Die Tube sah winzig aus.

Abends gingen wir zu »Mo's«. Ich wollte Sebastian kennenlernen. Kein Mann konnte so schlimm sein. »Okay, welcher ist es?« Ich lugte hinter Mimi in die Bar. Es war ziemlich dunkel. »Jetzt grabbel nicht so an mir rum«, sagte sie und pflückte meine Hand von ihrem Ellenbogen, »du machst mich ganz nervös.« Sie schob ihr Kinn Richtung Tresen. »Der mit den dunklen Locken.« Der Typ fuhr sich durchs Haar und schaute in unsere Richtung. Sein Blick war pures Botox. Er rutschte vom Barhocker, um uns zu begrüßen.

Zwei Gimlets später stellte ich wieder einmal fest, dass sich mein Hirn und mein Körper wenig zu sagen hatten. Mein Hirn hatte sich schlafen gelegt, mein Körper war noch voll da.

»Schade, dass bald wieder Winter ist«, sagte ich. Das war Mimis Stichwort. Sie fingerte einen Zwanziger aus ihrer Jeans und legte ihn auf den Tresen. »Wahnsinnig schade, aber wisst ihr was? Ich packe es jetzt. Ich ruf dich morgen an«, sagte sie zu mir und zwinkerte dabei Sebastian zu. Wenn er nicht vollkommen blöde war, müsste er den Freifahrtschein erkennen können, der ihm direkt vor die Füße fiel.

»Wie alt bist du eigentlich?«, fragte ich ihn, nachdem Mimi in die Nacht verschwunden war. Er beugte sich zu mir und machte dabei ein so bedeutungsvolles Gesicht, als hätte er sein Alter noch nie jemandem verraten. »Alt genug«, sagte er, »um dich um den Verstand zu bringen.« Daran hatte ich keinen Zweifel. Allein die Art, wie er jede Menge bedeutungslosen Blödsinn vor sich hinplapperte, konnte eine halbwegs vernünftige Frau problemlos an die Klippen des Wahnsinns treiben. Ich schätzte ihn auf 25.

Er war nicht besonders kräftig gebaut. Aber er hatte den selbstbewussten Körper eines Mannes, der noch in den Zwanzigern ist und eine Dauerkarte für eine Spinning-Klasse besitzt. Außerdem hatte ich Mimi versprochen, mir den Kerl einmal genauer anzusehen.

Wenn sie nicht übertrieben hatte, gehörte Sebastian zum Typus Mann, der sich beim Vögeln so unterkühlt wie ein Pornodarsteller benimmt. Ein ich-bezogener Spinner, der seine Geilheit allein aus der Tatsache schöpft, dass er sich selbst so wahnsinnig sexy findet.

Warum diese Typen sich nicht einfach zurückziehen, um sich in Ruhe für den Rest ihrer Tage einen runterzuholen, wird mir für immer ein Rätsel bleiben. Ihr gesellschaftlicher Nutzen liegt nämlich bei ungefähr null. Kein Typ, mit dem man mitgehen sollte, wenn man Lust auf guten Sex hat.

Mag schon sein. Mir ging es um mehr. Wenn dieser Sebastian wirklich so schlimm war, wie Mimi behauptet hatte, dann war er so etwas wie die blaue Mauritius. Ein Sammlerstück.

Sebastian steckte seinen Schlüssel in die Haustür. Vorne am Platz schlug die Kirchturmuhr zwölf Mal. »Wie bei Aschenputtel«, kicherte er. Ich fühlte mich eher wie Aschenbecher. Dates mit jüngeren Männern verleiten mich immer dazu, viel zu viel zu rauchen. Ich habe mal gelesen, dass die Beziehung mit einem Mann, der sechs oder mehr Jahre jünger ist, das Leben einer Frau um zehn Prozent verkürzt. Ich weiß genau, warum.

Seine Wohnung roch nach Bodenreiniger und zu viel Eau de

Toilette. Der Flur war lang und schmal und bis auf ein Bücherregal leer. Das traf auch auf das Bücherregal zu. Nichts drin, außer einem Grisham und drei Bänden Frederick Forsythe im Schuber.

Sebastian ging vor in die Küche und holte zwei Bier aus dem Kühlschrank. »Mit Glas?« Ich schüttelte den Kopf. Weil ich keine Anstalten machte, darüber hinaus etwas zu unternehmen, griff er meine Hand und dirigierte mich zum Schlafzimmer. Bis hierhin benahm er sich wie ein ganz normaler Mann auf dem Weg zu einer schnellen Nummer. Vielleicht, dachte ich, hatte Mimi einfach nur einen schlechten Tag erwischt.

Ich versuchte, mich so unauffällig umzusehen, wie es möglich ist, wenn man schon ein paar Dinge weiß, die man eigentlich noch nicht wissen sollte.

Das Schlafzimmer bestand auf der einen Seite aus drei großen Fenstern, vor denen lange, weiße Vorhänge in der Zugluft schaukelten. Direkt davor, an der Decke, waren zwei solide Haken angebracht.

Wahrscheinlich stand er auf Tarzan-Spiele. Ich konnte ihn mir gut vorstellen, wie er im entscheidenden Moment von seiner Liane hüpfte, um die Frau in seinem Bett zu bespringen. In der Zeitung habe ich mal von einem Bankdirektor aus Rom gelesen, der sich in der Vorstadt eine Geliebte hielt. Die beiden standen wahnsinnig auf Superheldenspielchen. Eines Tages, in der Mittagspause, fesselte der Bankdirektor seine Gespielin mit Handschellen ans Bett, zog sich ein Supermankostüm über und stieg auf den Schrank.

Leider stand der Schrank ein bisschen weiter vom Bett entfernt, als er berechnet hatte. Dumm auch, dass er versuchte, den Aufprall mit beiden Armen abzufangen. Hätte er sich nur einen gebrochen gehabt, hätten die beiden nicht auf die Putzfrau warten müssen, die glücklicherweise am gleichen Nachmittag kam. Jedenfalls lasse ich mich seitdem von niemandem mehr fesseln.

Zumindest mit nichts, das größere Festigkeit hat als eine gekochte Spaghetti.

Sebastian strich mit der Hand über meine Schulter, während ich einen Zug aus der Flasche nahm. Bis auf mein Schlucken war es völlig still. Ich hatte damit gerechnet, dass er sofort Musik auflegen würde. Rammstein vielleicht. »Bist du das auf den Fotos?«, fragte ich, um der Stille ein bisschen Substanz zu geben, und zeigte auf ein gutes Dutzend Bilderrahmen neben der Schlafzimmertür. »Ja. Ich finde, wenn man jung ist, darf man ruhig zeigen, dass man knackig ist.« Er hielt einen Moment inne und suchte nach einer Frage, die nach Interesse klang. »Hast du keine Fotos von dir?«

»Doch«, sagte ich, »aber ich tapeziere damit nicht meine Wände.«

Das stimmte nicht ganz. Ich hatte mal ein Ganzkörperporträt von mir auf dem WC aufgehängt, keine Ahnung, wieso. Auf dem Bild bin ich Anfang zwanzig und trage die Art Körper mit mir herum, die für Sex wie geschaffen ist. Eine Zeit lang fand ich es beruhigend, mich zu betrachten, während ich auf der Toilette saß. Dann machte ich eines Tages einen Realitätsabgleich zwischen dem Foto und mir. Also hängte ich das Bild ab. Warum soll man sich selbst quälen, wenn es das Leben für einen tut.

Mein Klobild war auch nicht im Geringsten mit dem zu vergleichen, was Sebastian zu zeigen hatte. Sebastian im Wind auf einem Segelboot. Sebastian sonnengebräunt in Badehose am Strand. Sebastian von vorne. Sebastian von hinten, als hätte der Fotograf vorgehabt, ihn nach Polizeiart zu filzen. Sebastian nackt in Denkerpose. Ich tippte auf das Bild. »Von Rodin inspiriert?« Er zog die Schultern bis zu den Ohren und ließ sie wieder fallen. »Nee«, sagte er, »ich glaube, der Fotograf hieß anders.«

Weil mir wirklich nichts einfiel, was nicht erkennbar ins Beleidigende gespielt hätte, hielt ich die Klappe. Dann fiel mir das einzige Foto auf, das nicht Sebastian zeigte. Darauf war eine gepflegte Frau Anfang fünfzig. Ihr Gesicht strahlte so viel Zufriedenheit aus, als wären ihr im Moment der Aufnahme ein paar Essiggurken in den Hintern gesteckt worden. Der Kragen ihres Hemdes war so eng und hochgeschlossen, dass die Haut sich darüber staute.

»Sehr hübsch«, sagte ich, »wer ist das?« Sebastian rückte den Rahmen gerade. »Meine Mama«, sagte er . »Sie hat mir alles beigebracht. Von ihr habe ich auch mein Stilempfinden.« – »Ah, ja.« Das würde interessant werden.

Ich blickte mich im Zimmer um. An der einen Seite des Raumes stand ein Schrank mit zwei Schiebetüren aus Milchglas, auf der anderen das Bett. Es war locker zwei Mal zwei Meter groß. Daneben ein weißer Nachttisch mit Lampe. Jede Wette, dass die Schubladen voll waren mit Kondomen und Gleitcreme und Massageöl. Manchmal vermisse ich die alten Zeiten, in denen man noch Sex haben konnte, ohne sich mit Chemie vollzuschmieren.

Aus dem Kopfteil des Bettes ragten links und rechts metallene Pfosten empor. Dazwischen breitete sich eine weiße Landschaft aus frisch gestärkter Baumwolle aus. In die Kissen hatte er mit der Handkante kleine Kniffe geschlagen. Mami hatte ihm wirklich ein exquisites Stilempfinden vererbt.

Hinter den Kissen war über die ganze Breite des Bettes ein riesiger, ungefähr 1,50 Meter hoher Spiegel montiert, an dessen Rand eine beachtliche Menge Glühbirnen leuchteten. »Wow«, sagte ich, »ehrlich, das ist ziemlich beeindruckend.« Während ich den Spiegel bewunderte, sprang er aus seinen Klamotten, als wäre irgendwo ein Alarm losgegangen. Vielleicht hatte er mal aufgeschnappt, dass sich Höflichkeiten negativ auf die Potenz niederschlagen. Vielleicht wollte er mir nur einen ungehinderten Zugriff auf seinen Prachtkörper gewähren. Noch wahrscheinlicher aber war, dass er sich vorher noch ein wenig an seinem Anblick ergötzen wollte.

Er stellte sich vor den Spiegel und drehte sich hin und her. »Geil, oder?«, sagte er. Ich war nicht sicher, ob er sich selber meinte oder die Spiegel-Installation. Allmählich ging mir der Typ auf die Nerven. Ich hatte jetzt zwei Möglichkeiten: Entweder ich zog das durch. Oder ich ging nach Hause. Aber: Ich hasse Niederlagen. Als er sich auszog, tat ich es ihm nach und stellte mich dann neben ihn vor den Spiegel. Er griff meine Hand. Wir schwiegen und betrachteten unser Abbild. Es sah aus, als würden wir für ein Anatomiebuch posieren.

Ich war gerade dabei, mich auf Blümchensex einzustellen. Da packte er zu, schmiss mich aufs Bett und setzte sich auf meine Beine, so dass ich mich kaum rühren konnte. »Jetzt kommt eine Nummer, die du nie wieder vergessen wirst, Baby«, sagte er und beugte sich zur Schublade des Nachttischs. Ich versuchte, nicht zu lachen. Wieder einer, der zu viele Pornos schaute.

»Massageöl?« Ich nickte: »Ja, gerne.« Ich lehnte mich zurück und schloss die Augen. Ich freute mich. Eine Massage würde mir guttun. Ich wartete auf Öltropfen, die gleich auf meine Brust regnen würden. Ich seufzte. Nichts geschah. Ich öffnete die Augen.

Das Erste, was ich sah, war die Ölflasche. Sebastian hielt sie mir direkt vor die Nase. »Willst du erst ein Nickerchen machen oder was?«, sagte er und wedelte mit der Pulle. Das war der Moment, in dem ich begann, Rachepläne zu schmieden.

Er wiegte den Kopf, als wäre ich nicht ganz dicht. Dann ließ er sich zurück fallen. Ich ließ das Öl auf seinen Körper träufeln und verstrich es. Er grunzte. Sein Schwanz fing an, sich vollzupumpen. Ich nahm ihn in die Hand und packte zu. »Nimm meine Eier«, keuchte er, »ganz fest in die Hand.« Inzwischen war es ein wenig so, als würde ich ein Spektakel aus dem Biologieunterricht betrachten. Er schaffte es, dass ich mich fühlte, als wäre ich im Grunde gar nicht anwesend. Ich fand es interessant. Manchmal muss ich einfach wissen, wie es weitergeht.

Sein Penis war jetzt zu beachtlicher Größe geschwollen. Kein Wunder, dass ihm diese Art von Erektion so aufs Hirn schlug. Die Eichel war hellblau und glänzend und verströmte einen appetitlichen Moschusgeruch. Ich kurbelte noch ein wenig weiter und hörte dann auf. »Hast wohl Angst, du kriegst nichts mehr ab, wie?«, sagte er. Dann blickte er an sich herunter. »Der gehört heute Nacht nur dir. Na ja, zumindest eine Weile. Ich muss morgen früh raus. Eine wichtige Präsentation.«

»Schon klar.«

Geschäftsmäßig griff er erneut zur Schublade. Diesmal zauberte er ein Kondom hervor. »XXL«, sagte er, »hab ewig gebraucht, bis ich welche gefunden habe, die groß genug sind.« Er betrachtete seinen Schwanz so liebevoll wie normale Leute ihre Kinder. Ich stellte mich schon darauf ein, dass er mich bitten würde zu salutieren, bevor sich dieses Gottesgeschenk in mich versenkte.

Er beugte sich hinunter, um mich zu küssen. Diese überraschende Zuwendung erschreckte mich so, dass ich erst einmal wegzuckte. Zu Recht. Seine Zunge benahm sich in meinem Mund wie ein Kriechtier auf Futtersuche. Er tastete mal hier hin, dann dort hin. Als er sich wieder erhob, um noch einen Blick auf seinen Schwanz zu werfen, hatte ich einen großen Sabberrand um den Mund. Unauffällig versuchte ich, den Speichel abzuwischen. Ich hätte mir keine Mühe geben müssen. Sebastian war glücklich in die Betrachtung seines Unterkörpers versunken.

Trotzdem war ich feucht geworden. Mein Körper reagiert auf den Anblick von Penissen mit großer Bereitschaft. Wirklich, wenn es nach mir geht, muss ich gar kein Vorspiel haben, zumindest nicht immer. Was mich störte, war eher das Gefühl, gar nicht gemeint zu sein. Das hier war ein bisschen wie im Horrorfilm. Man weiß, dass man sich danach für eine Weile im Dunkeln fürchten wird, und kann trotzdem nicht aufhören, hinzugucken.

»Jetzt mach ich mal deine Muschi startklar«, sagte er und leckte sich die Hände. Für einen kurzen Moment keimte Hoffnung in mir. Vielleicht würde jetzt der Hand-Job meines Lebens folgen. Dann fiel mir ein, dass er ja schon ein Kondom übergezogen hatte. Die Hoffnung hielt sich einen Revolver an den Kopf und drückte ab.

Er wischte mit seinen Fingern an mir herum. Ich war nicht sicher, ob er das jemals zuvor in seinem Leben getan hatte. »Sachte«, sagte ich, »du musst weniger an Fahrradaufpumpen denken, eher an Meerschweinchenstreicheln.«

»Vertrau mir, Baby«, sagte er, »das ist meine absolute Spezialität.« Von Zeit zu Zeit denke ich daran, eine Selbsthilfegruppe für die Opfer von jämmerlichen Liebhabern zu gründen. Vielleicht würde ich beim Gehen für die anderen einfach einen Zettel im Hausflur aufhängen.

Ich ließ ihm noch kurz Gelegenheit, ein wenig zu üben. Dann war mein Mitleid so groß, dass ich ihn packte und in mich schob. Es ist immer angenehm, gut ausgefüllt zu sein. Aber dieser Schwanz war von einer Größe, dass ich hinterher das Bedürfnis hatte, meine Organe neu zu ordnen.

Zum Glück war seine Standhaftigkeit nicht ganz so riesig. »Ah, ah«, machte er, während er sich ruckartig auf und ab bewegte. Dabei blickte er seinem Spiegelbild fest in die Augen. Es muss schön sein, so ich-bezogen zu sein, dachte ich, zumindest kann man sich wirklich ganz auf sich konzentrieren. Sebastian glotzte in den Spiegel und fickte sich selbst. Seine Augen wanderten von seinen Schultern zu seinen Brustmuskeln, die er kurz aufzucken ließ. Ein kleines stolzes Lächeln huschte über sein Gesicht. Ich betrachtete ihn von unten und fragte mich, ob seine Mutter eine ungefähre Ahnung hatte, was für einen Idioten sie da herangezogen hatte.

Nach einer geschlagenen Minute erreichte Sebastian das Stadium der Prä-Ejakulations-Absence. Seine Augen wurden glasig, er verlor kurz den Focus und musste sich anstrengen, sein Spiegelbild nicht aus dem Blick zu verlieren. Zwischen seinen Augen entstand eine steile Falte. Dann riss er plötzlich den Kopf nach hinten und fing an zu juchzen. Er hörte sich an, als hätte er gerade ein Tor geschossen. Er rollte sich ab und ratzte augenblicklich weg.

Ich betrachtete seinen Körper. Die Haare darauf hatten sich aufgerichtet. Wahrscheinlich versuchten sie von ihm wegzukommen. Ich konnte es ihnen nicht verdenken. Wenn sie auch nur halb so verärgert waren wie ich, würden sie sich jeden Moment losreißen. Gegen den Schmerz wäre ein Brazilian Waxing der reinste Spaziergang.

Dass ich mich benutzt fühlte, war nicht das Problem. Schlimmer war der Gedanke, den Typen unfrisiert wieder auf andere Frauen loszulassen. Ein solches Verhalten verdiente Modifikation. Ich ging in die Küche und wählte Mimis Nummer.

Sie hatte schon geschlafen, war aber sofort hellwach. »Und, findest du immer noch, dass ich übertrieben habe?«

»Kein Stück«, sagte ich. »So wie ich die Sache sehe, muss dieser Mann bestraft werden.« Mimi kicherte in den Hörer. »Da bin ich mit dir, Schwester. Irgendwelche Ideen?«

Ich hatte hin und her überlegt. Ihn ans Bett zu fesseln und die Wohnungstür aufzulassen, kam mir zu abgedroschen vor. Der Gedanke, ihm eine Überdosis Viagra zu verpassen und ihn mit einem Mordsständer in die Konferenz zu schicken, gefiel mir. Leider hatte ich keines.

»Er ist besessen von seiner Mutter«, sagte ich, »na ja, vielleicht nicht besessen, aber irgendwie scheint sie ihm unheimlich wichtig zu sein. Und da sie die erste Frau in seinem Leben war, die ihn gezüchtigt hat, sollte sie vielleicht auch die letzte sein.«

»Was hast du vor?«, fragte Mimi, »Willst du sie anrufen und dich beschweren?«

Auch das war keine schlechte Idee. »So ähnlich«, sagte ich. »Ich schicke dir gleich eine Nachricht.«

Auf dem Küchentisch lag Porno-Egos Mobiltelefon. Ich brauchte nicht lange, um die Nachricht zu finden, die er an Mimi geschickt hatte. Und an eine Frau namens Natascha. An Silvia. Jana. Andrea. Und an Claudine. Ich öffnete die Nachricht und fügte noch ein paar Buchstaben dazu. »Ich danke dir, dass ich so ordentlich geworden bin. Und dass ich Betten machen kann. Was ich aber schade finde, ist, dass ich so ein verdammt mieser Liebhaber bin. Woran liegt das? Ich hoffe, wir können beim nächsten Familientreffen darüber diskutieren. Dein dich liebender Sohn Sebastian.« Dann drückte ich auf »Weiterleiten« und »Mama«. Ich liebe die moderne Technik.

Als ich die Wohnungstür hinter mir zuzog, musste ich kichern. Gerade hatte ich etwas unheimlich Kindisches getan. Ich hatte total vergessen, wie gut sich das anfühlt.

Der Laborant. Oder wie ich einmal zu einem Versuchstier wurde, obwohl ich eigentlich nur Sex haben wollte

Es war Ende Februar, Donnerstagabend, kurz vor 18 Uhr. Durch die Straßen jagte ein gemeiner Wind. Am Himmel schoben sich die Wolken zu einem Haufen Ärger zusammen. Bald würde es zu schneien beginnen oder, schlimmer noch, zu regnen. Ich weiß noch, dass ich dachte, Wasser wäre jetzt eine Katastrophe. Aber was wusste ich schon.

Der Teebeutel schob sich behutsam an den Hauswänden entlang. Seine rechte Seite schabte über Backsteine und Putz. Das Etikett hing schlaff herunter, die Aufschrift »Earl Grey« war kaum noch zu erkennen. Immer wieder klatschte ihm ein Windstoß die Pappe vors Gesicht. Und immer wieder wischte er das Schild mit einer ungeduldigen Handbewegung zur Seite. Gelegentlich schlug er ins Leere. Eine Gruppe Meerjungfrauen zog gackernd vorbei, dann trieben drei U-Boote die Straße hinauf. Der Teebeutel war betrunken, keine Frage.

»Bist du sicher, dass der uns in die richtige Richtung führt?«, fragte ich Mimi. »Aber klar doch«, sagte sie, »die Anzeichen sind ja wohl eindeutig. Was willst du sonst – einen Wegweiser?« Ich zuckte die Schultern. »Schon gut.« Vorsichtig schnüffelte ich nach der muffigen Wolke, die der Teebeutel hinter sich herschleppte. Offenbar hatte ihm jemand ein Bier in die Füllung geschüttet.

Nach ein paar Metern blieb er stehen und sackte gegen die Hauswand. Ich fasste Mimi am Arm und machte ihr ein Zeichen, still zu sein. Wir standen im dunklen Schutz eines Eingangs und warteten. »Mir ist kalt«, flüsterte ich, »wir hätten uns doch was anderes anziehen sollen.«

Der Teebeutel hatte inzwischen mächtig Schlagseite. Sah ganz so aus, als hätte er vor, an Ort und Stelle wegzudämmern. Mimi rammte mir ihren Ellenbogen in die Seite und zeigte ins Dunkel. »Da vorn kommt jemand.« Aus dem Schatten der Häuserreihe hatte sich eine Gestalt gelöst, die mit schnellen Schritten näher kam. Wer immer es war, er sah nach Ärger aus. Groß, breitschultrig, die Art Mann, mit dem man nicht gern Stress bekommt. Ein paar Straßenlaternen warfen ihr funzeliges Licht auf sein Gesicht. Es war zu zwei Dritteln mit schwarzem Barthaar überwuchert. Die dunklen Augen darüber verschluckten alles Licht.

»Käpt'n Ahab«, sagte ich, »ach du Scheiße!« Er trabte auf uns zu. Als er beim Teebeutel angelangt war, blieb er stehen. Er holte aus und schlug zwei Mal kräftig zu. »Mann, Küppers, du Pfeife«, sagte Käpt'n Ahab zum Teebeutel. »Zur Unter-Wasser-Party geht's hier entlang.«

Fünf Minuten später waren wir da.

Der ganze Raum war voller Nixen und Piraten. Dazwischen trieben sich ein paar Fische herum, hier und da stand eine Qualle. Raschelnd stampfte ein Seetanghaufen an uns vorbei, dicht gefolgt von einer verbeulten Limodose.

Aber selbst die beiden sahen nicht halb so bescheuert aus wie wir.

»So eine blöde Idee, uns als Treibgut zu verkleiden«, sagte ich und wischte einen Plastikfetzen aus meinem Gesicht.

»Sag jetzt nicht, dass es meine Schuld ist«, sagte Mimi, »Ich fand die Variante Sankt-Andreas-Spalte auch gut.« Mimi denkt gern um die Ecke. Ich dagegen konnte mir kaum vorstellen, dass irgendjemand den Wortwitz unserer Kostümwahl entschlüsseln würde. Wir kamen einfach nur wie zwei Frauen rüber, die sich alle Mühe gegeben hatten, wie Müllhaufen auszusehen.

»Dir ist die Ironie der Situation nicht bewusst, meine Liebe«, seufzte ich und deutete auf die glitzernden Meeresbewohner, die an uns vorüberdrifteten. »Wir sind hier so was von gestrandet, Robinson Crusoe war ein Pauschaltourist dagegen.«

»Papperlapapp«, sagte Mimi, »sobald Harald da ist, wird das ein Heidenspaß. Dann veranstalten wir eine Treibgut-Badewannenstöpsel-Polonäse, das wollte ich immer schon mal machen.«

»Wenn das dein Ernst ist, gehe ich uns erst mal was zu trinken holen«, sagte ich. Auf keinen Fall würde ich meinen ersten Kölner Karneval nüchtern begehen.

Das Ganze war Mimis Idee gewesen. »Du wirst sehen, das ist eine Riesenparty! Wir fangen Donnerstag an und hören erst Mittwoch früh wieder auf. Wie Urlaub, nur mit komischer Musik!« Sie war so begeistert, dass ich es einfach nicht übers Herz gebracht hatte, abzulehnen.

Leider gab sich der Barkeeper alle Mühe, mich zu ignorieren. Ich konnte es ihm nicht verdenken. Auf meinem Kopf balancierte eine leere Ölsardinendose, und von meinen Ohren baumelten zerbrochene Joghurtbecher. Mimi legt bei Kostümierungen großen Wert auf Details.

»Zwei Mal Gimlet«, rief ich jedes Mal, wenn er sich halbwegs in meine Richtung drehte. Ich wedelte mit den Armen, dass die Holzstöckchen daran zu klappern anfingen. »Oder Gin Tonic. Bitte!« Er starrte durch mich hindurch, als sei ich Küstennebel. Wahrscheinlich war sein Radar auf scharfe Meerjungfrauen eingestellt und nicht auf einen Haufen Abfall.

»Er versteht dich nicht«, sagte eine Stimme hinter mir. Ich drehte mich so hastig um, dass die Kronkorken an meiner zerfetzten Bluse klirrten. Neben mir stand eine kolossale Vagina.

Unter einer ziemlich beachtlichen Schaumstoff-Klitoris schaute ein Männerkopf hervor und lächelte mich an. Das heißt, er versuchte es. Die Schamlippen rechts und links schränkten seine Mimik ziemlich ein. Es sah aus, als würde ich gerade der Geburt von Supermuschis Baby beiwohnen.

»Wie bitte?«, fragte ich.

»Er versteht dich nicht«, wiederholte der Typ und zeigte auf den Barkeeper. »Du musst was anderes bestellen.«

»Aha«, machte ich. »Und was sollte das sein?«

»Kölsch«, sagte der Typ.

»Und was noch?«

»Na ja … Kölsch.«

Ich zuckte mit den Schultern. Einen Versuch war es wert. »Zwei Kölsch, zackzack«, sagte ich zum Barkeeper. Er nickte. Keine dreißig Sekunden später hielt ich zwei randvolle Gläser in der Hand.

»Geht doch«, sagte der Mann mit der Vagina. »Neu hier, was? Tja, ist für jeden irgendwann das erste Mal.«

»Danke jedenfalls«, sagte ich und wandte mich zum Gehen. »Das mit dem Kölsch habe ich jetzt ja zum Glück kapiert.«

»Hey, Moment«, sagte er, »willst du denn gar nicht wissen, als was ich verkleidet bin?«

Ich zögerte. »Sollte ich?«

»Natürlich«, nickte er. »Du fragst mich, als was ich verkleidet bin, dann frage ich dich, und schon haben wir ein super Gesprächsthema.«

»Oh, okay, wenn das so ist«, sagte ich lahm. »Also schön, als was bist du verkleidet?«

Er zeigte mir erst seine Beißerchen in voller Breite, bevor er damit rausrückte. »Ich, meine Liebe«, sagte er triumphierend, »bin der weibliche Orgasmus!«

Zugegeben: Ich war verblüfft.

»Ehrlich, das ist mit das Dämlichste, was ich je gehört habe«, sagte ich und beließ es dabei.

Der Muschimann wackelte ärgerlich mit dem Kopf, soweit es seine Labien zuließen. »Machst du Witze?«, fragte er. »Der weibliche Orgasmus ist das größte Geschenk der Natur. Man muss ihn preisen und ehren!«

Ich war abgestoßen. Und gleichzeitig sehr, sehr interessiert.

»Das hier ist eine Unterwasserparty«, gab ich zu bedenken.

»Schon klar«, sagte er, »aber mein Kumpel hat gesagt, ich soll als irgendwas gehen. Hauptsache, es ist feucht.« Er grinste mich an und wartete wohl darauf, dass ich mich vor Begeisterung hinlegen und alle viere von mir strecken würde.

Vielleicht hätte ich es sogar getan, wäre nicht im selben Moment Mimi scheppernd und Plastiktüten hinter sich herziehend auf uns zugekommen.

»Schätzchen, was ist passiert? Ist die Bar ausgetrocknet?«, fragte sie und grabschte nach der zweiten Kölschstange in meiner Hand. Sie leerte das Bier bis zur Hälfte und sah erst dann das Schaumstoffwunder neben mir. »Und was soll das sein? Eine tote Abalone?«

»Du wirst es nicht glauben«, sagte ich. »Er ist der weibliche Orgasmus!« Ich musste fast brüllen, weil in dem Augenblick »De Mama kritt schon widder e Kind« einsetzte und die stampfende Meute das Bier in meinem Glas zum Schäumen brachte.

Ich fand es entzückend zu sehen, wie sich Ungläubigkeit und Hysterie in Mimis Gesicht einen kleinen Ringkampf lieferten. »Gute Güte«, sagte sie schließlich, »dann ist es verdammt schlecht um uns bestellt.«

Am nächsten Morgen erwachte ich mit Penis-Atem. Ich versuchte, ein wenig zu schmatzen, um den normalen Morgengeschmack herauszulocken, aber meine Zunge bewegte sich kein Stück. Sie lag reglos und pelzig in meinem Mund wie eine plattgefahrene Katze.

Langsam sprang die Energieversorgung in meinem Hirn an. Ich blinzelte vorsichtig ins Tageslicht und wunderte mich, dass das Fenster auf der falschen Seite des Raumes war.

Dann wurde mir schlagartig klar, dass ich keine Ahnung hatte, wo zum Teufel ich eigentlich war.

Ich sah mich um. Neben mir lag der weibliche Orgasmus. Er schlief. Ich versuchte mich zu erinnern, wie ich hier gelandet war. Sehr gemächlich stiegen Fetzen der vergangenen Nacht an die Oberfläche. Ein Schiedsrichter, der Rotkäppchen die Rote Karte gezeigt hatte, weil sie sich weigerte, für ihn Bierflaschen in ihrem Körbchen zu tragen. Eine Polonäse zu »Echte Frünnde stonn zosamme«. Der Rest verschwand in tröstlicher Dunkelheit.

Ich richtete mich vorsichtig auf. Etwas in meinem Kopf begann zu hämmern.

Der weibliche Orgasmus seufzte irgendetwas und drehte sich auf den Rücken. So ganz ohne Schamlippen drum herum sah er ganz possierlich aus. Er hatte ein gutes Gesicht von der Art, das sich prima auf Familienfotos macht. Über seinem Unterkiefer wuchs rotbraunes Haar dicht an dicht. Ich hob die Decke an, um darunter zu schauen. Er war nackt. Über seinen Hüften hatte es sich ein kleines Bäuchlein bequem gemacht. Darunter suchte eine pralle Morgenlatte mit Linksdrall nach Beschäftigung.

Leider konnte ich mich an rein gar nichts von dem erinnern, was sich in diesem Bett abgespielt hatte. Der Geschmack in meinem Mund sagte mir deutlich, dass irgendetwas gewesen sein musste. Ich schaute mich um, ob irgendwo Kondome oder wenigstens aufgerissene Tütchen herumlagen. Aber da waren keine.

Ich wühlte in der Handtasche nach meinem Handy und ging ins Badezimmer.

Der Spiegel war mies drauf. Entweder das, oder ich hatte mir in der Nacht nicht die Mühe gemacht, die Karnevalsschminke aus dem Gesicht zu wischen. Meine Haut war mit braunen

Schlieren überzogen, die Wimperntusche hatte sich selbstständig gemacht und verzierte einen Großteil meiner Wangen. Ich konnte nur hoffen, dass der Typ einen festen Schlaf hatte und nicht plötzlich ins Bad gestürzt kam.

Mit zittrigen Fingern hackte ich eine Nummer ins Telefon. Ich ließ es eine Weile klingeln. An meinen Beinen wuchsen die Haare etwa zwei Zentimeter, bis sich jemand meldete.

»Da bist du ja«, krächzte Mimi aus der Muschel, »ich dachte schon, du wärst hops gegangen!«

»Findest du das witzig?«, raunte ich. »Du kannst mich doch nicht mit irgendjemandem mitgehen lassen, wenn ich völlig besinnungslos bin. Bei dem Kostüm – das hätte ein Perverser sein können!«

Mimi kicherte. »Also, erstens hast du drauf bestanden, mitzugehen. Zweitens hast du uns immer wieder versichert, dass Karneval dazu da sei, Erfahrungen zu machen, die es wert sind, verdrängt zu werden.«

»Habe ich?«

»Hast du. Und drittens«, fuhr Mimi fort, »hat er sich rührend um dich gekümmert, während du auf die Tanzfläche gekotzt hast.«

»Habe ich nicht!«

»Nein«, sagte sie, »aber es hätte prima zum Zustand deines Kostüms gepasst. Ach, übrigens, der Typ heißt Thomas. Nur für den Fall, dass du das vergessen haben solltest.«

»Thomas, alles klar«, sagte ich, »danke, du bist eine echte Freundin.« Das konnte ich von meinem Lustzentrum nicht sagen. Das traf so häufig fragwürdige Entscheidungen, als sei es sein Job.

Ich schminkte mich, so gut es ging, mit Wasser und Seife ab, und stieg in die Dusche, um die Spuren der Nacht zu beseitigen. Die Sache mit dem Orgasmus beschäftigte mich. Hatte er wirklich gesagt, dass er dem Orgasmus dienen würde? Wenn das so war, hatte ich noch einen gut. Mindestens einen.

Als ich den Duschvorhang zur Seite schob, stand er am Waschbecken und putzte die Zähne.

»Oh«, machte ich. »Hey. Ich habe dich gar nicht reinkommen gehört.«

»Guten Morgen«, sagte er undeutlich, legte die Zahnbürste an den Waschbeckenrand, spuckte aus und beugte sich zum Wasserhahn. »Ich dachte schon, du wärst abgehauen. Aber dann fiel mir ein, dass du ja gar nichts mehr zum Anziehen hast, weil du unbedingt dein Kostüm auf dem Weg hierher Stück für Stück loswerden wolltest.«

Er lachte. Seine Zähne glänzten.

Mein Kopf fing wieder an zu hämmern. Und dann kam die Erinnerung zurück.

Plötzlich sah ich den Nachhauseweg vor mir. »Ich bin Gretel, und du bist Hänsel«, hatte ich gerufen, »wir legen eine Fährte, damit wir wieder nach Hause finden!« Alle paar Meter hatte ich irgendeinen Fetzen von meinem Treibgut-Kostüm abgerissen und auf die Straße fallen lassen.

Mir blieb jetzt nichts anderes übrig, als Normalität zu heucheln.

»Sag mal, haben wir eigentlich, du weißt schon, gevögelt?« Ich kicherte ein wenig verlegen. Mir war im selben Moment klargeworden, dass ich die ganze Zeit nackt vor ihm stand.

Er schüttelte den Kopf. »Haben wir nicht. Du hast mir einen geblasen, und dann musste ich dir Frühstückssex versprechen. Danach bist du einfach umgefallen.«

»Ach so«, sagte ich, stieg aus der Dusche und lehnte mich lässig ans Waschbecken. »Ich hatte schon Angst, ich hätte mich danebenbenommen.«

Ich betrachtete ihn ausgiebig. Nach allem, was ich sah, gab es keinen vernünftigen Grund, die Sache mit dem Frühstückssex nicht auszuprobieren. Also machte ich einen Schritt auf ihn zu. Meistens ist das alles, was nötig ist.

Thomas fasste mich an den Hüften und drehte mich so, dass ich mich im Spiegel betrachten konnte. Ich spürte eine beginnende Erektion hinter mir. Seine warmen Hände strichen langsam über meinen Oberkörper. Er hatte kräftige Finger.

Ich nahm seine Hand und führte sie, damit er selber feststellen konnte, dass er willkommen war. Aus einem Grund, der mir nie klargeworden ist, habe ich eigentlich immer Lust auf Sex. Und noch viel mehr, wenn ich verkatert bin. Es ist unglaublich, was so ein Orgasmus gegen Kopfschmerzen bewirken kann.

Sein Schwanz hatte sich in der Zwischenzeit mächtig aufgepumpt. Ich konnte die Bewegung darin spüren. Er seufzte. Seine Lippen zupften an meinen Ohrläppchen, dann verteilten sie kleine Küsse auf meinem Nacken. Ich sorgte dafür, dass er seinen Mittelfinger in mich vertiefte. Ich ließ ihn ein wenig herumspielen, zog ihn feucht wieder heraus und führte ihn auf meinen Kitzler, wo er wie von selbst zu kreisen begann. Er machte es gut.

Binnen Sekunden war ich kurz davor zu kommen. Dann plötzlich verabschiedete sich mein Blutdruck.

Entweder war es die Erregung oder die Überdosis Kölsch in der Nacht zuvor. Jedenfalls sackten mir die Beine weg. »Baby, was ist los?«, fragte Thomas besorgt. Er schaffte es gerade noch, mich aufrecht zu halten. »Ich glaube, es ist besser, wir legen uns hin«, sagte ich und klammerte mich an ihn. »Geht klar«, sagte er und packte mich mit einer solchen Leichtigkeit, als wäre ich ein Stofftier.

Er legte mich aufs Bett. »Viel besser«, sagte ich. Er brummte zufrieden, streichelte meine Wangen und verschwand langsam aus meinem Gesichtsfeld. Seine Zunge kannte den Weg. Als er angekommen war, begann er mit kräftigen Schlägen meine Klitoris zu wecken. Ein Finger wagte sich ins Innere vor und erkundete die Umgebung. Zum Glück war der Typ kein Stocherer. Kerle, die mit ihren Fingern in einem herumstochern wie in einer Salatschüssel, sind furchtbar. Thomas' Finger wussten, dass in einer Frau Nervenbahnen verlaufen, die es wert sind, freundlich berührt zu werden. Ich machte die Beine breit, obwohl ich für einen unsinnigen Moment darüber nachdachte, dass sich die Haut an den Außenseiten der Oberschenkel gerade zu einer dellenreichen Landschaft zusammenschob.

Irgendwie schaffte ich es dann aber doch, mich zu entspannen. Meine Hände suchten nach meinen Brüsten, damit ich etwas zum Festhalten haben würde, wenn ich käme. So, wie er da unten zugange war, würde das eine Frage von Sekunden sein. Mein Becken war längst außer Kontrolle. Ich begann zu beben und zu gurgeln wie ein Vulkan vor dem Ausbruch. Seine Lippen sogen an meinem Kitzler. Ein Rauschen legte sich über meine Ohren. Ich ließ die Handbremse los und war bereit, über die Klippe zu fahren.

Im selben Moment hörte er auf.

Es dauerte eine Weile, bis ich kapierte, dass die Sache mit dem Orgasmus wohl schwieriger werden würde als erwartet. Ich blinzelte erstaunt ins Tageslicht und ließ meine Brüste frei. »Was ist los?« Er lächelte mich glücklich an. »Ich habe was ganz Besonderes für dich«, sagte er, »schließ einfach die Augen.«

Gehorsam schloss ich die Augen. Männer, die ihren Schwanz als etwas »ganz Besonderes« bezeichnen, finde ich wahnsinnig süß.

Plötzlich wurde es in meiner Muschi kalt. Eiskalt.

»Huch!«, entfuhr es mir. Ich richtete mich auf. Normalerweise bin ich stramm und warm gewohnt, nicht kalt und steinhart.

»Entspann dich«, versuchte er mich zu beruhigen, »nur ein Glasdildo. Keine Sorge, er ist funkelnagelneu. Du wirst ihn lieben.« Er drückte mich zurück in die Kissen.

Ich verstehe nicht, warum manche Männer dieses ausgeprägte Bedürfnis haben, andere Dinge in Frauen zu stecken als ihren Schwanz. Mimi glaubt, dass diese Leidenschaft daher kommt, dass die in ihrer Kindheit nicht genug Doktor spielen durften, aber ich vermute, dass die Kerle Experimente machen, um zu sehen, was passieren wird. Sie benutzen Frauen wie einen fleischgewordenen Chemiebaukasten. Wir werden zur Laborratte gemacht. Was wirkt wie? Und wie viel passt rein? Dagegen habe ich erstmal nichts. Manchmal macht es Spaß, mit Fremdkörpern stimuliert zu werden. Wie gesagt: manchmal.

Also versuchte ich, mich locker zu machen. Leider standen alle meine Synapsen unter Strom. Das Glasding war nämlich nicht anatomisch geformt, sondern gerade wie ein Eiszapfen und ungefähr so angenehm, als würde ich es mir auf einem Verkehrshütchen gemütlich machen. Zu allem Überfluss schien das Ding auch noch eine Art Verzierung zu haben. Ich konnte spüren, wie Thomas mir langsam die Schleimhäute abhobelte.

Ich rückte ein wenig hin und her, um zu sehen, ob es dadurch angenehmer wurde. Wurde es nicht.

Ich schubste ihn weg.

Er sah mich erschrocken an. »Zu hart?« Er hielt das Teil in die Höhe. Es sah aus wie ein Briefbeschwerer, dessen Designer zu viel an Penisse dachte. »Süßer«, sagte ich, »mit dem Ding kannst du meine Orgasmusfähigkeit problemlos auf null reduzieren. Wenn du mich zum Kommen bringen willst, brauchst du etwas Warmes, Weiches.« Anders ausgedrückt: Es geht wirklich nichts über einen Penis, wenn man ordentlich Sex haben will.

Sein Gesicht hellte sich auf. »Etwas Weiches, Warmes«, sagte er, »natürlich!« Er sprang auf und rannte aus dem Zimmer. Ich hoffte, er würde im Bad nach einem Kondom suchen.

Einige Augenblicke später hörte ich Lärm aus Richtung Küche. Eine Tür klappte, wenige Sekunden darauf hörte ich das Plingen der Mikrowelle. Dann näherten sich Schritte.

Thomas erschien in der Tür. In der Hand hielt er einen Topf. Ich konnte nur hoffen, dass er nicht der Idee von Umweltschutz durch Auskochen von Schafsdarmkondomen anhing.

Er durchmaß den Raum mit großen Schritten. Sein hübscher Schwanz wippte auf Halbmast mit. Doch der Besitzerstolz in seinem Gesicht schien sich eher auf den Topfinhalt zu beziehen. »Ich musste kurz überlegen«, sagte er , »aber dann ist mir etwas eingefallen, das perfekt ist.«

Sieben Minuten später stand ich mit wenig mehr bekleidet als einem Herrenhemd auf der Straße und winkte einem Taxi.

»Wiener Würstchen!« Mimi schob ihre Sonnenbrille hoch, um mich noch genauer zu fixieren. »Wirklich, dass ist das Allerletzte. Das Zeug riecht nach Tod und Verderben. Von wegen dem weiblichen Orgasmus huldigen – der Typ hat versucht, mit einer Presswurst deine Heiligen Hallen zu entweihen!«

Wenn es um Vaginalfüllungen geht, versteht Mimi keinen Spaß. Vor ein paar Jahren versteckte mal ein Kerl einen Diamantring in ihrer Muschi. In der Notaufnahme brauchte es drei Ärzte, um das Stück wieder zutage zu fördern. Vielleicht ist das der Grund, warum Mimi Verlobungen lächerlich findet.

»Ich hab sie ihn ja nicht reinstecken lassen«, gab ich zu bedenken, »außerdem hat er es bestimmt nur gut gemeint.« Als ich gehen wollte, hat er so erschrocken geschaut, dass ich es nicht übers Herz gebracht habe, ihm die Wahrheit zu sagen. Ich kann Wiener Würste nicht mal im Mund ertragen.

Die nächsten zwei Tage verliefen ruhig. Mimi vögelte mit Harald im Schlafzimmer, während ich auf der Couch im Wohnzimmer lag und mir alte Folgen von »Scrubs« reinzog. Ich war froh, dass ich Thomas meine Handynummer nicht gegeben hatte. Ich hatte keine Lust, mit der nächsten Menstruation Maiskörner zur Welt zu bringen.

Dann kam der Sonntagabend.

»Hast du mein Häubchen gesehen?«, brüllte ich in den Flur. »Ohne mein Häubchen geh ich nicht aus dem Haus!« Harald war schon vorgegangen. Ich hatte Angst, dass er es aus Versehen in sein Arztkostüm gesteckt hatte.

»Negativ, Schwester Paula«, brüllte Mimi zurück. »Und verschreib dir mal ein Beruhigungsmittel, es ist nur eine Karnevalsparty, Himmelherrgottnochmal!« Sie hatte gut reden. Schließlich war sie nicht von einem Würstchen beleidigt worden.

Ich langte in die Tasche meiner Schwesternuniform, um Mimi mit dem Stethoskop zu bewerfen oder wenigstens mit einer Mullbinde. Stattdessen ertasteten meine Finger die Schwesternhaube. »Hab sie!«, brüllte ich und stellte mich vor den Spiegel, um mir das Teil auf die Haare zu pressen. Ich sah gut aus. Seriös, sexy, zuverlässig. Wenn Karneval schon die Zeit war, zu jemand vollkommen anderem zu werden, wollte ich dabei wenigstens scharf dabei aussehen.

Mimi kam den Flur entlanggestampft. Das Erste, was ich von ihr sah, war sehr viel gelber Plüsch. Es dauerte eine Weile, bis sich meine Augen scharf stellten.

»Oh mein Gott«, sagte ich.

»Stark, was?«, sagte Mimi und drehte sich hin und her, damit ich sie bewundern konnte. »Ich möchte, dass sich nach diesem Abend alle an mich erinnern.«

Ich hatte nicht den geringsten Zweifel, dass sie das tun würden. Schon als wir aus der Haustür traten, drehten sich die ersten Passanten nach uns um. Wir waren aber auch ein hübsches Paar: Eine nuttige Krankenschwester. Und ein hundertzehn Kilo schwerer Teletubbie.

Aus den Lautsprechern der Kneipe dröhnte »Die Karawane zieht weiter«. Ich war nicht mit den Details der kölschen Karnevalskultur vertraut, aber ich begriff ziemlich schnell, dass die Karawane unbedingt zum Tresen weiterziehen musste.

»Ich brauche dringend zehn bis zwanzig Bier«, brüllte ich Mimi zu, »soll ich dir was mitbringen?« Mimi nickte. In dem Moment wechselte die Musik und »Mer losse d'r Dom en Kölle« setzte ein. Mimi riss den Mund auf und begann sehr laut und sehr falsch mitzusingen. Ich machte, dass ich davon kam.

An der Bar orderte ich vier Kölsch. Drei davon trank ich auf der Stelle. Das vierte sparte ich für Mimi auf. »Das muss Schicksal sein«, sagte plötzlich jemand neben mir, »ich glaube nämlich nicht an Zufälle.«

Ich stellte das leere Bierglas weg und rülpste unauffällig. »Hey, Thomas«, sagte ich ohne hinzusehen. Das Klügste, was ich jetzt tun konnte, war, noch einen zur Brust zu nehmen und den Dingen einfach ihren Lauf zu lassen.

Zwei Stunden später war ich so gut gelaunt wie ein Schulmädchen zu Ferienbeginn. »Er geht mir auf die Nerven« brüllte ich Mimi ins Ohr. »Dann hör auf, ihn anzugraben«, brüllte sie zurück. Ich schüttelte den Kopf. »Geht nicht. Wenn ich betrunken bin, ist er verdammt niedlich.« Ich betrachtete ihn ausführlich. In seinem Gesicht glänzte Glückseligkeit. Sein Mund formte die Töne nach, die aus dem Lautsprecher quollen: »Nä, nä Marie, is dat he schön, övverall nur kölsche Tön«. Er zwinkerte mir zu. Ich zwinkerte zurück. Ich konnte nicht anders. So langsam hatte ich was übrig für diesen rheinländischen Kasper. Er schien überhaupt keine Hemmungen zu haben. Nur wenige Männer können sich als Bierflasche verkleiden und trotzdem noch ansprechend aussehen.

»Vielleicht steht er einfach auf phallische Formen«, sagte ich zu Mimi, als wir am Tresen unseren Flüssigkeitshaushalt auffrischten.

»Vielleicht ist er auch einfach nur ein Idiot«, gab sie zu bedenken. »Aber ich bin nicht deine Mutter. Manche Fehler muss man einfach ganz alleine machen.«

»Sehr richtig«, zischte ich zurück. »Du wirst schon sehen.« Ich wusste nicht genau, was sie sehen würde, aber ich war mächtig angefressen. Ich habe ungern das Gefühl, dass ein anderer Recht hat. Ich trank mein Bierglas leer, warf Mimi einen pampigen Blick zu und ging schnurstracks auf die Tanzfläche, um eine eins fünfundachtzig Meter große Kölschflasche aufzureißen.

Ich tippte Thomas auf die Schultern. »Wir gehen jetzt«, sagte ich. Er sah mich entgeistert an. »Was?«, machte er. »Warum? Wo geht ihr denn hin?« Ich konnte beinahe sehen, wie sich die Gedanken durch seine Hirnwindungen quälten. »Du und ich«, sagte ich langsam, »du und ich, wir gehen jetzt.« Er blickte mich an, dann das volle Bier in seiner Hand. Nach gefühlten fünf Minuten hatte er kapiert. »Oh«, sagte er, »na klar! Sehr gut! Wir gehen!« Ich seufzte. Mimi hatte irgendwie Recht. Ich habe einfach ein Händchen für Typen, die auf dem Schlauch stehen.

Zwanzig Minuten später stolperten wir knutschend durch seine Wohnungstür. Er nestelte an meiner Krankenschwesteruniform. »Du siehst wahnsinnig scharf aus«, sagte er. »Ich möchte, dass du mich genau untersuchst!« Wir kicherten.

Es dauerte eine Weile, bis ich ihn aus seinem Kostüm gepellt hatte. Der Stoff wurde oben und unten von Reifringen zusammengehalten, über die ganze Länge verlief ein Klettverschluss, der zusätzlich mit Gaffertape verklebt war. »Mein Kumpel«, sagte Thomas entschuldigend. »Dachte wohl, sonst hält es nicht richtig.«

»Oder er wollte nicht, dass du irgendwem zu nahe kommst«, sagte ich und zerrte am Klebeband. Er zuckte mit dem Schultern. »Könnte sogar sein. Seit ich einmal was mit seiner Schwester hatte, ist er ein bisschen komisch. Aber egal. Lass uns über Erfreulicheres reden. Zum Beispiel über den Orgasmus, den ich dir noch schulde.« Nachdem wir ihn endlich von seinem Kostüm befreit hatten, beugte er sich über mich, um mich zu küssen, dass mir Hören und Sehen verging.

»Warte«, keuchte er nach einer Weile, als ich mir seinen Schwanz geschnappt hatte, um ihm ein wenig auf die Sprünge zu helfen. »Erst bist du dran.« Er küsste mich auf den Bauch und stand auf. »Bleib hier.« Ich sah seinem Hintern hinterher, als er aus dem Zimmer wackelte. Ich war gespannt, was kommen würde. Hoffentlich schleppte er nicht wieder Würstchen an.

Als er wieder im Türrahmen erschien, hielt er einen Korb in der Hand, wie ein Marktjunge, der einsamen Hausfrauen einen Extra-Service zu bieten hat. »Thomas«, sagte ich, »ich stehe nicht so auf Lebensmittel in mir. Können wir nicht einfach ganz normal vögeln?« Er eilte auf mich zu. »Nee, jetzt warte mal«, sagte er. »Wenn ich sage, dass ich am weiblichen Orgasmus ziemlich interessiert bin, dann nicht, weil ich spinne. Es macht mir Spaß, Gegenstände einzuführen, verstehst du? Und dafür zu sorgen, dass du voll auf deine Kosten kommst.« Ich sah auf die Uhr. In zehn Stunden begann der Rosenmontagszug. Noch ein Tag ohne Sex, und ich würde das ganze Dreigestirn vernaschen. Davon abgesehen hatte ich kaum Erfahrung mit Füllungen, die nicht unmittelbar an einem Mann angewachsen waren. »Na meinetwegen«, sagte ich großzügig und winkte ihn und seinen Korb heran. »Dann lass mal sehen, was du da hast.«

Er gab sich mächtig Mühe. Für eine Weile spielte er mit seiner Zunge an mir herum, aber ich konnte nicht kommen. War die Nervosität schuld? Oder würde es eine jener Nächte werden, in denen einfach nichts ging? »So«, sagte er plötzlich mit großer Entschiedenheit, setzte sich auf und griff in den Korb. »Alles Bio«, sagte er, »ich kaufe immer nur Bio.«

Ich mag Bananen. Ich schätze sie sehr zu Vanilleeis. Ich mag sie gebacken und im Smoothie. Ich habe keinerlei Erfahrung mit Bananen als Sexspielzeug. Er offenbar auch nicht. »Au!«, schrie ich.

Er schaute mal wieder verdutzt. »Was ist? Stört dich der Strunk?«

»Na ja, »sagte ich. »Eigentlich dachte ich, dass du die Schale vorher abmachen würdest.«

»Oh.« Er nickte, als wäre ihm der Gedanke jetzt erst gekommen. »Ja, klar.« Er pellte das Ding und hielt es dann stolz in die Höhe. »Ganz schönes Gerät, was?«

»Aber sei vorsichtig«, sagte ich, »ich will auf keinen Fall, dass das Ding abbricht.«

»Nee«, machte er, »die Schale war noch grün. Das Teil ist steinhart.« Er zeigte auf seinen Schoß. »Das hier übrigens auch.«

Bananenduft füllte den Raum. Ich machte es mir bequem und versuchte, mich auf meine Orgasmusfähigkeit zu konzentrieren. Er führte die Banane vorsichtig hin und her. Die Oberfläche war rau und genau richtig fest. Ich war überrascht, dass es tatsächlich Spaß machte. Als ich mich schneller zu bewegen begann, ging er mit. Wenn ich mich ein bisschen mehr fallen ließ, würde ich tatsächlich mit einer Banane kommen.

»Oh«, sagte ich.

»Ja«, sagte Thomas.

»Ah«, sagte ich, »oh ja.«

»Ist das geil«, sagte Thomas.

»Oh ja, oh ja, gleich komme ich«, sagte ich.

»Huch«, sagte Thomas.

Ich schlug die Augen auf. Thomas hatte aufgehört, die Banane zu bewegen. Er lächelte verlegen. Ich lächelte nicht.

»›Huch?‹ Was genau meinst du mit ›Huch‹?« Ich ahnte Böses. Meine Stimme klang, als hätte ich mit einem Eimer Kohlenstaub gegurgelt.

Ganz langsam hob Thomas seine Hand. Sie hielt ein winziges Stück Banane.

»Was soll das«, sagte ich eine Spur zu finster. »Wo ist der Rest?« Thomas zeigte auf meine Muschi. »Ich kann es aber noch sehen.«

»Dann hol es raus«, keifte ich. »Sitz hier nicht so rum! Tu irgendwas!« Ich wurde hektisch. Er warf das Bananenstückchen neben das Bett und fing an, in mir herumzupulen. »Ich krieg's nicht zu fassen«, sagte er und wischte ein winziges Bröckchen am Bettzeug ab. »Du bist zu nass. Das schlüpfrige kleine Scheißerchen rutscht immer wieder weg.« Er stand auf, um einen Löffel zu holen. Mit der Gabel kamen wir auch nicht weiter. Am Schluss stopfte er Pfeifenreiniger in mich hinein. Wenigstens konnte er hinterher nicht behaupten, nicht auf seine Kosten gekommen zu sein.

Ich war der Hysterie nah. »Verfluchte Scheiße«, bellte ich, »und was machen wir jetzt?« Obwohl ich die Antwort längst kannte, wollte ich sie einfach nicht hören.

In der Notaufnahme war es taghell. Die Frau an der Anmeldung hatte in ihrem Leben offenbar schon zu viele Schnapsleichen gesehen. Vielleicht war sie auch nur die Karnevalsaushilfe. Sie hob ihren Blick keinen Zentimeter von dem Kreuzworträtselheft vor ihr. Ich war froh darüber.

»Die Krankenkassenkarte«, sagte sie, bevor sie etwas brummte und die Lösung in eine Reihe blanker Kästchen krakelte. Ich kramte in meiner Handtasche. »Natürlich.« Sie nahm meine Karte mit einer Bewegung entgegen, die sie offenbar schon tausendfach vollführt hatte. »Was für Beschwerden?« Sie tippte mit dem Stift auf ein Formular, das sie sich mit einer wischenden Geste herangezogen hatte. »Beschwerden«, murmelte ich, »tja, Beschwerden habe ich eigentlich nicht.«

Ich wusste nicht, wie ich es sagen sollte. Meine Wangen glühten. Auf einer Bank rechts neben der Anmeldung saß ein Mann mit einem prächtigen Lätzchen aus Erbrochenem. Er musterte mich eindringlich, ohne mit den Augen zu zwinkern. Vielleicht war er schon tot, ohne dass es jemand bemerkt hatte. Ich war verdammt froh, dass ich diesen Thomas zum Teufel geschickt hatte. Manche Dinge ziehe ich lieber alleine durch.

»Keine Beschwerden«, wiederholte ich, in der Hoffnung, dass

die Erfahrung der Rezeptionistin schon sagen würde, was mit mir los war. Sie seufzte schwer. Ich probierte es anders. »Es ist mehr so eine Art Fremdkörper«, sagte ich und versuchte so neutral wie möglich zu klingen. »Ich kriege ihn selbst nicht wieder raus. Also, den Fremdkörper.« Ich kicherte blöde.

Unendlich langsam hob die Frau ihren Kopf und bedachte mich mit einem Blick, der mir sagte, dass ich ihr gerade den Abend gerettet hatte. Sie musterte mich in meiner Schwesternuniform von oben bis unten, pflanzte sich ein Lächeln ins Gesicht und sagte sehr laut und sehr deutlich: »Wo steckt er denn genau, der Fremdkörper?«

Als Mimi kam, saß ich längst wieder im Wartebereich und versuchte, mich unsichtbar zu machen. Sie wackelte in ihrem Teletubby-Anzug durch die Lobby und rief: »Mensch, hab ich einen Hunger. Ob hier irgendwer eine Banane hat?«

»Du bist total bescheuert«, zischte ich. Ich nahm mir vor, ihr spätestens am nächsten Morgen die Freundschaft zu kündigen. Aber erstmal brauchte ich jemanden, der meine Hand hielt. Gackernde Assistenzärzte sind die Pest.

»Entschuldige, das musste sein«, sagte Mimi.

»Aber klar doch«, sagte ich. »Und übrigens: Sag es sofort, dann hast du's hinter dir.«

»Okay«, sagte Mimi. »Ich habe es dir ja gleich gesagt.«

Ich hielt sie am Arm fest. »Versprich mir, dass du anschließend nie wieder davon sprechen wirst.« Mimi hob die rechte Hand zum Schwur. »Ich verspreche es«, sagte sie. »Aber wir sollten auf den Schreck unbedingt noch was trinken gehen. Ich habe plötzlich unheimlich Lust – auf Bananen-Daiquiri.«

»Blöde Kuh.« Wir schwiegen ein bisschen.

Kurz darauf glitt die Schiebetür der Notaufnahme auf. »Mimi, halt dich fest«, sagte ich und zeigte auf den Eingang. Mimis Blick folgte meinem Finger.

»Ich glaub es nicht!« Sie presste sich die Hände vor den Mund.

Der Mann, der sich durch die Lobby bewegte, war Thomas. Er trug eine Jogginghose und einen langen Mantel, ohne Frage ein Mann, der etwas zu verbergen hatte.

Er ging stark nach vorne übergebeugt, als könnte er sich nicht aufrichten. Mit den langsamen Schritten eines gebrochenen Mannes tappte er auf die Frau in der Anmeldung zu. Durch seine gebeugte Haltung war sein Sichtfeld stark eingeschränkt. Mimi und ich schafften es ohne Probleme, uns hinter einer Säule in Hörweite zu positionieren.

»Was für Beschwerden?« Die Tonlage der Frau hatte sich kein Stück verändert. Sie klackerte wieder mit dem Stift auf ihrem Rätselheft herum. »Also, Beschwerden«, sagte Thomas verlegen, »habe ich eigentlich keine. Es handelt sich mehr um eine Art Fremdkörper.«

Ruckartig riss die Frau ihren Kopf nach oben. Ihr Gesicht fing so hell an zu leuchten wie ein Einkaufszentrum beim Atomschlag. Wahrscheinlich dachte sie in dem Moment das Gleiche wie ich: Gott ist groß. Und sehr gerecht.

Der Phobiker. Oder wie ich einmal zur Waschfrau wurde, obwohl ich eigentlich nur Sex haben wollte

Als ich klein war, hatte ich eine Negerpuppe. Jedenfalls wurde sie mir so vorgestellt. »Hier«, sagte meine Oma an meinem fünften Geburtstag. »Ich habe dir eine Negerpuppe mitgebracht. Damit du lernst, dass es Menschen auf der Welt gibt, die anders aussehen als wir.« Ich untersuchte die Puppe sofort, aber sie sah fast genau so aus wie meine anderen Puppen: zu kleine Nase, zu große Augen, die auf- und zuklappen konnten, und eine praktische Frisur, genau wie meine Oma sie trug, nachdem sie wie jeden Freitag ihre Haare in Lockenwickler gedreht hatte. Nur dass die Haare eben schwarz waren und die Haut dunkelbraun. Ich fand sie wunderhübsch.

Meine Mutter rupfte mir das Spielzeug aus der Hand und hielt es meiner Oma hin. »Du bist wirklich unmöglich«, sagte sie und wedelte mit der Puppe, die wild ihre Glieder schlenkerte. »Das heißt nicht Neger, sondern Farbiger. Oder meinetwegen Schwarzer. Alles andere ist einfach nur rassistisch.« Meine Oma verdrehte die Augen. »Papperlapapp«, sagte sie, »das Kind soll ruhig wissen, dass es auf der Welt nicht immer und überall politisch korrekt zugeht.« Ich reckte mich, um die Puppe wieder an mich zu nehmen, und verkrümelte mich in mein Zimmer. »Du kaufst sicher auch Äpfel aus Südafrika«, hörte ich meine Mutter noch zetern, »deine Einstellung ist ziemlich fragwürdig, das muss ich schon sagen!«. Aber meine Leidenschaft für Puppen mit dunkler Haut blieb. Ehrlich gesagt fand ich es vor allem praktisch, dass man den Schmutz darauf nicht so schnell sah.

Fast dreißig Jahre später stand ich mit Mimi und vielen anderen Menschen vor den Drehkreuzen am Eingang eines Fußballstadions.

»Ich sage dir, das war der größte bisher.« Manchmal wünsche ich mir, Mimi hätte nicht so eine durchdringende Stimme. Sie zeigte mit den Händen, wie groß. Der Typ vor uns drehte sich um. Sein Gesicht war mit blauen und weißen Streifen verziert. Als er Mimis Längenangaben sah, blickte er schnell wieder nach vorne.

Ungefähr ein halbes Baguette. »Und wie dick?«, fragte ich. Wenn schon, denn schon.

»So. In etwa.« Mimi formte einen Kreis. Nach allem, was ich erkennen konnte, musste es also etwa wie eine Geburt gewesen sein. Nur in die andere Richtung.

»Tut das nicht weh?«, fragte ich.

»Quatsch.« Mimi schüttelte den Kopf. »War ja alles gut geschmiert. Die Jungs wissen, wie man mit dicken Schwänzen umgeht.«

»Bleibt ihnen auch nichts anderes übrig«, sagte ich und seufzte. Das war nun schon das sechste Mal, dass Mimi Sex mit einem schwarzen Mann hatte. Und jedes Mal schwärmte sie in den höchsten Tönen. Nicht nur das. Sie ging tagelang extra breitbeinig vor mir her, als würde sie die Schenkel nicht mehr zusammenkriegen. Nur um mich eifersüchtig zu machen. Denn aus irgendeinem Grund waren die farbigen Männer bisher nie da gewesen, wo ich war.

Das Stadion platzte aus allen Nähten. Ich mag Fußball. Und ich meine damit nicht den 22-Männer-in-kurzen-Hosen-rennen-hinter-einem-Ball-her-Aspekt von Fußball. Mir gefällt einfach, dass es ein Spiel mit klaren Regeln ist. Da ist das Tor, da muss der Ball rein, und wenn du dich mies benimmst, fliegst du vom Platz. Fußball ist Überlebenskampf auf einem Stück Wiese, kein neumodisches Chi-Chi wie American Football oder meinetwegen Tennis, sondern ein Wettstreit, den es so oder ähnlich schon vor Jahrhunderten gegeben haben muss. Fußball ist etwas, das mir sagt, dass manche Dinge irgendwie Bestand haben werden.

Das ist natürlich nicht der Grund, warum Mimi mitkommt. Mimi kommt mit, weil sie 22 Männer in kurzen Hosen sehen will, die einem Ball hinterherrennen.

Die Sonne schien, es war warm, und wir hatten großartige Plätze auf der Haupttribüne.

»Die 17 ist aber niedlich«, sagte Mimi und zeigte aufs Spielfeld. »Ist der Single?«

»Jeder ist Single, wenn du dir genug Mühe gibst«, sagte ich. »Aber die 17 ist nicht niedlich. Der Typ ist ein Fehlkauf und schuld, wenn wir den Klassenerhalt nicht schaffen.«

»Und die 6?«

»Der ist wirklich niedlich. Aber erst 19. Wir sollten unsere Standards nicht untergraben.« Ich biss in meine Bratwurst. Mimi sah mich von der Seite an. »Ich wusste nicht, dass wir Standards haben«, sagte sie. »Auf jeden Fall werde ich mal zusehen, dass ich uns nach Spielende in die Nähe von Nummer 6 kriege.« Damit stand sie auf und quetschte sich an mir vorbei durch die Sitzreihe bis zum Gang. Ich rief ihr hinterher. »Viel Glück!« Wenigstens konnte ich mir jetzt das Spiel in aller Ruhe ansehen.

Ich zog mir den restlichen Wurstzipfel rein und musste miterleben, wie sich die gegnerische Mannschaft auf unserem Rasen benahm, als würde sie ein Trainingsspielchen gegen ein Amateurteam absolvieren. Ich wurde fast wahnsinnig. »Mach doch hinten zu«, brüllte ich in Richtung von Nummer 4, der so unbeteiligt herumstand, als wäre es ihm peinlich, vor Publikum mit einem Ball zu spielen. »Bist du blind oder was?«

Ich versuchte, in die Hände zu klatschen, um die Jungs ein bisschen anzufeuern. Das Klatschen fühlte sich nicht gut an. Meine Finger trieften vor Bratwurstfett. Ich hätte mir gern die Hände gewaschen. Aber ausgerechnet jetzt die Toiletten aufzusuchen, war nicht drin. Hilflos sah ich um mich.

Na ja, so ganz hilflos natürlich nicht. Auf dem Platz neben Mimi saß nämlich ein sehr hübscher Mann. Und das Beste: Er war schwarz. Sehr schwarz. Das war meine Chance! Das Schicksal hatte mir endlich einen dieser Wunderpenisse in Reichweite gezaubert. Ich musste nur noch zugreifen.

Ich lutschte also an meinen Fingern und zuckte verlegen mit den Schultern, während ich gleichzeitig das zu tun versuchte, was die Amerikaner eye-fucking nennen. Wie schon erwähnt, schiele ich ein wenig. Ich hoffte inständig, dass er in mein gerades Auge blicken würde.

Ich glotzte ihn an. Irgendwann fing er an, in seinen Taschen zu kramen. Und kurz darauf hielt er mir ein kleines Tütchen hin.

Mein erster Gedanke war: »Prima, ein Kondom!«

Aber dann sah ich noch mal genauer hin. Es war gar kein Kondom. Ganz so spontan schien er also nicht zu sein. »Oh, ein Sagrotan-Tuch«, sagte ich enttäuscht. »Vielen Dank, echt aufmerksam.«

Während der restlichen zwanzig Minuten des Spiels versuchte ich, nicht an all die Vorurteile zu denken, die ich über dunkelhäutige Männer habe. Meine Top 3 sind:

– Sie haben einen unglaublich dicken, langen Schwanz.
– Sie machen auf eine Art Liebe, die nicht nur aufregend fremdartig, sondern auch ausgelassen und wild ist.
– Sie haben einen exotischen, sehr würzigen Körpergeruch, der auf mich wie ein natürliches Aphrodisiakum wirkt.

»Ich will nicht unhöflich sein«, sagte der Typ nach einer Weile, »aber ich kann mich nicht auf das Spiel konzentrieren, wenn du mich so anstarrst.«

»Oh«, machte ich und kicherte blöde. »Nee, klar, entschuldige.« Mist. Fieberhaft überlegte ich, wie ich unauffällig an seine Nummer kommen würde. Wenn der liebe Gott mir schon so einen Wonneproppen vor die Nase setzte, dann musste ich auch zuschlagen. Und das tat ich. Nicht direkt, versteht sich.

Als das Spiel zu Ende war, knisterte jedenfalls ein Zettel mit seiner Telefonnummer in meiner Jackentasche. Schon bald würden unsere Geschlechtsteile schicksalhaft miteinander verwoben sein. Oder ineinander verkeilt. Wenn ein Pferd ein Pony deckt, tut es halt ein bisschen weh. Dafür ist die Wollust umso größer.

Mimi wartete am Ausgang auf mich. »So etwas habe ich noch nicht erlebt«, schnaubte sie. »Weißt du, was diese kleinwüchsige Schnepfe am Eingang der VIP-Lounge zu mir gesagt hat?«

»Keine Ahnung«, sagte ich. »Ich habe jedenfalls in der Zwischenzeit einen ziemlich scharfen Mann kennengelernt.«

Mimi ignorierte mich komplett. Wahrscheinlich war sie zu aufgebracht. »›Wenn Sie hier hereinwollen, gnädige Frau‹, sagt die zu mir, ›dann brauchen Sie ein Bändchen. Und wenn Sie kein Bändchen haben, dann empfehle ich Ihnen, vor dem Mannschaftsbus zu warten, wie alle anderen Groupies auch.‹« Mimi schnaufte schwer.

»Also, dich als Groupie zu bezeichnen, ist ja wohl eine bodenlose Frechheit«, sagte ich. »Du bist eher wie die Zahnfee, nur eben für Penisse. Du gehst spätnachts zu Männern ins Schlafzimmer, hast ein bisschen Spaß und verschwindest spurlos im Morgengrauen, nachdem du wieder ein kleines bisschen Freude in ihr Leben gebracht hast. Hab ich Recht?«

»Verdammt«, sagte Mimi, »*das* hätte ich ihr mal sagen sollen. Dann hätte ich jetzt nicht Stadionverbot.«

Sein Name war Lucien. Er war 37 Jahre alt und verdiente als Krankenwagenfahrer sein Geld. Ich konnte mir gut vorstellen, wie er mit quietschenden Reifen durch den Berufsverkehr bretterte, geschickt und wendig wie der junge Ayrton Senna. In seinen Augen brannte die Abenteuerlust, das hatte ich genau gesehen. Ach, diese exotischen Heißsporne!

Ich wartete ein paar Tage, bis ich anrief. Es klingelte ewig.

Endlich nahm Lucien den Hörer ab. »Ja?« Er keuchte in die Sprechmuschel wie ein Triebtäter.

»Hey. Ich bin's. Paula.« Keine Antwort. Wenn er sich an mich erinnerte, dann ließ er es sich zumindest nicht anmerken.

»Vom Fußball. Du weißt schon.«

»Ah«, sagte er, »die mit den Bratwurstfingern. Ja, klar!«

»Na ja, ich hätte es vielleicht freundlicher formuliert, aber okay. Bratwurstfinger, haha.« Bisher lief das Gespräch nicht ganz so, wie ich es mir vorgestellt hatte. »Was hast du gerade gemacht?«, fragte ich, um die Kontrolle über das Gespräch zurückzugewinnen. »Sport?«

»Nein, nein«, sagte er. »Ich habe nur ein bisschen geputzt. Heute ist Donnerstag. Da ist der Staub dran.«

»Aha.« Ich verstand den unmittelbaren Zusammenhang zwischen Donnerstag und Staub nicht. Alles was bei mir mit Staub zu tun hat, wird von Frau Dawolski geregelt, und die kommt zwei Mal im Monat.

Aber gegen einen Mann, der seine Wohnung in Schuss hält, war natürlich nichts zu sagen. Es war nur vernünftig, dass ich ihn auf der Stelle um ein Date bat.

Dann war ich tagelang aufgeregt. Mein erster schwarzer Penis und ich! Würde es gutgehen? Wichtiger noch: Würde er reinpassen? Ich rannte hektisch in der Wohnung umher. Gefalle ich ihm? Gefällt er mir? Sehe ich in dem Kleid wirklich gut aus oder hat die Verkäuferin nur so getan? Was, wenn das Gespräch mittendrin verreckt und ein peinliches Schweigen entsteht? Mimi sah mir eine Weile schweigend zu.

»Warum sagst du ihm nicht einfach als Erstes, dass du ihn bumsen willst? Dann kannst du dir die Aufregung sparen«, schlug sie vor.

»Weil ich nicht will, dass er sich zum Sexobjekt degradiert fühlt«, sagte ich. »Immerhin ist er schwarz.«

»Immerhin ist er schwarz?« Mimi fing an zu wiehern, bis ihr die Tränen aus den Augen liefen. »Du müsstest dich mal hören«, sagte sie. »Bist du bescheuert? Du heuerst schließlich nicht als die weiße Masseuse an, oder wie dieses alberne Buch heißt.«

»Die weiße Massai«, korrigierte ich. »Trotzdem. Ich will, dass er sich für seine inneren Werte geliebt fühlt, und nicht für seinen Schwengel.«

»Du weißt ja nicht mal, ob er überhaupt innere Werte hat«, sagte Mimi.

Da hatte sie auch wieder Recht.

Wir trafen uns im »Hummus Brothers«, einem unglaublich angesagten vegetarischen Restaurant, das mit seltsamen Gemüsesorten und einer mächtig langen Weinkarte angab.

Ich hatte mich absichtlich um mehr als eine Viertelstunde verspätet. Um keinen Preis wollte ich wie eine dieser überspannten deutschen Ordnungsbürgerinnen wirken. Eher wie eine lässige Braut mit der glutvollen Seele einer Afrikanerin.

Lucien saß ganz hinten. Das schummrige Kerzenlicht warf einen goldfarbenen Hauch auf seine dunkle Haut. Wie hübsch er aussah!

Als er mich erblickte, stand er auf, schob den Ärmel seines strahlend weißen Hemdes zurück und... blickte auf seine Uhr: »Du bist siebzehn Minuten zu spät.«

Offenbar hatte er seine ersten Jahre als Adoptivkind in Wanne-Eikel verbracht und nicht in einer Holzhütte irgendwo, wo es immer warm ist. Aber wenn er aus Wanne-Eikel stammte, woher kam dann dieser schnurrige Akzent, der manchmal bei ihm durchbrach? Dieses leicht Cremige in seiner Stimme, als hätte er gerade ein großes Stück Sahnetorte geschluckt?

Beruhig dich, Baby, dachte ich, das ist genau das, was sie meinen, wenn sie in den Nachrichten vom Clash of Civilizations sprechen.

Trotzdem wusste ich in den ersten Minuten nicht so genau, was ich sagen sollte. »Nun pack ihn endlich aus und leg ihn auf den Tisch« ging irgendwie nicht. Also fing ich an, mit Kerzenwachs herumzuspielen, wie immer, wenn ich nervös bin. Ich piddelte die erkalteten Tropfen und Wachsfäden ab und zerteilte sie. Bald sah es auf meiner Seite des Tisches aus, als hätte das Krümelmonster einen Satz Wachsstumpen verzehrt. Lucien starrte auf die Brösel und rutschte dabei unruhig auf seinem Platz hin und her. Irgendwann langte er herüber und kehrte alles zu einem ordentlichen Haufen zusammen.

Nach gefühlten dreißig Minuten, die wir mit ungefähr zwölf Sätzen über Wetter und Fußball füllten, kam endlich die Bedienung an unseren Tisch gefedert.

Sie war auf jugendliche Art dürr und überheblich. Außerdem sah sie aus, als würde sie einen großen Teil ihres Selbstbewusstseins aus der Tatsache ziehen, dass ihr Hintern in Jeansgröße 28 passte. Sie war die Art Frau, der ich gern eine Nachricht auf der Rechnung hinterlassen würde: »Keine Sorge, Baby. Du wirst auch noch fett.«

»Was darf es denn sein?« Sie strahlte Lucien an, als wäre ich unsichtbar. Unhöfliches Ding. »Ähm«, sagte ich, »ich für meinen Teil hätte gern ein Glas des Pinot Noirs aus dem Hause Umathum. Wenn Sie den nicht haben, nehme ich den von Jacob Duijn oder einen Reserve von Markowitsch. Zur Not etwas Vergleichbares, aber mit der nötigen Schwere.« Das würde die Tussi lehren, mich links liegen zu lassen.

Leider zeigte mein kleiner Ausflug ins Sommelier-Fach nicht die erwünschte Wirkung.

»Was?«, fragte die Tussi.

»Du trinkst?«, fragte Lucien. Und zwar mit einem so angewiderten Gesichtsausdruck, als hätte ich gerade Salzsäure zum Gurgeln bestellt.

»Äh«, sagte ich. Die Frage erwischte mich definitiv auf dem falschen Fuß. Kurz war ich versucht zu sagen: »Jepp, und so wie der Abend bisher läuft, eine ganze Menge.« Aber dann fiel mein Blick wieder auf seine seidig glänzende Haut. »Denk an den dicken Schwanz«, flüsterte mein Sex-Ich. »Versau es dir nicht!« Okay, dachte ich, wird gemacht.

»Nein«, fuhr ich also fort, »im Grunde trinke ich eigentlich nicht. Fast nie. Nur an ganz besonderen Tagen.« Zum Glück konnte er in dem funzeligen Licht nicht sehen, wie ich rot wurde. Die Lüge war selbst für mich zu dreist.

Lucien nickte zufrieden.

»Wasser passt auch viel besser zu Yamswurzel«, sagte er und lächelte so zutraulich, als würde er gerade ein großes Geheimnis mit mir teilen. »Das ist nämlich die Spezialität des Hauses.«

»Ah!«, machte ich. Ich hatte keine Ahnung, was Yamswurzel war. Ob man daraus Schnaps brennen konnte?

»Trinkst du unter der Woche nicht?«, fragte ich.

»Ich trinke nie«, sagte Lucien und bleckte seine Zähne zu einem Lächeln. Dann wurde er wieder ernst. »Niemals. Alkohol vergiftet Körper und Seele. Genau wie Fleisch, Zucker und Nikotin.« Er runzelte die Stirn. »Du rauchst doch nicht, oder?«

Oha. Das konnte eine heitere Affäre werden. Superpimmel und ich – wir würden ein sehr gesundes Leben führen, basierend auf Selbstverleugnung und Anpassungszwang. Fast wie eine Ehe.

»Wo denkst du hin!«, rief ich aus und klappte schnell meine Handtasche zu, damit er die Kippen darin nicht sehen konnte. »Pures Nervengift, das Zeug. Außerdem will ich den Tabakmonopolisten doch nicht mein Geld in den Rachen stopfen!« Das war vielleicht ein bisschen dick aufgetragen. Aber sicher ist sicher.

Zumindest schien es die richtige Antwort gewesen zu sein. Lucien griff nach meinem Arm und fing an, ihn zu streicheln. Er hatte schöne Finger, mit sehr gepflegten, sehr kurzgeschnittenen Nägeln. Während ich lustlos an meinem Wasser nippte, fiel mir auf, dass er mich gar nicht streichelte. Er pflückte komisch an meiner Bluse herum. Er pflückte nicht. Er entfernte Fussel.

Eine Stunde später war ich fertig entfusselt und wusste, dass Lucien aus Martinique stammte, aber mit 18 nach Göttingen gezogen war, wo er Medizin studieren sollte, wie es seine Eltern verlangt hatten. Leider stellte sich heraus, dass er Blut in größeren Mengen nicht sehen konnte. Darum arbeitete er als Krankenwagenfahrer, was bei seinen Leuten auf Martinique offenbar als das Gleiche galt. »Sie nennen mich trotzdem Le Docteur«, sagte er, »das ist natürlich sehr schmeichelhaft.«

»Natürlich«, gab ich zurück und rülpste unauffällig in meine Serviette. Die Yamswurzel lag mir im Magen, als hätte ich eine Schüssel Zement ausgeschleckt. Sehnsüchtig blickte ich zur Bar. Extra, um mich zu quälen, standen die Zutaten für einen perfekten Gimlet direkt nebeneinander auf dem Regal: Hendrick's, Bombay Sapphire, Rose's Lime Juice. Ich seufzte.

Seine Wohnung lag auf meinen Nachhauseweg. Ich musste mich also nicht groß anstrengen, um eine Möglichkeit zu schaffen, ihn auszuziehen. Dachte ich.

»So«, sagte er und blieb vor einem hübschen, dotterfarbenen Altbau stehen. »Hier wohne ich.«

»Schön«, sagte ich.

»Ja«, sagte er.

»Prima.«

»Gute Nacht«, sagte er.

Mist. Normalerweise halte ich mich an die Zwei-Satz-Regel. Wenn der Typ nach dem zweiten Satz keine Möglichkeit aus der Antwortgruppe »Kommst du noch mit rauf?/Ich finde dich scharf/Soll ich dir morgen Frühstück machen?« wählt, wird es nichts. Aber vielleicht stand der liebe Lucien einfach auf dem Schlauch. Oder er hatte Angst vor weißen Frauen, die nur auf seinen Penis aus waren. Ich gab ihm zur Sicherheit eine Extrarunde.

»Wie wohnst du denn?«, fragte ich.

»Schwer zu sagen«, sagte Lucien. Er machte eine Pause. Offenbar musste er nachdenken. »Willst du mal sehen?« Na also.

Als er die Wohnungstür aufschloss, merkte ich, dass er zappelig wurde. Er wand sich im Türrahmen hin und her und versperrte mir den Zutritt. Dann drehte er sich ruckartig um und deutete auf meine Schuhe. »Die musst du aber draußen lassen«, sagte er entschieden. »Ich habe frisch gewischt. Und Hausschuhe für Gäste habe ich nicht. Aber zieh doch bitte die an.« Er hielt mir zwei Plastiküberzieher hin, grüne Tütchen, wie man sie im OP trägt. Wahrscheinlich wollte er mir den Straßendreck auf der Haut ersparen, wenn er später mit mir die Wohnung schrubben würde. Sehr rücksichtsvoll.

Ich sah ihn mir genauer an. Irgendwie wirkte er fahrig. Wie einer, der etwas zu verbergen hat. Vielleicht war er verheiratet und wollte vermeiden, dass ich irgendwelche Spuren hinterließ? Die Wohnung roch jedenfalls so frisch, als hätte sich gerade jemand mit einer großen Menge Putzmittel darüber hergemacht. Mit schmatzenden Schritten latschte ich in meinen Plastikdingern über den glänzenden Dielenboden.

Bei der Einrichtung hatte er sich nicht gerade ausgetobt. Bis auf ein großes Regal, einen Tisch und zwei Stühle stand fast nichts im Wohnzimmer. Und die Tür zum Schlafzimmer war zu. Dafür hingen auf zwei Wäscheständern, ordentlich aufgereiht, mehrere Garnituren seiner blütenweißen Uniform. Ich konnte mir gut vorstellen, dass das Weiß in einem reizvollen Kontrast zu seiner dunklen Haut stehen würde.

»Wow«, sagte ich. »Ich dachte immer, die Dinger gibt man in die Krankenhauswäscherei.«

»Macht man auch«, sagte Lucien und strich liebevoll über eine Hose. »Aber hast du schon mal was von multiresistenten Keimen gehört? Ich sage dir, die ganze Wäscherei ist voll davon. Ich koche sie hier anschließend noch mal aus. Das ist mir lieber.« Er hielt mir ein Glas Wasser hin.

Meine schwarz-weiße Sexorgie entwickelte sich langsam zu einer sehr traurigen Veranstaltung. Ich nahm einen Schluck Wasser und stellte das Glas auf den Tisch. Lucien hob es wieder hoch, wischte mit einem Taschentuch über den Wasserrand, den es hinterlassen hatte, und stellte das Glas auf einen Untersetzer.

Ich tippelte mit den Fingern auf meinen Knien herum. Unangenehme Schweigelöcher hatte ich schon massenweise erlebt. Aber das hier war die Mutter aller Schweigelöcher. Ich hüstelte.

»Möchtest du nicht deine Hände waschen?«, fragte Lucien besorgt. Er zeigte auf eine kleine Tür, wohl das Badezimmer. Es kam mir komisch vor, Händewaschen als Pausenfüller vorzuschlagen. Normalerweise sagen die Leute dann so etwas wie »Hast du schon ›Verblendung‹ gelesen? Soll ja ein richtiger Knüller sein«.

Neben dem Waschbecken standen eine Menge Fläschchen. Ich las die Etiketten vor, während ich mir gemäß der Anleitung, die am Spiegel klebte, die Hände wusch: »Baktolin, Sterillium, Antibac.« Es hörte sich an wie ein Kurz-Haiku, das jemand eigens für die Pharmaindustrie verfasst hatte.

Inzwischen war ich gar nicht mehr so scharf auf meinen Gastgeber, sondern nur noch auf seinen Superpimmel. Ich stellte mir vor, wie Lucien mich packt und auf den Tisch knallt, bevor er sich über mich hermachen und mich in neue Höhen der Lust treiben würde. Ich schmunzelte sanft bei dem Gedanken an den Schweiß, der sich auf unseren wollüstigen Körpern vereinen durfte.

Ich griff nach seiner Hand und drückte sie. Er hob die meine an die Nase und schnüffelte daran. »Ah, Sterillium«, murmelte er und lächelte versonnen.

Ich verzichtete auf das Essen, als ich mich am nächsten Abend mit Mimi bei »Louie's« traf. Schließlich hatte ich einiges nachzuholen. Ich hatte vor, mich zu füllen wie die Arche Noah des Alkohols. Zwei von jeder Sorte.

»Also kein Sex«, sagte Mimi und nahm einen Schluck von ihrem Gimlet. »Bestimmt ist er einer von diesen neumodischen Romantikern. Scheint eine rassenübergreifende Entwicklung zu sein. Tragisch.« Sie schüttelte versonnen den Kopf. »Was glaubst du, wie oft ich den Satz ›Ich möchte lieber warten, bis wir uns besser kennen, dann bedeutet der Sex etwas‹ in letzter Zeit gehört habe?«

»Ja, total bekloppt«, bestätigte ich. »Du gehst wochenlang mit einem Typen aus, bevor er dich vögelt – und dann stellt sich heraus, dass er es überhaupt nicht kann. Davon hat doch niemand was.«

Mimi nickte zustimmend.

»So groß kann sein Schwanz gar nicht sein«, sagte ich zu Mimi und zündete mir eine Zigarette an. »Mit einem vegetarischen, nichtrauchenden Antialkoholiker habe ich eh keine Zukunft.«

Mimi nahm einen langen Schluck und tätschelte dann meine Hand. Sie überlegte kurz. »Du könntest ihm natürlich auch einfach sagen, dass du ihn nicht magst. Dann wärst du aus der Geschichte raus.«

»Schaffst du so was denn?«

Sie nickte. »Jedesmal«, sagte sie. »Und zwar lange, bevor sie aufwachen.«

Zwei Tage später lag ich nackt in Luciens Bett. Noch wusste er nichts davon. Ich hatte mich einfach ausgezogen. Es ist doch so: Frauen erwarten, dass Männer sich im Beruf selbst verwirklichen, sich pflegen, gebildet und nett zu ihren Freundinnen sind. Männer sind schon dankbar, wenn die Frau unbekleidet ist. Der Dienstweg ist einfach. Die Frau ist nackt, der Mann salutiert. Im Grunde kann eine Frau nicht viel falsch machen.

Ich hörte Luciens Schritte auf dem Dielenboden. Wahrscheinlich würde er sich vor Begeisterung gleich auf mich stürzen. »Paula? Wo bist du?«

»Hier, im Schlafzimmer!« Ich drehte mich auf die Seite und zog die Bettdecke ein wenig zurück. Der obere Rand der linken Brustwarze lugte über das Weiß. So wirkte ich auf verwegene Art keusch.

Endlich trat Lucien ins Zimmer. »Oh«, sagte er und starrte mich an. »Du liegst in meinem Bett.«

»Ja«, flötete ich. »Und ich bin vollkommen nackt.« Das schien ihn kurz zu interessieren. Zumindest so lange, bis sein Blick auf meine Kleider fiel. Sie lagen in hübschen Häufchen überall im Zimmer. Ich war sicher, dass er als Afrikaner dieses Zeugnis meiner Leidenschaft richtig verstehen würde.

»Du willst Sex mit mir«, stellte er fest. Junge, Junge. Das würden zähe Verhandlungen werden. »Und wie ich das will.« Ich klappte die Decke ein wenig zurück, um ihm einen Blick auf mein Schatzkästchen zu gewähren. Er sah mich kurz an und blickte dann zu den Klamottenhäufchen. »Na, schön«, sagte er sachlich. Ich schloss die Augen in Erwartung seines vor Begierde brennenden Körpers. Stattdessen hörte ich Schritte, die sich entfernten.

Ich schlug die Augen auf. Lucien sammelte meine Kleider vom Boden und faltete sie Stück für Stück zusammen. Meine Bluse hängte er auf einen Kleiderbügel. Anschließend nestelte er an seinem Hemdkragen herum und fing an, mit dem Enthusiasmus eines Bergmanns bei Schichtbeginn aus seinen Klamotten zu steigen. Er schob seine Puschen ordentlich zusammen und unter den Stuhl. Dann ließ er seine Hosen fallen, faltete sie in der Mitte und legte sie über einen stummen Diener. Auch das Hemd hängte er darauf. Sein T-Shirt und die Unterhose wurden zu kleinen Paketen. Es war genau so wie Onkel Hans, wenn er sich für den monatlichen Vollzug bereitmachte.

Aber wahrscheinlich waren das nur Luciens Zugeständnisse an die deutsche Kultur. Er wollte es richtig machen und nahm es einfach ein bisschen zu genau. Überkompensation nennt man so was. Nichts, das nicht mit ein bisschen Oralsex wieder hinzubekommen wäre.

Dann drehte er sich zu mir um. Offenbar bekam man durch das Tragen von Krankenliegen eine ganze Menge Muskeln. Sein Pimmel lauerte inmitten eines schwarzblauen Gekräusels aus Haaren und war, soweit ich das sagen konnte, von ansprechender Größe. Das große Tier schlief noch. Ich hatte vor, es zu wecken. Superpimmel und ich – die Anfänge.

Wollüstig beugte ich mich nach vorn, machte knurrende Geräusche und schnappte mit den Zähnen. Ich hatte Lust, ein bisschen mit dem Tier zu spielen.

»Moment!«, sagte Lucien. Augenblicklich hörte ich auf zu knurren und zu schnappen. »Was«, fragte ich.

»Bist du denn da gewaschen?«

»Was meinst du mit da?«

Er wedelte mit der Hand nach unten. »Na, da eben«, sagte er, »am Po vorne.«

Rückblickend kann ich sagen, dass meine Schleimhäute die

Behandlung mit Antibac nicht sehr gut vertragen haben. Ich brauchte zwei große Becher Joghurt und eine Packung lebende Milchsäurebakterien in Zäpfchenform, bis ich wieder auf dem Damm war.

Doch ich greife vor.

Nachdem ich mich ordentlich eingeseift und desinfiziert hatte, durfte ich zurück ins Bett. Lucien hatte seine Geschlechtsteile unterdessen der gleichen Prozedur unterzogen. Dann küssten wir uns. Nein, das stimmt nicht. Ich küsste ihn. Er hielt seine Lippen verschlossen wie ein bockiges Kind. Offenbar war ihm nicht am Austausch von Speichel gelegen.

Wir busselten also ein bisschen herum. Nach ungefähr zwei Minuten fing es an, langweilig zu werden. Ich beschloss, die Sache in die Hand zu nehmen. Dabei stellte ich fest, dass in seinem Schwanz inzwischen eine sehr erbauliche Blutstauung stattgefunden hatte. Er war groß und mit dicken blauen Adern übersät wie das Nildelta.

Leider war ich längst noch nicht in Stimmung. Das, was Lucien Vorspiel nannte, bezeichnen andere Menschen nämlich als freundschaftliche Begrüßung. Er tätschelte ein wenig an mir herum, machte aber um alle interessanten Stellen einen Bogen. Allmählich fing ich an, mich verseucht zu fühlen wie ein Biowaffenlabor.

»Ich bin jetzt bereit«, sagte Lucien und strahlte mich an. »Du auch?«

Tja, wie man's nimmt, wollte ich sagen, entschied mich aber doch für den diplomatischen Weg. Vielleicht würde er so richtig loszaubern, wenn er erstmal drin wäre.

»Ja«, hauchte ich. Ich wollte nicht zu viele Erwartungen wecken. In Wahrheit war ich trocken wie die Sahelzone.

Lucien fing an, in einer Schublade unter dem Bett zu kramen.

»Ah!«, rief er, »ich wusste doch, dass ich noch welche habe!«

Er drückte mir ein weißes Tuch in die Hand. Es war einseitig gummiert, wie eine dieser Pinkelunterlagen aus dem Krankenhaus.

»Was soll das sein?«

»Das ist nur was zum Unterlegen«, sagte Lucien. »Damit das Bett nicht fleckig wird.«

Ich war unsicher, ob ich ihm das Ding gleich um die Ohren hauen sollte oder erst, nachdem er mich bestiegen hatte. Wo ich schon mal da war, entschied ich mich für Letzteres.

Er sah mich an. »Du bist wunderschön«, sagte er, »ich dringe jetzt in dich ein.« Wahrscheinlich hatte Hitler das Gleiche gedacht, als er Polen überfiel.

»Jawoll«, sagte ich und versuchte mich zu entspannen.

Gott sei Dank sind die meisten Kondome heutzutage mit Gleitmittel versehen. Superpimmel stopfte sich in mich hinein. Ich fühlte mich so gut gefüllt wie eine Weihnachtsgans. Prima Voraussetzungen für einen wirklich prächtigen Orgasmus also. Full contact, sozusagen.

Leider hatte Lucien nicht gerade Rhythmus im Blut. Er bewegte sich in mir wie deutsche Männer auf der Tanzfläche: Man will eigentlich nicht hinsehen und macht trotzdem mit, einfach, weil der arme Kerl ja nicht ganz alleine tanzen kann.

Ich lag regungslos unter ihm wie ein Pfannkuchen. Gerne hätte ich mich ein bisschen bewegt oder mich nach oben gesetzt. »Lieber nicht«, sagte Lucien, als ich Anstalten machte, mich auf ihn zu hocken. »Mit dir unten ist es ordentlicher.«

Irgendwann kam er mit einem kleinen Seufzer. Ich leider nicht.

»Das war schön, nicht?«, sagte er. Dann sprang er auf, zerrte mit spitzen Fingern das Kondom von seinem Schwanz und machte einen tropfsicheren Doppelknoten hinein.

»Ich geh jetzt duschen«, rief er aus dem Bad. »Dort drüben neben dem Bett sind Handtücher. Dann kannst du dich auch gleich saubermachen.«

Die Handtücher lagen ordentlich gefaltet und auf Kante in einem kleinen Schrank. Ich mochte eigentlich nicht duschen. Lieber hätte ich mir eine Zigarette angesteckt.

Da klingelte es an der Tür. Lucien reagierte nicht. Das Wasser in der Dusche rauschte weiter. Wahrscheinlich desinfizierte er sich gerade den Genitalbereich. Mürrisch erhob ich mich, schnappte mir eines der kleinen Handtücher und ging zur Tür.

Davor stand ein Mann. Er war ungefähr 25, gedrungen gebaut wie ein Bullterrier und mit einer dreckigen Ledertasche ausgerüstet. Sein Körper steckte in einem Hemd von undefinierbarer Farbe und einer grauen Latzhose. Auf der Hose waren eine Menge dunkler Flecken. Seine Schuhe waren mit einer dünnen Schmutzschicht überzogen. Mit anderen Worten: Er war perfekt.

»Hier sind nirgendwo Namen an den Klingeln«, sagte er und schüttelte die Werkzeuge in seiner Tasche. »Haben Sie wegen des kaputten Boilers angerufen?«

»Allerdings«, sagte ich, und zerrte ihn in die Wohnung. Während ich vor ihm ins Schlafzimmer ging, ließ ich das Handtuch fallen. »Hier entlang, bitte.« Seine Schrittfrequenz verriet, dass er versuchte, nicht ins Stolpern zu geraten.

Vor dem Bett kam ich zum Stehen. »Öhm«, sagte er und zeigte auf das Bad, »der Boiler ist wohl da drin, wie?«

»Momentchen noch«, sagte ich. »Wer wird es denn so eilig haben?« Ich drückte ihm einen herzhaften Kuss auf den Mund und drückte ihn aufs Bett. »Leg dich erstmal hin.«

»Ich sollte eigentlich nicht …«, sagte er, legte sich aber trotzdem brav der Länge nach hin. Schmutz rieselte von seinen Schuhen auf das Bettlaken. Mit seinen Hosen stempelte er kleine Ölblümchen ins makellose Weiß. »Schon klar«, sagte ich, wuschelte ihm durchs Haar und presste meine Brüste gegen seinen Oberkörper, damit er eine schöne Erinnerung hatte, an der er sich in einsamen Stunden wärmen konnte.

»Bleib genau so liegen«, sagte ich zu dem Monteur. »Ich bereite nur schnell eine Überraschung vor.« Er hatte seine Arme steif neben den Oberkörper gelegt und wagte kaum, sich zu bewegen. Er nickte zögerlich: »Okay.« Während ich meine Klamotten zusammenklaubte, folgte er mir mit seinen Blicken. »Keine Sorge«, sagte ich, »du bist nicht mehr lange alleine.«

Dann ging ich aus dem Zimmer. Im Flur schlüpfte ich schnell in meine Kleider und verließ die Wohnung. Als ich die Tür hinter mir zuzog, konnte ich hören, wie Lucien aus dem Badezimmer kam. »Wer sind Sie?«, fragte er. »Was tun Sie in meinem Bett? Oh mein Gott, hier ist ja alles voller Dreck! Was ist das – Maschinenöl?«

Zu gern hätte ich jetzt sein Gesicht gesehen. Aber ich hatte Besseres zu tun. Aus meiner Handtasche nahm ich ein Sagrotantuch, das mir Lucien für Notfälle geschenkt hatte. Damit wischte ich liebevoll über seinen Türknauf.

Wenn ich mit etwas abschließe, dann sauber.

Der Spezialist. Oder wie ich einmal versucht war, fünf Unterhosen übereinander anzuziehen, obwohl ich eigentlich nur Sex haben wollte

Draußen vor dem Fenster wusch der Regen das Laub sauber. Ich hätte nicht übel Lust gehabt, ein Paar Gummistiefel überzuziehen, durch die Straßen zu patschen und an der Bushaltestelle eine zu rauchen, als würde ich tatsächlich auf den Bus warten. Stattdessen kletterte ich in einen dunkelgrünen Tellerrock und versuchte, den Reißverschluss hochzuziehen, ohne die eine Speckfalte einzuklemmen. Das letzte Spaghettieis musste eines zu viel gewesen sein.

»Ich weiß sowieso nicht, warum wir uns so anstrengen«, sagte ich zu Mimi, die gerade versuchte, ein Jeanskleid zu besteigen, das sie offenbar in der Kinderabteilung erstanden hatte. »Ich meine, unsere Generation ist überhaupt nicht gut darin, Beziehungen zu führen. Das Einzige, das wir können, ist, uns flachlegen zu lassen.« Und das ist sogar die Wahrheit. Wir haben so viele Ratgeber gelesen, dass wir ohne Probleme die Prostata eines Mannes stimulieren können, in dem wir ihm den Finger in den Hintern stecken. Aber von Romantik haben wir nicht die geringste Ahnung.

»Mir reicht das Flachgelegtwerden vollkommen«, sagte Mimi und ließ von dem Kleid ab. »Außerdem tun wir es für Edgar und Eva. Sie geben sich solche Mühe. Ich finde, wir dürfen sie heute nicht enttäuschen.«

Edgar und Eva versuchen seit Jahren verzweifelt, uns unter die Haube zu bringen. Dabei habe ich schätzungsweise tausend Mal gesagt: »Eva, ich kann mir meine Männer selber besorgen. Eine ungebundene Vagina ist eine ziemlich beeindruckende Trumpfkarte.« Aber Eva glaubt mir nicht. Keine Ahnung, was mit Pärchen los ist. Ich schätze, sie können den Gedanken nicht ertragen, dass irgendjemand da draußen mehr Spaß hat als sie.

»Und außerdem«, sagte Mimi in einem Tonfall, als hätte sie gerade entdeckt, wie eine Frau mit Konfektionsgröße 44 doch noch in ein 36er-Kleid passt, »kommt Oliver auch. Das ist, als würde ich Lotto spielen und die richtigen Zahlen schon kennen.«

»Du spinnst«, sagte ich, »das Netteste, was der je zu dir gesagt hat, ist: Kannst du mir einen blasen, bitte?« Mimi schmiss den Jeansfetzen aufs Bett und fing an, sich einem Wickelkleid aus Jersey zu widmen. »Und du übertreibst total«, sagte sie. »Er hat mir auch schon mal die Tür aufgehalten.«

Ich wusste natürlich genau, wie der Abend ablaufen würde. Nach ein paar Drinks fangen Mimi und Oliver an zu knutschen. Ungefähr zehn Stunden später klingelt dann mein Telefon. Jede von uns weiß, was sie zu sagen hat, als würden wir für ein Theaterstück über Single-Kultur proben. »Der Walk of Shame ist was für 20-Jährige«, sagt also Mimi, ohne mir Guten Morgen zu wünschen, »ich verlasse doch die Wohnung eines Mannes am nächsten Morgen nicht in Abendgarderobe. Dann wüsste doch jeder sofort, dass ich gerade gebumst worden bin.« Darauf ich: »Du *bist* gerade gebumst worden. Und außerdem könntest du dir auch einfach mal ein Taxi rufen.«

Die Wohnung, in der Eva und Edgar wohnen, liegt im dritten Stock eines dieser Häuser, bei dessen Betreten man höllisch aufpassen muss. Der ganze Eingangsbereich ist mit Kinderwagen zugeparkt. Definitiv kein schöner Anblick für Frauen mit Fruchtbarkeitsproblemen. Ich konnte mir gut vorstellen, wie sich Eva hier jeden Tag mit einem wehmütigen Seufzer durchquetschte und dabei ihren flachen Bauch tätschelte.

Mimi bewegte sich zwischen den Karren wie der Prinz auf dem Weg zu Dornröschen. »Bravo, schon habe ich eine Laufmasche«, rief sie und gab einem der Wagen einen Tritt, »das fängt ja prima an.« An ihrer Wade öffnete sich das Nylon zu einem hübschen Delta. Sah gar nicht aus wie ein schlechtes Omen.

»Ah, Mädels!« Eva riss die Tür auf, als würde sie mindestens ein singendes Telegramm erwarten. »Kommt schnell rein, ich habe was ganz Tolles für euch!« In der Luft hing das Aroma von Essig und Zitrone, darunter bemühte sich ein fader Fleischgeruch um Aufmerksamkeit. Das Essen konnte sie also nicht meinen.

Sie schubste uns durch den Gang ins Wohnzimmer hinein, wo bereits ein paar Leute um einen großen Tisch saßen. Auf den ersten Blick zählte ich sechs. Erst dann merkte ich, dass neben einem blonden Sauertopf mit tief ausgeschnittenem Kleid noch ein Mann kniete, der ihr gerade etwas ins Ohr flüsterte. »Alle mal herhören!«, rief Eva und klatschte in die Hände, »das hier sind Paula und Mimi – ihr wisst schon!« Das »Ihr wisst schon« hing eine Weile in der Luft und wurde von den Anwesenden ohne Eile verdaut.

Endlich stand Oliver auf und rief: »Mimi! Ich freue mich total, dich zu sehen.« Das glaubte ich ihm aufs Wort.

Als ersten Gang servierte Eva eine Pilzcremesuppe. »Selbst gesammelt!«, sagte sie und zwinkerte Edgar zu, als hätten sie gemeinsam ein Wildschwein mit bloßen Händen erlegt. Ich konnte nur hoffen, dass sie sich mit Pilzen auskannten.

Wie es aussah, würde ich sowieso hungern müssen. Ich war rechts von dem blonden Sauertopf platziert. Nicht anzunehmen, dass sie viel von Lebensmitteln hielt. Ihr Körper war so dürr, dass ich bei jedem Bissen ein schlechtes Gewissen haben würde, als hätte ich mir gerade eine Portion Foie Gras reingezogen. Und der Typ rechts von mir war so gebaut, dass ich den Löffel kaum zum Mund führen konnte. Offenbar fühlte er sich in der Breite wohler als in der Höhe. Soweit ich sehen konnte, konnte er nicht größer sein als eins fünfundsechzig. Im Gesicht trug er das ausgeglichene Lächeln eines Mannes, der wusste, dass er sein Geld in diesem Leben nicht mehr als Model verdienen würde.

Auch sonst war er gebaut wie ein Troll. Offenbar wuchs ihm jedes Mal, wenn er sich bewegte, ein neuer Muskel. Dort, wo seine Arme aus dem hochgeschlagenen Hemd ragten, rollten die Sehnen, als hätte man unter seiner Haut Schlangen eingesperrt. »Das ist Andreas«, säuselte Eva, während sie mir einen Teller mit bräunlichem Sud vor die Nase stellte, »ich glaube, ihr passt zusammen wie, ach, ich weiß auch nicht. Ich habe einfach ein supergutes Gefühl.«

Mein Blick fiel auf Mimi. Ihr Kopf machte zuckende Bewegungen, Tränen liefen ihr aus den Augen. Mein erster Gedanke war, dass Oliver etwas Gemeines zu ihr gesagt hatte. Dann kapierte ich. Sie lachte mich aus.

Das Essen zog sich hin. Ich rührte lustlos auf meinem Teller herum, vor allem, weil Mimi drüben ihren Spaß zu haben schien. Meine Tischnachbarn waren nicht gerade Komiker. Ganz nett, aber wie heißt es so schön: Nett ist die kleine Schwester von Scheiße.

Bald darauf stand ich vor dem Spiegel in der Toilette und versuchte, mein Make-up wieder dahin zu kriegen, wo es drei Stunden zuvor gewesen war. »Komm schon, so schlimm kann es nicht sein«, sagte ich zu Mimi. »Das glaubst du doch selbst nicht. Der ist viel zu fade.«

»Glaub mir«, beharrte Mimi und rupfte etwas Toilettenpapier ab. »Der Typ kann seine Finger einfach nicht bei sich behalten.

Aber eines muss man ihm lassen: Das kann er wirklich gut. Er ist fast so etwas wie eine Legende. Ich kenne vier Frauen, die was mit ihm hatten. Na ja, das heißt, zum Vögeln kamen sie natürlich nicht. Er hat nur seine Finger benutzt. Aber die schwärmen heute noch davon.« Ich dachte an die strangartigen Muskeln auf seinen Unterarmen. Vielleicht war ja wirklich etwas dran. »Vielleicht hat er einfach keinen Schwanz«, sagte ich und zog meinen Lippenstift nach. »Ein genetischer Defekt. Oder ein Unfall beim Beschneiden. Soll es ja auch geben.«

Mimi spülte und klappte dann den Klodeckel zu. »Ich glaube, du bist ziemlich nah dran, es herauszufinden.«

Ab jetzt konnte ich mich auf nichts anderes mehr konzentrieren. Als Eva Crème Brûlée auftischte und Andreas zum Löffel griff, glotzte ich auf seine Hände, als hätte ich noch nie gesehen, wie jemand Besteck benutzt. Wenn er die Serviette nahm, um sich die Mundwinkel zu wischen, blieb mein Blick an den vollendeten Rundungen seiner Fingergelenke hängen und am hellen Rosa seiner Nägel. Die sahen aus, als würde er seine Mittagspausen bei der Maniküre verbringen. Männer sind ja bekannt dafür, dass sie ihr Werkzeug immer pflegen.

Ich habe durchaus nichts gegen ein wenig Handarbeit. Es ist nur leider so, dass viele Kerle es einfach nicht können. Einen Mann wie Andreas zu treffen war in etwa so, als würde man im Dschungel plötzlich einer vollkommen neuen Säugetierart gegenüberstehen. Ich konnte einfach nicht wegschauen.

Der blonde Hungerhaken zu meiner Linken hatte mein Interesse bemerkt und schielte mies gelaunt zu mir rüber. Ich lächelte sie an. Sie mochte das Lächeln nicht. Ihre Augen wurden kalt. Es fehlte nicht viel, und sie hätte Eiswürfel daraus machen können. Mimis Lachen wehte zu mir herüber. Offenbar waren sie und Oliver gerade handelseinig geworden. Wieder einmal. Nur dass ich sie diesmal zwingen würde, ein Taxi zu nehmen.

Andreas legte den Löffel zur Seite. Dann drehte er sich zu mir. »Weißt du«, sagte er und leckte ein wenig Karamell von seinem Zeigefinger, »wir sollten uns noch mal alleine treffen. Unter so vielen Menschen kann man sich gar nicht richtig unterhalten.«

Ich ließ ihn drei Tage zappeln. Am vierten Tag stand er Punkt neun vor meiner Tür. »Wie wäre es mit einem Gin Tonic«, fragte ich und öffnete den Kühlschrank, um den Hendrick's herauszunehmen. »Gin ist gut«, schnurrte er und ließ einen Finger über meinen Nacken wandern. Dafür musste er sich ein wenig strecken. Wie die Sache aussah, konnte er sein Gesicht bequem zwischen meinen Brüsten platzieren, ohne sich dafür krumm zu machen.

Der Finger holte seine Freunde. Gemeinsam spazierten sie über die Schulter in Richtung Dekolletee und tänzelten am Saum entlang. »Ganz schön keck, wo wir uns doch kaum kennen«, sagte ich und hielt ihm das Glas hin. Er nahm seine Hand von meinem Ausschnitt und griff danach. »Ich weiß genau, wie ihr Frauen mich nennt«, sagte er. »Und ich habe nicht vor, was daran zu ändern.« Er nahm einen Schluck und machte sich an meinen Beinen zu schaffen.

»Ach, wirklich«, sagte ich. Allmählich wurde ich zappelig. »Wie nennen wir dich denn?« Zart schob er seine Fingerkuppen über meine Knie. Dann strich er die Innenseite meiner Oberschenkel entlang. »McScreamy«, sagte er.

»So ähnlich wie der Typ bei Grey's Anatomy?«

»Ganz genau«, sagte er und schob sachte mein Höschen beiseite. »Und ihr habt natürlich vollkommen Recht damit.«

Er trug mich mit einer Leichtigkeit zum Bett, als wäre ich nicht schwerer als ein Sofakissen. Geschätzte anderthalb Sekunden vergingen. Dann hing McScreamy über mir wie die geschrumpfte Version des großen grünen Hulk, nachdem ihn jemand sehr wütend gemacht hat. Durch das T-Shirt zeichneten sich seine

Muskeln ab wie Geröll. Vielleicht hatte ihm seine Mutter versehentlich zu viele Proteine verabreicht.

Mit einem Griff öffnete er meinen Rock und zog ihn langsam an mir herab. Mein Höschen ging gleich mit. Das Ganze hatte etwas Professionelles, und ich fragte mich, ob er neben seinem Job als Immobilienmakler noch eine kleine Nebentätigkeit ausübte.

Als ich versuchte, an seinen Reißverschluss zu gelangen, hielt er meine Hände fest. »Heute bist nur du dran, Baby«, sagte er und küsste mich, »damit machst du mir die größte Freude.« Ich hoffte, dass das auf Gegenseitigkeit beruhen würde. Die meisten Männer behandeln eine Klitoris nämlich wie ein Rubbellos.

McScreamy schob die Finger in seinen Mund, um sie ein wenig zu befeuchten. Ich ließ die Schenkel auseinandergleiten. Die Finger machten es sich auf meiner Klitoris gemütlich und fingen an, ein wenig zu tanzen. Er wechselte die Position und schob mir zwei Finger seiner anderen Hand rein. Er bewegte sie ein wenig auf und ab und ehe ich noch sagen konnte »Bitte nicht so fest« – war ich auch schon gekommen.

»Und seinen Schwanz hast du nicht zu sehen gekriegt?«, fragte Mimi am nächsten Tag. »Keine Spur davon«, sagte ich und stopfte mir eine Gabel Steinpilzrisotto in den Mund. »Er leidet unter vorzeitigem Fingererguss. Aber werde ich noch, das verspreche ich dir.« Mimi tätschelte meine Schulter, als wäre ich ein bisschen plemplem. »Mach dir nicht zu viel Hoffnungen, Baby«, sagte sie. »Genieß es einfach, so lange es dauert.«

18 Stunden später saßen McScreamy und ich bei »Mo's« und warteten darauf, dass die Kellnerin mit dem ungesund gelben Gesicht uns den ersten Gang bringen würde. »Du siehst wunderschön aus«, sagte McScreamy und legte seine Hand auf meinen Oberschenkel. »Allein dafür verdienst du eine Belohnung.«

Seine Finger spazierten zum Reißverschluss. Ich hatte extra

eine Hose angezogen, um in der Öffentlichkeit nicht zu einladend zu wirken. Trotzdem zippte er den Verschluss auf und steckte mir einen Finger in die Möse, als wäre es das Normalste der Welt. »Nicht hier«, sagte ich und versuchte, seine Hand zu entfernen, »Wir sitzen mitten im Raum!«

Unglücklicherweise fing ich schon wieder an zu zucken. »Wenn das so ist«, sagte er, »dann legen wir eben eine Serviette drüber.«

Die Kellnerin schnürte auf uns zu, in jeder Hand einen Teller. Als sie den ersten vor mir abstellte, fiel ihr Blick auf meinen Schoß. Sie hob ihn schnell wieder auf und konzentrierte sich auf einen neutralen Punkt, ungefähr zwischen Pfeffermühle und Blumenvase. »Noch etwas Wein?«, fragte sie mit bröckelnder Stimme. »Nein danke«, presste ich hervor. »Vielleicht später.«

McScreamy ließ seine Hand, wo sie war, und tunkte mehrere Finger in meine warme Höhle. Mir wurde heiß. Die Finger fingen an zu trommeln, und ich spürte, wie Pfützen in mein Höschen liefen. »Lass uns doch erstmal essen«, bettelte ich, obwohl ich prinzipiell ein oder zwei Orgasmen als Vorspeise für eine hübsche Idee halte. Aber das hier war mir zu intim. McScreamy lächelte und ließ seine Finger hüpfen. Als ich kam, biss ich mir auf die Unterlippe, um nicht zu schreien. Ich weiß nicht, was genau er da tat. Aber es war verdammt gut.

McScreamy zog seine Finger aus meiner Hose und leckte sie ab wie jemand, der gerade ein Brathähnchen zerpflückt hat. Dann jagte er die Gabel in den Salat und sagte: »Wie ist das Dressing eigentlich? Gut?«

Mimis Kontrollanruf ließ nicht lange auf sich warten. »Lass mich raten: Wieder nichts. Er hat wahrscheinlich den Schwanz eines Zehnjährigen und will sein kleines Geheimnis mit ins Grab nehmen. So ein Feigling!« Ich blickte auf den Wecker. Sechs Uhr vierunddreißig. Mimi war wirklich unglaublich.

»Noch nicht«, sagte ich und klemmte mir gähnend den Hörer

an die Schulter. »Wir lassen uns eben Zeit. Und hör auf zu lachen.« Ich hielt die Muschel wieder weg. So früh am Morgen halte ich mehr als 40 Dezibel nicht aus. »Moment mal«, sagte Mimi plötzlich. »Das ist ganz klar ein Fall von Julio-Iglesias-Komplex.«

»Was?«

»Der Julio-Iglesias-Komplex«, wiederholte sie. Sie war jetzt so richtig in Fahrt. »Nehmen wir an, sein Vater war so eine Art Super-Stecher. Der Sohn weiß also ganz genau, dass er an seinen Alten nicht rankommt, und hat sich darum eine Nische gesucht, in der er konkurrenzlos wirken kann. Solange er seinen Schwanz unter Verschluss hält, kann ihm keiner was.«

»Ach herrje, der arme Mann«, sagte ich. Das war zumindest meine erste Reaktion. Dann dachte ich: »Ach herrje, ich glückliche Frau.« Da hatte mir das Leben einen Typen vor die Beine gespült, bei dem ich mich zurücklehnen konnte und gar nichts machen musste, außer Besitzerin einer Vagina zu sein. Kein Würgreflex, keine Spermaflecken auf der Bettwäsche, keine scheinheilige Trösterei, wenn der Kerl wieder mal zu früh losgeballert hatte.

»Betrachte es mal so«, sagte Mimi, »McScreamy hat eine rein sozialhygienische Funktion. Er ist nur auf dieser Welt, um Frauen glücklich zu machen! Benutz ihn und lass ihn dann frei.« Damit legte sie auf. Wenigstens war ich jetzt wach.

Zwei Stunden später rief McScreamy an. »Wollen wir heute ins Kino?«, fragte er. Zumindest war er keiner dieser Männer, die Angst vor zu viel Nähe haben. Ich hingegen hatte, was die Nähe betraf, immer noch so meine Zweifel. Nicht, dass ich was dagegen gehabt hätte, im Kino befingert zu werden.

Wir trafen uns vor dem Kino. »Ich habe die Karten schon besorgt«, sagte er und hielt die Tickets hoch. »Sherlock Holmes. Wie ich ein Mann auf der Suche nach dem gewissen Etwas.« Er küsste mich zur Begrüßung auf den Mund, doch in seiner Bewegung war etwas Linkisches. Als wäre er nicht gewohnt zu küssen.

Wahrscheinlich hätte er mir zur Begrüßung lieber die Hand unter den Rock geschoben.

Das Kino war bis auf den letzten Platz besetzt. Unsere Sitze waren in Reihe K, genau in der Mitte des Kinosaals. Offenbar hielt er nichts davon, seiner Suche diskret nachzugehen. »Ich dachte, wir sitzen etwas näher am Rand«, sagte ich. Er sah mich verblüfft an. »Aber wieso denn? Von hier aus hat man den besten Blick.«

Das traf auch auf den Typen neben mir zu. Er blickte ab dem Zeitpunkt nicht mehr auf die Leinwand, als McScreamy seine Hand in meinen Schoß legte und meinen Reißverschluss mit der Geschmeidigkeit eines chinesischen Fabriknähers öffnete. »Nicht hier«, flüsterte ich. »Dem Typen fallen gleich die Augen raus.« McScreamy beugte sich vor, um dem Kerl zuzuzwinkern. »Du zwinkerst ihm zu? Du solltest ihm lieber eine reinhauen! Oder, besser noch, die Hand aus meiner Hose nehmen.« Ich zerrte an seiner Pranke, aber seine Finger hatten sich längst mit meiner Muschi verhakt. Und das hinterhältige Ding machte für ihn auch noch die Tore auf. »Es gibt so etwas wie Männersolidarität«, sagte McScreamy. »Gönn doch dem armen Mann auch ein bisschen Spaß.« Ich konnte mir kaum vorstellen, dass es besonders großen Spaß machte, mit einem Dauerständer im Kino zu sitzen. Und dann stellte ich glücklicherweise fest, dass ich ziemlich leicht kommen konnte, wenn sich Robert Downey jr. und Jude Law überlebensgroß vor mir auf einer Leinwand balgten.

McScreamy und ich gingen vier Wochen miteinander. Für meine Verhältnisse war das verdammt nah dran an einer Beziehung. Natürlich fing ich an, nervös zu werden und gereizt. Irgendwann musste er nur noch husten, um mir unglaublich auf die Nerven zu gehen. Eines Abends schnauzte ich ihn richtig an: »Nun reib schon schneller! So kann kein Mensch kommen!« Er legte sich richtig ins Zeug, der arme Kerl. Aber mein Orgasmus ließ sich nicht mehr blicken.

Am nächsten Tag rief er an. »Ich muss für heute absagen«, sagte er. »Wie es aussieht, habe ich eine Sehnenscheidenentzündung in der Hand.«

Um ein Haar hätte ich »Gott sei Dank!« gerufen. Stattdessen fragte ich: »Mit Verband und allem?« Ich fand es nur fair, ein wenig Mitleid zu zeigen.

»Ich trage eine Schiene«, sagte McScreamy. »Mindestens drei Wochen.«

Ich bin nicht religiös oder so. Trotzdem schickte ich rasch ein kurzes Dankesgebet in den Himmel. Hier war ein Mann, der seinen Marktwert realistisch einschätzte. Und dort lag auf einem Silbertablett die perfekte Ausrede, um die Sache zu beenden. Ich musste nur noch zugreifen.

»Was hast du ihm gesagt?«, fragte Mimi am nächsten Tag beim Lunch. »Was jede vernünftige Frau sagen würde«, antwortete ich. »Dass ich mit einem Rubbel-Invaliden nichts anfangen kann.«

Der Rollenspieler. Oder wie ich einmal zur Actrice wurde, obwohl ich eigentlich nur Sex haben wollte

Sein Name war Tomás Velasquez. Vor Jahren hatte er es bei irgendeiner Corrida zu schier unglaublichem Ruhm gebracht. Seitdem nannten sie ihn den »Helden von Cádiz«, obwohl er nie in Cádiz gekämpft hatte, sondern nur in Puerto de Santa Maria. Es ging die Legende, er habe einen Stier an den Hörnern zu Boden gerungen, aber jetzt, wo er nur in Unterhosen vor mir stand, konnte ich nicht so recht daran glauben, denn er war klein wie ein Hobbit. Sein Körper allerdings war drahtig und muskulös, und langes, schwarzes Haar floss über seine Schultern wie die Wasser des Guadalete. Ich reichte ihm ein Haargummi.

Sein Deutsch war nicht ganz lupenrein, aber von Kontrolle verstand er etwas. Kein Wunder, bei der Vergangenheit. »Du bist ein chheiße Chatze«, fauchte er und knallte mich gegen die Heizung. Er war einer dieser Männer, die einen nur anzuschauen brauchten, um dieses prickelnde Gefühl im Schoß zu erzeugen. Da machte es auch nichts, dass er eine Menge Schwachsinn erzählte.

»Ha!«, rief er, als er meine Handgelenke mit Stücken eines Seidenschals an den Heizkörper fesselte. Den hatte er zuvor mit seinen Zähnen und einem lauten Knurren zerfetzt. Ich wand mich hin und her. Sprechen konnte ich nicht, denn er hatte mich brutal geknebelt. »Schreien die Frauen immer so laut bei mir«, hatte er mir versichert, »ist besser so.« Noch hatte ich keinen Grund zu schreien. Ich bog mich ihm hin, auf dass er endlich einsteigen würde. Gleichzeitig versuchte ich, das verfluchte Tuch aus meinem Mund zu bekommen, um ihm ein paar Anweisungen zuzurufen.

Mit Heldensagen war es doch immer das Gleiche: Nur heiße Luft. Und dieses ewige Gequatsche machte mich ganz nervös. Mit der Zunge schob und saugte ich an dem Tuch, mit dem Körper machte ich zuckende Bewegungen, in der Hoffnung, mich losreißen zu können. Das hatte wenigstens Wirkung. »Haltest du nicht mehr aus, wie?«, fragte er und bleckte seine Zähne.

Doch dann, ganz plötzlich, spießte er mich genau so auf, wie ich es von einem Torero erwartet hatte. »Olé!«, brüllte er, während er sich an meinem Hintern festkrallte. »Bringe ich die Kuh zum Toben, was?«, schnarrte er und begann, mit seiner rauen Zunge über meine Brüste zu fahren. Die Hitze in seinen Lenden sprang auf mich über, als wäre der ganze Mann elektrisch geladen. Und als ich kam, glaubte ich, in der Ferne so etwas wie Applaus zu hören. Publikum, das Tomás Velasquez zujubelte, dem Helden von Cádiz, weil er Paula Lambert nach allen Regeln der Kunst erlegt hatte.

Als auch er fertig war, zog er die langen Haare vom Kopf und hängte sie an den Bettpfosten. Er fuhr sich durch das verschwitzte blonde Haar. »Aber das nächste Mal, mein Lieber«, sagte ich, nachdem er mich von meinen Fesseln befreit hatte, »darf ich die Rolle aussuchen.«

Sein Name war Jesper. Wir gingen jetzt drei Monate miteinander. Angefangen hatte es mit einem Anruf.

Schon bevor ich den Hörer abgenommen hatte, wusste ich, dass es Ärger geben würde. Meine Kehle war trocken, ich musste mich räuspern. »Ja?« Die quietschende Stimme meiner Mutter drängte aus der Muschel. »Ich habe ihn endlich gefunden!«, schnatterte sie los. Ich war noch nicht mal halb wach.

»Wen hast du gefunden?«, fragte ich mit jahrelang trainierter Geduld. Ich war ein Wunder an Selbstbeherrschung. Als hätte ich wirklich nicht den geringsten Schimmer, wovon sie eigentlich sprach.

»Den perfekten Mann für dich«, kreischte sie, »meinen zukünftigen Schwiegersohn!« Es hatte keinen Sinn, sich zu wehren. Es ging schon Jahre so. »Ich brauche keinen Mann, liebe Mutter«, sagte ich mit brodelnder Güte in der Stimme. »Ich komm prima allein zurecht.« Und genau wie immer wischte sie meine Worte zur Seite wie lästige Fliegen. »Papperlapapp! Du kommst am Wochenende nach Hause!« Dann legte sie auf.

Als ich in meinen Volvo stieg, fühlte ich mich so fröhlich, als hätte ich eine Atombombe verschluckt. Als ich fünf Stunden später wieder ausstieg, war die Bombe explodiert.

»Huhu! Schätzchen! Hier sind wir!« Mutter auf dem Kiesweg. Im Hintergrund ein ziemlich kleiner, ziemlich blonder Jüngling. Ich unterdrückte meinen Fluchtimplus, und zwang mich, vorwärts zu gehen. »Tag«, sagte ich müde und umarmte sie. Sie presste mich an ihren riesigen Altweiberbusen. »Gute Fahrt gehabt?«, fragte sie. »Ach, was plappern wir denn so herum? Ich muss dir unbedingt jemanden vorstellen.« Als wäre das hier nicht sowieso die offensichtlichste Verkuppelung der Menschheitsgeschichte. Ihr Atem war vor Aufregung ganz außer Kontrolle geraten. »Das hier ist Jesper. Jesper, das ist meine Paula. Jesper ist der Sohn von Hellmanns, die letztes Jahr nebenan eingezogen sind. Ihr wohnt in der gleichen Stadt und seid euch noch nie begegnet. Das ist doch seltsam, nicht?«

»Wie man's nimmt«, sagte ich. »Die Stadt hat fast vier Millionen Einwohner.« Ich war zu müde für diesen Scheiß. Bestimmt hatte sie wieder ihre Pfirsichtorte gebacken. Sie war fest davon überzeugt, dass einer Pfirsichtorte magische Kräfte innewohnen. Schließlich hatte sich mein Vater wegen ihrer Pfirsichtorte in sie verliebt. Jedes Mal, wenn sie einen dieser Typen anschleppte, kam eine davon auf den Tisch. Sie schmeckten immer gleich grauenvoll. Der Vanillepudding wurde durch den Pfirsichsaft so schmierig, bis es aussah, als hätte jemand beherzt auf den Tortenboden gekotzt. »Ich habe Pfirsichtorte gebacken«, sagte sie prompt und zwinkerte Jesper verschwörerisch zu. »Pfirsichtorte isst meine Paula am liebsten.«

Er benahm sich ordentlich. Sagte Bitte und Danke, erwähnte seine Lebensziele (eigene Wirtschaftskanzlei, Altbauwohnung, zwei Kinder) und sah auch sonst so adrett aus, dass meine Mutter vor lauter Enkelplanung ins Schwitzen geriet. »Nein, wie praktisch«, rief sie ständig, »denkt euch nur, ihr könntet Weihnachten immer zusammen nach Hause kommen! Wo ihr doch in der gleichen Stadt wohnt, meine ich.« Ein hoffnungsloser Fall. Ich ging auf die Toilette und blieb dort so lange, dass Jesper den Eindruck haben musste, ich hätte mit einer schweren Salmonellenvergiftung zu kämpfen.

Ich begleitete ihn nach draußen. »Tut mir leid«, sagte ich und zeigte auf unser Haus. »Dieses ganze Theater... Danke jedenfalls fürs Mitspielen.« Er schüttelte den Kopf. »Mitspielen?«, sagte er. »Ich finde dich sehr interessant.« Beinahe hätte ich gesagt: »Ich dich nicht.« Das hätte mich allerdings der Chance beraubt, eine Entschädigung für das verdorbene Wochenende zu bekommen.

»Ach ja?«

»Ja. Sehr. Wenn wir uns schon kennenlernen, sollten wir auch etwas davon haben, findest du nicht?« Ganz meine Meinung.

Tags darauf befand ich mich auf offener See. Die harten Fasern der Taue schnitten mir ins Fleisch. Er schlich unter mir herum und betrachtete mich aufmerksam. Seine Augen drückten ungefähr so viel Mitgefühl aus wie nasse Steine. Während die anderen beim Tauchen waren, hatten sich der Schiffsjunge und ich ein bisschen vergnügt. Er war ungefähr 26. Seine Haut hatte die Farbe von Mousse au Chocolat. Er war ein Wunder an Selbstkontrolle. Ich diesmal nicht.

Unter dem Kiel hatten wir zehn Faden Wasser. In ein paar Stunden würden wir langsam Richtung Südwesten fahren. Wenn ich in das tiefe Grün des Meeres blickte, konnte ich den hellen Sand am Boden erkennen. Gelegentlich glitt ein dunkler Schatten am Bootsrumpf vorbei. Ich begann mich zu fragen, was er vorhatte. Warum er nicht einfach in die Seile stieg und mich ein bisschen vögelte.

Kaum hatte ich den Gedanken zu Ende gebracht, kletterte er zu mir hoch. Er löste die Knoten meines Bikinis, ließ ihn aufs Deck fallen und vergrub seinen Kopf in meinem Dreieck. Nach wenigen Augenblicken fing ich heftig an zu zucken. Das Schiff begann bedenklich zu schaukeln, als wären wir unversehens in einen Sturm geraten. Als er wieder hoch kam, fiel mir auf, dass ich seinen Namen nicht kannte. Ich hatte ihn von Anfang an Fletcher genannt, weil ich schon nach dem ersten Augenkontakt das Bedürfnis hatte, mit ihm zu meutern und auf einer einsamen Insel Sex zu haben, bis die Kokosnüsse vor meinen Augen verschwimmen würden.

Fletcher drückte mit einer energischen Handbewegung mein rechtes Knie zur Seite und schob seinen Schwanz in mich hinein. Ich spürte das Pulsen seines Blutes, während er sich langsam zu bewegen begann. Über meine Brüste rannen Schweißbäche. Wenn unsere Oberkörper aufeinandertrafen, machten sie schmatzende Geräusche.

Schließlich löste er die Taue und ließ mich aufs Deck gleiten. Ich sank unverzüglich auf die Knie, damit er mich von hinten nehmen konnte. Er tastete mich mit seinen schwieligen Händen ab, bevor er sich wieder in mich versenkte. Sein Druck war so stark, dass die Planken vor meinen Augen tanzten. Kurz bevor ich kam, dachte ich noch, dass »Deck schrubben« für mich eine ganz neue Bedeutung gewonnen hatte.

Er ließ sich neben mich aufs Bett fallen und wischte sich die Matrosenmütze vom Kopf. »Wieso stehst du eigentlich so auf Rollenspiele?«, fragte ich. »Einfach so Sex zu haben, hat auch was, glaub mir.«

»Mutterkomplex«, sagte Mimi fachmännisch, als ich sie am Abend auf einen Drink traf. »Ist ganz logisch. Er wünscht sich, jemand anderes zu sein, kann aber nicht, weil das die Erwartungen seiner Mama enttäuschen würde. Also macht er brav einen auf Anwalt, und kaum hat er Freigang, kommt alles raus, was er in Wahrheit gerne gemacht hätte.«

»Prima«, sagte ich. »Dann bin ich ja gespannt, was da noch alles kommt. Wahrscheinlich schickt er mich demnächst joggen, damit er mir auflauern kann.« Ich machte natürlich nur einen Witz.

Am übernächsten Tag um Viertel vor sieben erreichte ich den Waldrand. Die Sonne hing noch hinter den Bäumen, aber die Vögel schnatterten schon, als sei Frühlingsanfang und nicht Spätsommer. Bis auf meinen Wagen war der Parkplatz leer, nur ganz hinten lehnte an einem Baumstumpf schief ein Fahrrad. Mit federnden Schritten spazierte ich den kleinen Weg hinunter, der zum Bachlauf führte und dann zum Trimmdichpfad. Ich war seit Jahren nicht mehr hier gewesen, aber die Luft roch noch genauso frisch wie damals. Von den feuchten Nadeln stieg Moschusduft hoch. Ich fühlte mich seltsam beschwingt. Die Bewegung würde mir guttun. Ich ließ mich in einen langsamen Trab fallen und versuchte, nicht über die Baumwurzeln zu stolpern.

Das Gluckern des Baches wurde lauter. Plötzlich hörte ich ein Keuchen. Schritte, die schnell näherkamen. Ich drehte mich um und versuchte, nicht nervös zu wirken. Doch hinter mir war niemand. Schließlich bog der Weg auf den Trimmdichpfad ein. Der Pfad wirkte, als sei er lange nicht betreten worden. Nur an wenigen Stellen war das Laub aufgewühlt. Die Spuren waren frisch. Ich machte mich an die erste Station, und vollführte ein paar erbärmliche Liegestützen auf einem schräg abfallenden Holzgestell.

Das Rascheln des Laubes ließ mich hochfahren. Leichte Schritte kamen den Pfad hinauf. Erst konnte ich ihn nicht sehen, dann erkannte ich undeutlich die Umrisse eines Mannes. Er kam den Weg hoch geschlichen, steif, als wäre jeder Muskel seines Körpers angespannt. Als er an mir vorbeigegangen war, drehte er sich kurz zu mir und machte eine auffordernde Bewegung mit dem Kopf, so knapp, dass ich sie beinahe übersehen hätte. Ich richtete mich auf und folgte ihm. Er verschwand hinter einer Biegung. Als ich um die Ecke kam, stand er nackt an einen Baum gelehnt. Keine Ahnung, wie er es so schnell aus den Klamotten geschafft hatte.

Ich strich über seine Brust. Sein Hintern war sportlich, rund und fest. Er riss mich so heftig an sich, dass ich mich kaum mehr wehren konnte. »Schneller«, rief er, »mach schnell! Ja, so ist es gut!« Und Peng! war er fertig. Schneller als Turboman sprang er in seine Kleider und jagte davon, als sei der Teufel hinter ihm her. Vielleicht, dachte ich, war er das ja wirklich.

Ein paar Tage später fuhren wir nachts mit dem Taxi vom Restaurant nach Hause. »Lass uns etwas Schmutziges tun«, raunte mir Jesper ins Ohr. »Wir spielen, dass du eine Prostituierte bist. Ich nehme dich mit nach Hause. Aber ich habe dich schon bezahlt. Was tust du?« Ich dachte nach. Wenn meine Mutter wüsste, wen sie mir da besorgt hatte, würde sie ihm die Pfirsichschnitze einzeln wieder rausschneiden. Die Vorstellung brachte mich zum Lachen. »Lass mich nur machen«, raunte ich zurück.

Der Wagen rollte auf eine rote Ampel zu. Unser Taxifahrer

wurde nervös. Mithilfe des Rückspiegels glotzte er mir durch seine dicken Brillengläser in den Ausschnitt, als hätte er so was noch nie gesehen. Dann sprang die Ampel auf Grün, und er musste auf die Straße achten. Nur hin und wieder sah ich seine Augäpfel hektisch hin und her huschen, wie zwei Fische in einem zu kleinen Glas. Ich betrachtete seinen Hinterkopf und sein stumpfes, braunes Haar. Er war keiner dieser Typen, die nie eine abbekommen, schätzte ich, aber er dürfte so seine Schwierigkeiten dabei haben. Wäre er eine dieser traurigen Gestalten gewesen, die ganz bestimmt nie zum Zug kommen, hätte ich meine Finger aus Jespers Hose gelassen, aber so zuckte ich nur kurz mit den Schultern, bevor ich mich hinunterbeugte und aus dem Blickfeld des Fahrers verschwand. Jesper keuchte überrascht auf, als meine Lippen seinen Schwanz umschlossen. Ich schraubte meine Hand um sein Glied und lutschte ihn mit kleinen, festen Bewegungen. Vorne fummelte der Fahrer nervös am Radio herum. Erst hatte er Klassik-Radio eingestellt, jetzt suchte er offenbar nach etwas Härterem, irgendetwas, das man lautstellen konnte. Ziemlich schnell kam Jesper in salzigen Wellen in meinen Mund. Mein Schlucken war deutlicher zu hören, als ich es vorgehabt hatte.

Als ich wieder hochkam, glitzerten kleine Perlen auf der Stirn des Fahrers. Ich setzte mich so, dass er sehen konnte, wie ich meine Beine spreizte. Wenn er den Spiegel nur ein wenig drehte, würde er einen ungestörten Blick auf meine Muschi haben. Natürlich justierte er ihn unverzüglich und versuchte, es beiläufig wirken zu lassen. Jesper ließ seinen Mittelfinger in mich reinrutschen und bearbeitete mit dem Daumen meinen Kitzler. Mit den Händen war er unheimlich geschickt, das musste ich zugeben. Als ich kam, suchte ich Blickkontakt mit dem Fahrer – nur für den Fall, dass er noch nie einer Frau beim Orgasmus in die Augen geblickt hatte.

Als wir ausgestiegen waren, konnte ich sehen, wie der Wagen in einer Seitenstraße verschwand. Er machte gewiss eine Pause. Und wahrscheinlich nicht, um eine zu rauchen. Wir gingen hoch in meine Wohnung. Von der Joggerei am Morgen taten mir immer noch sämtliche Knochen weh.

Es war nicht so, dass mir die Sache keinen Spaß machte. Ich fand es lustig und aufregend, aber so ganz allmählich fing die Schauspielerei an, mich zu überfordern. Ich hatte keine Lust, mir ständig neue Plots auszudenken, zumal Jesper und ich uns ansonsten wenig zu sagen hatten. Fuckbuddies haben eine natürlich begrenzte Lebensdauer. Es war an der Zeit, meiner Mutter Gelegenheit für die nächste Pfirsichtorte zu geben. Außerdem fühlte ich mich fiebrig. Mir war ein wenig übel. »Bitte geh jetzt«, sagte ich zu Jesper, »ich glaube, ich werde krank.«

»Du siehst auch ganz schön blass aus«, sagte er. »Ich ruf dich an.« Nachdem er die Tür zugezogen hatte, wartete ich eine Weile, ob er wiederkommen würde, diesmal im Kostüm eines Notarztes. Zum Glück blieb alles ruhig. Ich machte mir noch einen Tee und fiel in unruhigen Schlaf.

Als ich aufwachte, befand ich mich nicht mehr in meinem Zimmer. Ich war in der Villa meines Liebhabers. Ich war hier schon einmal gewesen. Die Bediensteten hatten gerade erst die Hussen von den Möbeln genommen. Die Staubkörnchen tanzten durch die Sonnenstrahlen, die durch halb geöffnete Fenster fielen. Ich atmete tief ein. Ihr billiges Moderatorinnenparfüm hing noch in der Luft. Penetrant war sie, diese Elisabetta Canalis, das musste man ihr lassen. George hatte völlig Recht, die Tussi rauszuschmeißen. Ein Klassemann wie er brauchte eine Klassefrau.

In diesem Moment spürte ich seine Hand auf meiner Schulter. »Nespresso?«, flüsterte er. »What else«, hauchte ich zurück. Während George in der Küche hantierte, zog ich mich aus und ging durch den Salon nach draußen in den Garten. Dort stand eine Handvoll Musiker neben dem künstlichen Wasserfall. Die Sängerin hauchte »Blue Eyes« ins Mikro, und die Band schien am Einschlafen zu sein.

Georges Schritte knirschten auf dem Kies. Er sah drahtig aus. Kein Wunder. Er hatte mit Brad und Matt um das schönste Sixpack gewettet. Zum Glück hatten Brad und Matt wegen der Kinder kaum noch Zeit zum Trainieren. Wir schon.

An Kaffeetrinken war natürlich nicht zu denken. George war kein Mann, der Dinge gerne hinauszögerte. Er stand aufgerichtet wie ein Baukran vor mir. Die Band im Hintergrund dudelte ungerührt weiter. Nur die Sängerin schien zeitweise ihren Text vergessen zu haben.

Er bog mich vor sich hin, bis ich zusammenknickt dastand wie Spielkarten in einem Kartenhaus. Mir stieg das Blut in den Kopf. Die Musik dröhnte in meinen Ohren. Immer noch war ich überrascht von Clooneys Größe und Ausdauer. Wir kamen gleichzeitig. Erschöpft kroch ich zum Pool, um mir etwas Abkühlung zu verschaffen.

Ich ließ mich ins Wasser hinab, aber da war George schon wieder, bretthart, bereit, mich in den siebten Himmel zu schicken. Das Wasser gluckste hektisch in der Ablaufrinne, während George mich gegen das Blau der Kacheln stieß. Meine Brüste schaukelten auf den Wellen, mein Haar hing nass und strähnig in meinen geöffneten Mund. »Oh, George«, seufzte ich. »You truly are the greatest of all time.« Ich konnte deutlich spüren, wie mich die Wogen der Lust zu verschlingen drohten.

Und dann, kurz vor dem Höhepunkt, spürte ich leichte Schläge im Gesicht. Jemand kniff mich in den Arm.

Ich schlug die Augen auf. George war verschwunden.

»Hast du Fieber?«, fragte Mimi. »Lieber Himmel, du glühst ja.«

Ich schniefte. Meine Nase fühlte sich an wie ein Boxhandschuh. »Das kommt von der verfluchten Joggerei«, sagte ich. »Morgens um sieben nackt im Wald, kein Wunder, dass ich da krank werde.«

»Irgendetwas sagte mir, dass ich nicht wissen will, was du morgens um sieben nackt im Wald tust.«

»Jesper«, sagte ich. Mimi sagte: »Du musst diesen Typen loswerden. Das ist doch bescheuert.« Ich konnte ihr nur zustimmen. »Aber einfach so Schluss machen, ist zu langweilig. Ich muss ein Zeichen setzen, das er sofort kapiert.«

Wir überlegten eine Weile. Schließlich klatschte Mimi in die Hände. »Oh, ich weiß! Wie heißen noch mal diese Typen, die bei kleinen jüdischen Jungs die Vorhaut abschneiden?«

»Mohel«, sagte ich. »Guck mich nicht so an, ich bin selber überrascht, dass ich das weiß.«

»Wie auch immer«, sagte Mimi. »Genau so ein Outfit besorgen wir dir.« Wenn er dieses Zeichen nicht verstehen würde, wusste ich auch nicht.

Zwei Tage darauf ging es mir wieder prima. Ich öffnete die Tür in voller Montur. »Gesegnet, der da kommt!«, sagte ich zu Jesper. Er lächelte erfreut. Jedenfalls so lange, bis er das Beschneidungsmesser in meiner Hand sah. Ich fand die aufkeimende Panik in seinen Augen wirklich hübsch und sagte: »Gelobt seist du, Ewiger, unser Gott, König der Welt, der uns geheiligt durch deine Gebote und uns die Beschneidung befohlen.«

Als er aus dem Haus gerannt kam und auf die andere Straßenseite flüchtete, rief ich ihm noch hinterher: »Ich hab's versucht, okay? Aber meine Muschi mag dich einfach nicht ganz so sehr wie meine Mutter!« Der Nachbar von unten sah zu mir hoch und streckte den Daumen. »Wieder einer weg, was, Paula?«

Ich winkte ihm zu. »Was muss, das muss.« Dann schloss ich das Fenster.

Der Elektriker. Oder wie ich einmal vernetzt wurde, obwohl ich eigentlich nur Sex haben wollte

Ich dachte an James Bond, die ganze Zeit dachte ich an James Bond. Wir schoben eine Nummer und benahmen uns gleichzeitig wie Agenten im Auftrag Ihrer Majestät: Keine Namen. Rein. Zügige Abwicklung. Raus. Plötzlich riss das Kondom. Ich schwamm in Samen – er musste sich das Zeug für eine spezielle Gelegenheit aufgehoben haben. Und als ich am nächsten Tag durch die Stadt hetzte, stellte ich fest, dass die *Pille danach* überall ausverkauft war. Ohne Zweifel die mieseste Partie *Reise nach Jerusalem,* die ich je gespielt hatte.

Wochen später saß ich mit Mimi beim Lunch. Draußen regnete es wieder, genau wie jeden Tag der vergangenen Woche. Ich war kurz davor, Algen anzusetzen. »Es ist meine eigene Schuld, dass ich alleine bin«, sagte ich zu Mimi. »Meine engste Beziehung ist die zu meinem iPhone. Gott sei Dank kann das Ding vibrieren.«

Mimi legte den Kopf schief. Sie sieht mir an, wenn ich zu lange keinen Sex gehabt habe. Sie sagte: »Ich nehme an, ich sollte in deiner Wohnung nichts mehr anfassen, was auch nur annähernd geformt ist wie ein Phallus. Wie lange ist es her?«

»39 Tage«, sagte ich zu ihr. »Ich habe seit 39 Tagen keine vaginale Penetration durch einen Penis mehr erlebt. Ich bin ziemlich sicher, dass ich wieder zugewachsen bin.« Mimi fiel fast die Gabel aus der Hand. »39 Tage! Ist dir klar, dass deine Muschi, wenn sie eine Person wäre, demnächst offiziell für tot erklärt werden könnte?« Sie legte die Gabel auf den Teller und sah mich auf diese besorgte Art an, die ich nicht leiden kann.

»Was soll ich machen?«, sagte ich. »Ich musste die ganze Zeit arbeiten. Und außerdem ist der Herbst grundsätzlich eine miese Zeit zum Aufreißen.« Das war er wirklich. Sobald der Wind anfing, an den Baumkronen zu rütteln, machten sich die Männer auf die Suche nach festen Beziehungen, damit sie an Weihnachten sagen konnten: Mami, ich würde ja gern bleiben, aber meine Neue hat Karten für die Oper, und du weißt ja, wie Frauen sind.

Vielleicht liegt es auch an mir. Jedes Jahr im Herbst mache ich eine Trockenzeit durch. Vielleicht hat mein Körper ein eingebautes Zölibatsprogramm, das aktiv wird, sobald die Außentemperatur unter zwölf Grad sinkt. Vor ein paar Jahren hatte Mimi schon im Voraus eine Annonce für mich aufgegeben: *Gefühlvolle Sie mit christlichem Hintergrund sucht ehrlichen Ihn für ein gottgefälliges Leben zu zweit mit allem, was dazu gehört.* Mimis Mutter sammelt mit großer Leidenschaft Scherzartikel. Wenn man in so einem Umfeld aufwächst, entwickelt man einfach eine andere Art von Humor. Das wirklich Erschütternde aber war, dass ich säckeweise Zuschriften bekam. Ohne Foto natürlich, Eitelkeit gehört schließlich zu den Todsünden.

»Facebook«, sagte Mimi plötzlich.

»Was?«, sagte ich.

»Du solltest dein Facebook-Account nutzen, um Männer aufzureißen. Social Networks funktionieren wie Penis-Discounter.«

»Ich benutze Facebook nicht«, sagte ich. »Ich habe ein echtes Leben.«

»Wofür habe ich dir dann das Konto eingerichtet?« Mimi schlug mit der Hand auf den Tisch, dass das Brot aus dem Körbchen sprang. »Und wie verwaltest du bloß deine ganzen One Night Stands?« Manchmal frage ich mich, wie Mimi ihre Beischlafstatistik auf einen dreistelligen Bereich hochtreiben konnte. Sie kapiert nicht, dass One Night Stand bedeutet, dass der Typ genau eine Nacht lang eine Rolle spielt, und nicht jedes Mal, wenn im Fernsehen nichts läuft.

»Schätzchen, wenn sie fertig sind, bin ich fertig mit ihnen«, klärte ich Mimi auf. »Andernfalls würde ich es Beziehung nennen. Ich bin keine dieser Retrosexuellen, die ihr Leben damit zubringen, irgendeinem Jakob oder Peter nachzutrauern. Es gibt immer einen Grund, warum man mit jemandem nicht mehr zusammen ist oder nie zusammen war. Ich vertraue da meinen Instinkten.«

Trotzdem sah ich zu Hause nach, wie es meinem Facebook-Account ging. Der Herbst war schließlich noch lang. Ich hatte 32 Freundschaftsanfragen. Vor allem von Männern, die ich gar nicht kannte, die aber *Freunde* von *Freunden* meiner Handvoll Facebook-Kontakte waren. Ich klickte ein paar Bilder an und ging los, um großzügig einzukaufen. Penis-Discounter? Genau meine Marke. Freundschaftsanfrage bestätigen? Aber klar doch. Der auch? Na sicher.

Bei einem Typen blieb ich hängen. Auf dem Foto hatte er so schwarzes Haar, dass es fast blau wirkte. Er hatte ein gutes Gesicht, die Art Visage, die man auf den Packungen von Haarfärbemitteln erwartet – gerade, gewöhnlich, nichts, woran man allzu lange zurückdenken würde. Selbst sein Name war irgendwie senkrecht: Stefan.

Einen Tag später hatten Stefan und ich die Art Intimität erreicht, für die andere Leute drei Kinobesuche und zwei Verabredungen zum Abendessen brauchen.

»Hey«, schrieb er in das Chatfenster der Facebook-Seite. »Ich musste gerade an dich denken.«

»Verrückt«, schrieb ich zurück, während ich nebenher meine Steuerunterlagen sortierte, »ich auch!«

»Hatte ich noch nie, dass ich auf eine Frau scharf war, die ich gar nicht kenne.«

»Nee«, tippte ich. »Ich auch nicht. Noch nie so einen Mann, meine ich.« Ich holte mir ein Glas Wein und machte es mir gemütlich. Zwei Gläser später lagen wir uns in den Armen.

»Ich würde dich gern küssen«, erschien auf meinem Bildschirm. »Ach was, ich tu's einfach. Meine Lippen berühren deine, und dann küsse ich mich ganz langsam an deinem Hals herunter.«

»Schön«, schrieb ich zurück.

»Und dann streichele ich dich. Was hast du an?«

Ich sah an mir herunter. Jogginghose, T-Shirt, Chipskrümel. Auf meinem Schoß lag ein Haufen Quittungen. »Nichts«, schrieb ich.

»GROSSARTIG«, kam es zurück. »Ich lasse meine Hände über deinen Oberkörper streifen wie zwei Panther. Sie sind auf der Jagd.«

Ich stutzte. Zwei Panther auf der Jagd? Na ja, egal. 40 Tage trocken. Es musste schnell etwas passieren. »Weiter«, schrieb ich. Ob ich die Restaurantquittungen mit Mimi komplett absetzen konnte? Zwei Mal Salat und acht Gimlets, das klang nicht gerade nach einem Geschäftstermin. Andererseits nahmen die meisten Werber, die ich kannte, ihre Nahrung hauptsächlich in flüssiger Form zu sich.

»Sie finden deine Nippel. Sie streicheln sie. Mein Mund nähert sich, um deine Brüste zwischen die Lippen zu nehmen. Meine eine Hand wandert zwischen deine Beine. Wo ist deine Hand?«

»Zwischen deinen Beinen«, tippte ich mit einem Finger und fächerte einen Stapel Benzinrechnungen auf. Schockierend, wie viele Kilometer ich im letzten Jahr hinter mir gelassen hatte.

»Da liegt sie gut«, schrieb Stefan. »Deine Hand umspannt meinen Schwanz. Er ist hart und dick. Ich taste mich in dich vor. Du bist schon ganz feucht. Spürst du mich?«

»Ja«, bestätigte ich, griff zu hastig nach dem Glas und kleckerte Wein auf meine Jogginghose. Mitten auf meinem Schritt wuchs ein dunkler Fleck. »Ich bin wirklich sehr feucht.«

»Ich berühre dich mit meiner Hand. Du windest dich. Ich weiß, wie ich dich in den Wahnsinn treiben kann.« Jede Wette, dass es das Finanzamt besser wusste. Wohin mit Apothekenquittungen? Und mit den Rechnungen vom Steuerberater selbst?

»Mein Schwanz will zu dir«, erschien auf meinem Bildschirm. »Ich drücke ihn dir an die Klitoris. Streichele mit meiner Eichel darüber. Deine Hüften heben und senken sich in Ekstase. Du bettelst, dass ich in dich eindringe. Du zuckst wie verrückt. Ich glaube, du bist bald fertig.«

»Ja«, tippte ich und sah mich um. Meine Quittungsstapel sahen schon relativ geordnet aus. Jetzt musste ich nur noch eine Liste meiner laufenden Versicherungen anlegen. »Ich bin fast soweit!«

»Mein Schwanz dringt jetzt in dich ein. Ich durchpflüge deine weichen Furchen. Dein Körper öffnet sich mir, und du bewegst dich so stark, dass ich dich zügeln muss. Ich greife in dein Haar und biege deinen Kopf nach hinten. So stoße ich in dich. Wieder und wieder. Ich bin der Mann für dich. Ich bin stärker und männlicher als King Kong.« Mein virtueller Cyrano legte sich ja richtig ins Zeug. Ich lochte meine Quittungen und heftete sie ab. Jetzt hatte ich endlich wieder beide Hände frei.

»Das bist du«, hackte ich in die Tasten. »Oh Gott, ja, ich glaube, ich komme jetzt!«

»Ich auch! Ich ergieße mich in dich. Mein Samen flutet deine Vagina.«

»Schleusen auf«, schrieb ich und schaltete den Fernseher an. Von Stefans Seite kam eine Weile nichts.

Zwei Minuten später. »Da bin ich wieder. Wow, das war großartig!«

»Absolut«, schrieb ich. »Wir sollten uns mal in echt treffen.«

Zwei Tage später saß ich mit Mimi bei der Maniküre. Eine junge Vietnamesin machte sich an meinen Nägeln zu schaffen. Im Licht einer Neonröhre rieselte Puder von meinen Fingernägeln auf das Handtuch darunter. Ich war nervös. Immer wieder sah ich aus dem Schaufenster auf die Straße und folgte den vorbeihastenden Männern mit meinen Blicken.

»Erwartest du wen Bestimmtes?« Mimi, die mich mit einer zusammengerollten Zeitschrift in die Seite knuffte. Ich schreckte hoch. »Nee. Bloß, dass er hier in der Nähe wohnt«, sagte ich. »Vielleicht läuft er ja durch Zufall vorbei.« Horngeruch lag in der Luft. Es duftete wie beim Hufschmied. Am Nebentisch ließ sich eine Blondine Plastikkrallen auf ihre abgekauten Nägel schweißen.

Mimi blies sich den Nagellack auf ihren Fingern trocken. »Du hast doch keine Ahnung, wie der aussieht. Wenn man von dem Foto ausgeht – das könnte sonst wer sein.«

»Ich habe vorgearbeitet«, sagte ich. »Hab einfach seine Adresse bei Googlemaps eingegeben und die virtuelle Tour bis zu mir nach Hause gemacht. Wenn ich dann nachts aus seinem Bett klettere, weiß ich längst, wie ich am schnellsten zu meiner Wohnung komme!« Mimi runzelte die Stirn und rollte ihre Zeitschrift wieder auf. Manchmal kann sie meine Genialität einfach nicht richtig würdigen. Ich schwieg und sah der Frau beim Feilen zu.

Mein Handy piepste.

»Kannst du mal nachsehen?« Ich zeigte entschuldigend auf meine Hände. »Ist bestimmt von ihm.« Mimi seufzte und griff sich mein Telefon. »Macht ihr eigentlich auch noch was anderes?«, fragte sie. »Du stehst doch sonst gar nicht auf diesen Internet-Quark.«

»Ich nicht, aber er«, sagte ich. »Und wenn ich ihn über Kurznachrichten ins Bett kriege, soll's mir recht sein. Jetzt lies schon endlich!«

Sie hackte auf dem Display herum. »So. Da steht: Ich kann nicht aufhören, an dich zu denken. Mein Schwanz ist schon wieder zum Bersten geschwollen.« Sie blickte auf. »Schon wieder? Hat der Typ keine Arbeit?«

»Doch, doch«, sagte ich und hoffte, dass die Frau an meinen Nägeln entweder nicht zuhörte oder kein Deutsch verstand. Ihre Miene hatte sich keinen Deut verändert. »Irgendwas mit Medien. Von daheim. Im Grunde kann er die Hosen runterlassen, wann er will. Schreib ihm irgendwas zurück.«

»Ich? Was soll ich denn schreiben?« Sie überlegte. »Dass du bereit bist, aufzuspringen und in zehn Minuten da sein kannst?«

»Nee«, sagte ich. »Viel zu viel. Außerdem scheint er irgendwie schüchtern zu sein. Er sagt, er will mich erstmal ein bisschen kennenlernen. Schreib erstmal was über meinen...« Ich hatte die letzten Tage so viel Sex-Chat betrieben, mir fiel nichts mehr ein.

Mimi sagte: »Bekleidungszustand?«

»Genau.« Eine Frau in Klamotten hat immer die Verhandlungsgewalt.

»Meine Bluse ist sehr weit aufgeknöpft«, tippte Mimi. Wir warteten. Die Kosmetikerin schob mit einem Stäbchen meine Nagelhaut zurück. Ping! »Wie weit?«, las Mimi vor. Sie beugte sich vor. »Großer Gott! Muss ich dich jetzt etwa Stück für Stück ausziehen?«

»Entspann dich. Reiß mir doch einfach die Klamotten runter.«

»Alles klar.« Sie tippte und las vor: »Hoppla! Jetzt hat mir ein Sturm doch glatt die Kleider weggeweht!«

»Bist du wahnsinnig?« Wären meine Finger nicht voller Nagelhautentferner gewesen, hätte ich Mimi am liebsten das Telefon aus der Hand gerissen. »Schreib gefälligst was Vernünftiges!

Ich will nicht, dass er denkt, ich wäre völlig geisteskrank!« Wir warteten. Ping!

Mimi hielt mir das Display hin: »Eine erfreuliche Entwicklung«, stand dort. »Ich packe dich an deinem prächtigen Arsch und setze dich auf den Schreibtisch. Mein Schwanz teilt deine Beine wie Moses das Rote Meer. Dein feuchtes Loch erwartet mich sehnsüchtig.« Sie ließ das Telefon sinken. »Ich will ja nicht meckern«, sagte sie. »Aber was soll dieser Schwachsinn mit Moses? Und woher will er wissen, dass du einen prächtigen Arsch hast?«

»Intuition, nehme ich an.« Die Kosmetikerin zerrte an meinen Fingern und fing an, mit groben Bewegungen über die Nägel zu rubbeln. »Heute bitte keinen Lack«, sagte ich zu ihr, »ich hab es ein bisschen eilig.« Sie sah mich mit größtmöglicher Gleichgültigkeit an und fuhr fort, mich auf Hochglanz zu polieren. Mimi tippte die Antwort in mein Telefon. Ich hatte Angst zu fragen, was. »Versau es nicht«, bettelte ich. »Wir treffen uns heute Abend zum ersten Mal. Es wird schon schlimm genug.«

Ich hatte tatsächlich das erste Mal seit Jahren wieder so etwas wie Lampenfieber. Es war Ewigkeiten her, seit ich einen echten Schwanz gesehen hatte. Häufig versuchte ich mir vorzustellen, wie der von Stefan aussehen würde. Aber immer, wenn ich ihm in meiner Fantasie die Hosen herunterzog, kam nur ein Multifunktions-Duschkopf zum Vorschein. Übrigens genau der gleiche, wie ich ihn zu Hause hatte. »Der Duschkopf verwöhnt Sie mit 5 verschiedenen Strahlfunktionen – Vom sanften Perlen bis zur kräftigen Massage« hatte in der Anleitung gestanden, und Junge, Junge, der Massagestrahl hatte es wirklich in sich.

Mein Telefon piepste erneut. »Und?« Ich versuchte, aufs Display zu schielen.

»Nix da«, sagte Mimi. »Das hier ist was für große Mädchen.« Sie las. »Ach, du Kacke«, sagte sie dann. »Hast du noch Gleitcreme zu Hause?«

»Was zur Hölle hast du geschrieben?«

»Freu dich«, sagte sie nur, »das Vorspiel kannst du dir jedenfalls sparen.«

Wir waren für 20 Uhr verabredet. Ich stand an der Tucholsky-, Ecke Auguststraße und wartete. Der Regen fiel immer noch in öder Regelmäßigkeit, als hätte sich der Himmel vorgenommen, mich in eine Depression zu stürzen. Das Wasser sammelte sich vor meinen Schuhspitzen und bildete kleine Strudel.

Ich hörte Schritte näher kommen. »Du bist aber pünktlich.« Seine Stimmbänder spielten einen Bass, der mühelos eine Sirene zum Vibrieren bringen würde. Die Schallwellen schlüpften in mein Ohr und versuchten von da aus, mir das Höschen runterzureißen. Ich sah auf. Er wirkte anders, als ich ihn mir vorgestellt hatte. Seine Haare waren nicht halb so dunkel und seine Augen waren nicht braun, sondern von einem beunruhigend dunklen Grün. Ich sagte: »Ich habe mir dich ganz anders vorgestellt.« Er lächelte, helle Zähne, dunkles Zahnfleisch. »Ich mir dich nicht. Obwohl ich sagen muss, dass ich angenehm überrascht bin. Sehr blond bist du ja nicht. Auf deinem Foto konnte man das aber auch schwer erkennen.«

Ich war verwirrt. »Blond? Ich war noch nie blond.« Er lachte verlegen. »Na ja, so meinte ich das auch nicht. Deine Haarfarbe ist toll. Sollen wir reingehen? Das Wetter ist furchtbar, nicht?« Ich nickte. Gerade als wir durch die Tür gehen wollten, drängte sich von hinten eine Frau zwischen uns. »Entschuldige«, sagte sie, »bist du nicht David?« Der Typ sagte: »Ja, wieso?« Ich kapierte gar nichts mehr. David? Blond?

Die Frau griff siegessicher zu. »Das ist dann wohl meiner.« Der Herbst und Single-Frauen – Darwinismus pur. »Das glaube ich kaum«, sagte ich und packte den Mann am Arm. »Ich war zuerst hier.« Wir kämpften eine Weile wortlos. Jede zog verbissen an einem Arm. So ziemlich jeder Gast hatte sich inzwischen zu uns gedreht. »Äh, Moment mal die Damen«, sagte der Kerl. »Welche von euch ist denn nun Silke?«

»Silke?« Ich ließ seinen Arm los, als hätte ich in einen Haufen Quallen gegriffen. »Wovon redest du da? Ich bin Paula, und du bist Stefan, so schwer ist es doch nun wirklich nicht!«

»Ich bin Silke«, sagte die Blondine triumphierend, »und das hier ist David.« Sie hielt ihn unerbittlich fest wie ein Superschnäppchen im Schlussverkauf. Der Typ beugte sich milde lächelnd zu mir herunter. »Blind Date«, sagte er entschuldigend. »Kann schon mal passieren.«

»Tja«, sagte ich, »kann es wohl.« Wie ein Hund, der vor die Tür geschickt wird, trollte ich mich wieder in den Regen. Im Dunkel des nächsten Hauseingangs wartete ich zehn Minuten. Fünfzehn. Siebzehn. Dann hatte ich die Schnauze voll. Ich sah auf das Display meines Telefons. Eine neue Nachricht. »Sorry«, stand da, »mir ist was dazwischengekommen. Aber ich bin sicher, du siehst atemberaubend aus. Ich mach's wieder gut!« 40 Minuten später saß ich mit Mimi an der Bar.

»Jetzt muss ich mich schon von den Blind Dates anderer Leute abservieren lassen«, jammerte ich. »Dieser Herbst wächst sich allmählich zu einer echten Dürrekatastrophe aus.«

»Ich kann es nicht fassen, dass dieser Typ dich einfach so versetzt«, sagte Mimi. »Weißt du, was ich glaube?«

»Was?«

»Dass er einer dieser neumodischen Computerspinner ist, die nur bumsen können, wenn sie ein Laptop in der Hand halten. Sobald sie in der Realität ranmüssen, kriegen sie keinen mehr hoch.«

»Quatsch«, sagte ich. »Dafür klang er viel zu, na ja, echt.«

»Mal sehen«, sagte Mimi. »Er hat dich auf Facebook kontaktet, nicht? Und auf Xing auch? Linked-In? Stayfriends? Small World?« Ich nickte. Einmal, zweimal, fünfmal. Mimi nickte wissend. »Online-Männchen. Im Chat sind sie ganz groß, aber sobald sie eine Muschi in echt bedienen sollen…« Sie machte mit den Händen ein einstürzendes Hochhaus nach. »Wenn du Pech hast, seufzt er beim Vögeln deinen Twitter-Namen.«

»Ich bin nicht bei Twitter«, sagte ich.

»Trotzdem«, sagte Mimi, »du verstehst schon, was ich meine.«

Mir blieben zwei Möglichkeiten: Entweder ich zwang ihn, mich zu treffen. Oder ich suchte mir einen Neuen. Ich sah nach draußen. An der Fensterscheibe unserer Bar seilte sich das Wasser in dicken Strängen ab. Ich sah auf mein Handy. Schon wieder eine Nachricht. »Hey, Babe, ich hoffe, du bist nicht böse. Sollen wir nachher ein bisschen spielen?« Nichts, worauf sich zu antworten lohnte. Ich trank zu viel und ging später an die Bar, um den Barkeeper zu bestellen. Es war wirklich Zeit, wieder flachgelegt zu werden.

In der Nacht träumte ich von Stefan. Hastiges Atmen auf dem Weg zu seiner Wohnung. Mimi, die an mir hing: »Tu es nicht! Wir finden einen Besseren! Nimm meinen Bruder!« Selbst im Traum kam mir der Gedanke lächerlich vor. Der Penis von Mimis Bruder war wie sein rotes Haar – erstaunlich, aber vollkommen nutzlos. »Ich kann nichts dafür«, sagte ich. »Ich habe einen Soft Spot für ihn. Irgendwie ist er niedlich.« Wie sich in der Wohnung herausstellte, war der ganze Stefan ein Soft Spot. Er sah aus wie ein Sitzkissen. Ich setzte mich auf ihn und sackte einfach ein. Es war, als säße man in einem dieser besonders tiefen, weichen Sofas. Es war bequem, aber ohne Hilfe kam ich nicht mehr raus. Mimi versuchte noch, mir eine Hand zu reichen, aber es war zu spät. Seine Fettmassen verschluckten mich. Ich erwachte mit einem erstickten Schrei.

Vielleicht hatte Mimi Recht. Gut möglich, dass ich einem dieser Cyberstalker aufgesessen war, die sich in den schillerndsten Farben schildern, obwohl sie in Wahrheit nicht mehr Kontur vorzuweisen haben als eine Weißwurst. »Muss dich sehen«, tippte ich. »Mein Sex-Ich wird sonst wahnsinnig. Triff mich an der Ecke Schönhauser-, Rosenthaler Straße. Morgen um 20 Uhr. Letzte Chance.« Es dauerte keine 30 Sekunden, bis ich die Antwort hatte. »Ich versuch's.« Immerhin.

Die Aussicht auf Sex hellte meine Laune schlagartig auf. Ich erledigte meine Arbeit mit links und malte mir nebenher aus, wie er mich verführen und durchbumsen würde. Wenn er dazu eine Tastatur brauchte – meinetwegen. Vielleicht sollte ich bei dem IT-Typen im Stockwerk über mir und fragen, ob er eine übrig hatte.

Kurz vor acht stand ich am verabredeten Treffpunkt. Wie durch ein Wunder hatte es aufgehört zu regnen. Ich sah den vorbeihastenden Männern nach und fragte mich, ob er schon hier war und mich heimlich beobachtete. Punkt acht legte sich eine Hand auf meine Schulter. »Paula...« Die Stimme nicht ganz so sonor wie die meines falschen Blind Date, aber durchaus angenehm. Ich drehte mich um und blickte in ein Gesicht, das ich gleich vergaß. Er sah aus, als würde er versuchen, dem Satz »Mein Name ist Nobody« Gestalt zu geben. Meine Mutter fände ihn bestimmt toll.

»Oh, hey!« Ich kam mir blöd vor. Auf dem Computer hatten wir uns schon gegenseitig in unseren Körperöffnungen gewühlt, aber ihm hier auf der Straße gegenüber zu stehen, kam mir mächtig bescheuert vor. »Tja«, sagte ich. »Jau«, sagte er. Ich: »Sollen wir zu mir gehen?« Er: »Prima.«

Man muss die Sprache der Männer verstehen und sie selbst zu sprechen lernen. Frauen sagen ständig Dinge wie »Sagst du mir die drei besonderen Worte?«. Und Männer fragen sich dann: »Welche drei besonderen Worte meint sie? Ach so, bestimmt ›Lutsch meinen Schwanz‹«. Missverständnisse sind da vorprogrammiert, und ganz ehrlich, ich habe auch nicht ewig Zeit.

Er stand in meiner Tür, als habe er noch nie eine fremde Wohnung gesehen. Wahrscheinlich hingen bei ihm überall Kabel von der Decke. Und garantiert sortierte er seine CDs nach Erscheinungsdatum. »Was zu trinken?« Ich hing seinen Mantel auf den Haken und ging vor in die Küche. »Scotch? Wein?« Er: »Bier. Wenn du hast.« An den knirschenden Schritten auf den Dielen konnte ich hören, dass er sich ins Wohnzimmer aufgemacht hatte. Ich kam mit zwei Flaschen Bier in der Hand wieder. Er betrachtete gerade die Fotos neben dem Bücherregal. »Hübsch. Bist du das?« Ich sah mir das Bild an. Offenbar traute er mir eine Radikal-Diät zu. »Meine Freundin Mimi«, sagte ich. »Ich bin das dahinter.« Er schnalzte mit der Zunge und hielt ansonsten seine Klappe. Vielleicht sollte ich ihn wirklich vor den Computer setzen.

»Hör mal«, sagte ich. »Ich weiß, dass das komisch ist. Wo wir doch schon im Internet Sex hatten und so. Aber eigentlich gibt es doch keinen Grund, warum wir das nicht auch in echt haben sollten.«

Er sah mich an. »Jetzt?«

»Natürlich jetzt.«

»Oh. Okay.« Ich beugte mich zu ihm, um ihn zu küssen. Ich wollte zu gern herausfinden, ob er das, was er per Tastatur von sich gab, auch in der Praxis beherrschte. Meine Schenkel waren noch nie geteilt worden wie das Rote Meer. Und mein feuchtes Loch erwartete ihn tatsächlich sehnsüchtig. Irgendwie hatte er mich willig getextet.

Wir knutschten eine Weile. Er wirkte schrecklich verspannt. Also zog ich mich aus, öffnete seine Hose und klemmte seinen Schwanz zwischen meine Brüste. Er sah ganz so aus, als könnte er ein bisschen Wärme vertragen. Das brachte ihn völlig aus der Fassung. Offenbar war er so viel Körperkontakt nicht gewohnt. Er sprang auf und schleppte mich zum Bett. Das fiel ihm schwer. Die Muskeln an seinem Körper waren nicht besonders ausgebildet. Ich hatte Angst, dass er mich unterwegs einfach fallen lassen würde.

Mit letzter Kraft warf er mich aufs Bett und fing dann an, mich zu fingern. Ich sage fingern – in Wahrheit behandelte er meine Klitoris eher so, als würde er verzweifelt einen Song auf seinem iPod suchen. Er gab sich mächtig Mühe. Seine Zunge hatte er seitlich zwischen die Zähne geklemmt, so dass er wie jemand beim Lösen einer kniffligen Rechenaufgabe aussah. Ich wusste nicht, was ich sagen wollte. Es war das erste Mal, dass ich beim Sex so etwas wie betretenes Schweigen erlebte.

Ich traute mich nicht, einzugreifen. Wenn ich ihn jetzt störte, würde er wahrscheinlich implodieren, weil sein durch Youporn gefüttertes Lehrprogramm unterbrochen wurde. Nachdem er eine Weile an mir herumgefummelt hatte, beschloss er, dass es Zeit für etwas Neues sei. Er tastete den Rest meines Körpers ab wie ein Nacktscanner, konnte aber nichts entdecken, das ihm gefährlich erschien, allerdings auch nichts, das interessant genug gewesen wäre, um länger zu verweilen. Ich betrachtete ihn, wie er über meinen Körper tippte. Plötzlich kamen mir ein paar Wochen ohne Sex gar nicht mehr so übel vor. Es war wie Fasten. Mein Körper nutzte den Herbst jedes Jahr für eine Re-Virginisierung. Und ich war im Begriff, den Herbst dabei zu stören. Was für ein dämlicher Fehler.

»Tilt«, sagte ich und packte den Typen an den Schultern. »Dieses Programm wurde unerwartet beendet.«

Er glotzte mich an. »Äh, was?«

»Ganz einfach«, sagte ich. »Ich mache jetzt einen Neustart. Und wenn ich damit fertig bin, bist du nicht mehr da.«

»Was?« Er war unheimlich schwer von Begriff.

»Ich probier's noch mal anders. Wenn ich dieser Nacht einen Namen geben müsste, wäre es etwas wie www.dabumsichdochliebermeinenKaktus.de. Du steigst jetzt in deine Klamotten und verziehst dich«, erklärte ich und hielt ihm sein T-Shirt hin. Er schnappte sich das Teil und zog es brav über den Kopf. Für einen Augenblick sah er aus, als würde er sich in der Situation ganz wohlfühlen. Wahrscheinlich, weil sie ihm bekannt vorkam.

Nachdem die Tür ins Schloss gefallen war, setzte ich mich an meinen Rechner und öffnete die Facebook-Seite. Ich sah mir noch einmal sein Profil an, das mackerhafte Foto, die affigen Sprüche. Anschließend klickte ich auf den nützlichsten Button, den es dort gab: »Als Freund/in entfernen«.

Manchmal, aber nur manchmal, ist das Internet dem wahren Leben ein gutes Stück voraus.

Der 26-Sekunden-Mann. Oder wie ich einmal auf die Werbespots reduziert wurde, obwohl ich einen Sex-Film wollte

Ich blickte keusch von meiner Sitzbank auf. Der Priester versenkte seine Nase tief in die Bibel. Als ich die Kirche betreten hatte, musste ich mich wie jedes Mal wundern, dass das Weihwasser nicht zu blubbern anfing.

Vorn am Altar stand ein Mann im schwarzen Cut und blickte verstohlen in meine Richtung. Er wusste es noch nicht, aber er war im Begriff, es mir mit dem Mund zu besorgen. Ich lächelte ihn an, zupfte mein Kleid zurecht und war bereit, meine Brüste bedingungslos im Namen des Ehebruchs einzusetzen.

Der monotone Singsang des Pfaffen hallte durch das blumengeschmückte Kirchenschiff: »Und sollte jemand gute Gründe gegen dieses Bündnis haben, so möge er jetzt sprechen oder für immer schweigen.« Amen.

Angefangen hatte es mit einem Umschlag in meinem Briefkasten. Er war weiß und aus diesem dicken, gehämmerten Papier, das die Leute benutzen, wenn sie einen Toten ankündigen wollen oder einen, der im Begriff ist, den Fehler seines Lebens zu machen. Ich nahm ihn so vorsichtig aus dem Blechschuber, als handele es sich um eine Briefbombe, und legte ihn auf den Küchentisch. Dort blieb er, bis Mimi vorbeikam.

Sie machte nicht viele Schnörkel, sondern rannte gleich zum Tisch und grabschte nach dem Papier. »EINE HOCHZEITSEIN-

LADUNG! VON CHRISTIAN!« Sie brüllte. Ich riss ihr den Umschlag wieder aus der Hand. »Sag ich doch. Jetzt entspann dich mal. Ich habe ihn ja noch nicht mal aufgemacht.« Meine Finger fuhren über den zugeklebten Falz. Es war wie auf dem Jahrmarkt, bevor man erfährt, ob das Los eine Niete oder der Hauptgewinn ist. Nur dass ich ziemlich sicher war, eine Niete gezogen zu haben. Christian würde nicht mich heiraten. Es sei denn, er hätte ein Faible für plötzliche Überraschungen entwickelt.

Vier Monate später saßen Mimi und ich im Zug. »Ich hab bis zum Schluss nicht geglaubt, dass wir wirklich hinfahren«, sagte sie und knisterte mit ihrer Chipstüte. Es war schon die zweite. Sie war mächtig nervös. Fuhr nicht gern in unsere alte Heimatstadt. Ich ehrlich gesagt auch nicht. Aber das hier war Anlass genug. »Er war der erste Schwanz in meinem Mund«, sagte ich. »Natürlich kreuze ich auf seiner Hochzeit auf.« Mimi und ich werden selten auf Hochzeiten eingeladen – jedenfalls nicht von Menschen, die wir wirklich lieben, was daran liegt, dass unsere Freunde vernünftig sind und nicht heiraten. Wir werden aber sehr oft von entfernten Bekannten eingeladen, und ich denke manchmal, wir sind in irgendeinem Verteiler von Leuten gelandet, die für die leeren Plätze neben Onkel Heiner und dem merkwürdigen Cousin Maurice noch Singlefrauen brauchen. Ich konnte mir nicht erklären, warum Christian uns dabeihaben wollte – es sei denn, er brauchte noch mal ein bisschen Spaß in seinem Leben, bevor es endgültig vorbei war und er jeden Satz mit »Meine Frau findet ja« beginnen musste.

Schon am Bahnhof befiel mich das unangenehme Gefühl, noch nicht lang genug weg gewesen zu sein. Das war natürlich Blödsinn. Ich war vor 15 Jahren fortgegangen und seitdem höchstens drei, vier Mal hier gewesen. »So ein Scheiß-Kaff«, sagte Mimi und winkte nach einem Taxi. »Wer zuerst einen sieht, mit dem ich Sex hatte, zahlt die Fahrt.« Sie war echt süß. Lud einen gerne mal unauffällig ein. Ich musste im Grunde nur auf irgendeinen zeigen. Damals war sie eines Nachmittags zu mir gekommen. »Ich bin durch«, hatte sie gesagt, »jetzt ist es Zeit, dass wir wegziehen.«

Das Taxi spuckte uns vor einem dieser Hotels aus, in denen man sich automatisch zu schlecht angezogen fühlt. »Hör auf, an deinem Rock herumzuzerren«, schnauzte mich Mimi an. »Das muss ich aber«, protestierte ich, »man sieht sonst meine Strapse.« Mimi lachte mich an. »Das will ich doch schwer hoffen.« Sie weiß, wie man Hochzeiten sprengt, das musste ihr der Neid lassen.

Meiner Meinung nach hat jede Frau auf der Welt eine natürliche Feindin: Die Schwiegermutter. Mütter finden die Vorstellung, dass ihr Sohn eines Tages Sex haben könnte, fürchterlich. Denn die andere Frau entzieht der Mutter damit ihre Macht. Darum wünscht sie sich für ihren Sohn eine langweilige Blondine im beigefarbenen Kostüm mit Perlenohrringen und hochgesteckten Haaren. Mütter wissen, dass »Ich werde dir zur Strafe zehn Wochen keinen blasen« viel stärker wirkt als »Dann gehst du eben ohne Nachtisch ins Bett«. Was bleibt ihnen also übrig? Ein bisschen Boshaftigkeit hier, ein wenig Rufmord dort. Über Monate träufelte Christians Mutter ihm Gift ins Ohr, bis er schließlich nachgab. »Du weißt selbst, dass wir keine Zukunft haben«, sagte er mir. »Ich brauche eine Frau, die mir den Rücken freihält. Und die zu meiner Familie passt.« Ich war am Boden zerstört.

Christians Mutter stand mit einer Gruppe anderer Ziegen mitten in der Lobby. Meine Absätze machten auf dem Marmor Geräusche, als würde Thors Hammer ein bisschen probeklopfen. Sie konnte nicht anders, als mich zu bemerken, und als sie es tat, drehte sie sich demonstrativ weg. Allerdings nicht weit genug. Ich konnte ihre Mundwinkel nach unten kippen sehen. Ihre Lefzen würden bald ein ordentliches Lifting brauchen. Kein Wunder bei so viel Bitterkeit. Es war nicht meine Schuld gewesen, dass sie uns damals auf der Waschmaschine in einer Position erwischte, die an Eindeutigkeit nichts zu wünschen übrig ließ. (»Die gute Miele!«, keuchte sie damals bloß. Etwas Schlaueres fiel ihr auf die Schnelle nicht ein.) Sie sah so hässlich und giftig aus, dass ich vom bloßen Hinschauen das Bedürfnis bekam, Zähne zu putzen. »Sie traut sich also tatsächlich auf die Hochzeit meines Sohnes«, konnte ich sie zischen hören. »Das liederliche Stück.« Ich blieb stehen, steckte mir eine Zigarette an und blies ein paar Rauchwölkchen in das riesige Blumenbukett, dass mitten im Raum stand.

Gelassen wandte ich den Kopf. Wenn man wusste, dass das Sperma ihrer Brut nach Haselnuss schmeckte, konnte man die Dinge locker angehen. »Gute Güte«, rief ich und breitete die Arme so weit aus wie Mutter Erde selbst, »jetzt hätte ich Sie um ein Haar nicht erkannt! Der Zahn der Zeit, was der so alles anstellt!« Ich umarmte sie, dass die Klunker an ihrem Hals zu knirschen begannen. Dann hielt ich sie von mir weg, betrachtete sie liebevoll und zog sie herzlich an mich, um ihr zwei Küsse aufs Gesicht zu schmatzen. Sie sah aus, als hätte sie mit einem mächtigen Magensäure-Reflux zu kämpfen. Ich konnte es kaum erwarten, ihren Gesichtsausdruck zu sehen, wenn sie rauskriegte, was ich mit ihrem Sohn heute noch alles vorhatte.

Ein paar Stunden später saßen wir auf unserer Kirchenbank. »Sie sieht furchtbar aus«, sagte Mimi und zeigte auf das Sahnebaiser, das neben Christian am Altar stand. »Ich bin sicher, das ist das hässlichste Kleid, das man für zu viel Geld kaufen kann.« Die arme Braut wirkte wie eine dieser Flaschenreinigungsbürsten, die man nicht umsonst unter das Spülbecken hängt. Aus dem weißen Wust ragten zwei dürre Arme, ihr Haar war zu einer Banane aufgedreht, und das, obwohl es die Farbe von Roter

Bete hatte. »Was soll's«, sagte ich. »Wenigstens bekommt er genau die Frau, die er verdient.«

Wir standen auf und sangen irgendein Lied. Christians Mutter patschte sich die Tränchen aus dem Gesicht. »Ich kann froh sein«, sagte ich zu Mimi. »Ein Leben mit so einer Schwiegermutter muss ein Alptraum sein.« Mimi legte mir den Arm um die Schultern. »Eigentlich finde ich es schade, dass nicht du da vorne stehst«, sagte sie. »Ein Pfarrer mit Ständer ist immer ein erfreulicher Anblick.«

Wir lungerten im Park des Hotels herum und nippten am Champagner. Mimi rammte mir ihren Arm in die Seite. »Sieh mal an, wer da kommt«, sagte sie, »der glückliche Bräutigam selbst.« Christian kam auf uns zugeschnürt wie ein Kater auf eine frisch geöffnete Dose Futter. Seine Mutter folgte ihm mit ihrem Blick. Ich konnte sehen, wie ihr Blutdruck beinahe überschnappte. Ihre Gesichtshaut hatte die Farbe eines reifen Granatapfels.

»Hey«, sagte Christian und gab mir einen flüchtigen Kuss auf die Wange. »Schön, dass du gekommen bist. Ich war mir nicht sicher.«

»Aber klar doch«, sagte ich und gab ihm einen Klaps auf den Hintern. »Ich habe all meine schlanken Jahre an dich verschwendet. Das mindeste, was ich tun kann, ist auf deiner Hochzeit aufzukreuzen.« Er machte eine vage Handbewegung Richtung Park, wo sich die Gäste in der Sonne langweilten. »Ich weiß eigentlich gar nicht so genau, was ich hier tue.«

»Das sehe ich«, sagte ich. »Wenn du es wüsstest, würdest du jetzt mit mir im Bettchen liegen und mich durchvögeln. So wie früher.« Er schnappte kaum hörbar nach Luft. Mimi drückte sich die Hand vor den Mund, um nicht loszulachen. »Ähm«, sagte er und glotzte in meinen Ausschnitt, »manchmal frage ich mich wirklich, warum ich mich von dir getrennt habe. Muss eine Art Blackout gewesen sein.« Er lachte heiser. Ich beugte mich vor, bis meine Lippen seine Wange berührten. »Was nicht ist, kann ja noch werden«, sagte ich und streichelte über seinen Bauch, auf dem sich sein Erfolg in Schichten abzulagern begann. »Du bist doch jetzt ein großes Tier als Werbefilmer, nicht?«, fragte ich und streichelte weiter. »Ja«, kiekste er, »ich mache Joghurt, Autos... eigentlich alles. 26 Sekunden, das ist die perfekte Arbeitslänge für mich.«

Plötzlich kroch von hinten die Hand von Christians Mutter über seine Schulter. »Du musst noch Tante Hedwig für ihr großzügiges Geschenk danken«, säuselte sie und zupfte dabei an seinem Kragen. »Am besten, du erledigst das sofort, bevor es zum Kaffee in den großen Saal geht.« Sie tätschelte seinen Arm. »Nun geh schon. Ich kümmere mich um deine Gäste.« Er warf mir einen entschuldigenden Blick zu und trottete davon. Seine Mutter sah mich und Mimi abschätzig an und wandte sich zum Gehen. »Die anständigen Mädchen werden alle geheiratet«, rief sie uns zu, »und ihr werdet nur betrunken.« Mimi und ich sahen uns an. »Wo sie Recht hat...«, sagte ich und Mimi schloss: »...da hat sie Recht.«

Die Torte bestand im Wesentlichen aus Mohn und Sahne. Mimi schaufelte schon das zweite Stück auf ihren Teller. Sie fragte: »Willst du nicht?« – »Danke«, sagte ich. »Aber wer weiß, vielleicht muss ich nachher noch rennen.« Mimi wischte sich Sahne aus dem Mundwinkel. »Über Mauern springen kannst du damit auf jeden Fall«, sagte sie und zeigte auf mein Kleid. »Ich hab mich schon gefragt, warum das gute Stück so einen verdammt langen Schlitz hat.«

Ich hatte nicht vor, über Mauern zu springen. Obwohl ich zugeben muss, dass die Vorstellung, von einer aufgebrachten Hochzeitsgesellschaft durch den Park gejagt zu werden, durchaus ihren Reiz hatte. Als die Kaffeetafel abgeräumt war und die ersten Reden hinter uns lagen, beschloss ich, eine Runde durch den Park zu drehen. »Ich bleibe einfach hier sitzen«, sagte Mimi, »und trinke einen Kurzen für jeden Typen, mit dem ich je auf einer Hochzeit Sex hatte. Und weil ich nicht im Krankenhaus landen will, trinke ich für jeden Kurzschwänzigen nur einen halben Kurzen.«

»Klingt fair.«

»Eben. Dann trab mal los. Und mach mir keine Schande.«

»Bestimmt tue ich das«, sagte ich und trat aus dem Saal ins gleißende Sonnenlicht.

Ich blickte mich um. Im hinteren Teil der Anlage stand eine mannshohe Buchsbaumhecke. Es waren gut 500 Meter bis dorthin, vielleicht auch mehr. Ich steuerte sie an und schlenderte eine Zeit lang davor auf und ab. Der Wind zauste mein Haar und ließ den Stoff meines Kleides tanzen. Im Gegenlicht musste ich aussehen wie ein Fabelwesen. Christian stand in einer Gruppe Männer und rauchte. Vermutlich war ihm seine Baiser-Frau schon langweilig geworden, denn er kümmerte sich keinen Deut um sie. Genau so hatte er es früher mit mir gemacht. Mir fiel wieder ein, warum ich froh sein sollte, dass er mit mir Schluss gemacht hatte: Er war ein egozentrisches, verzogenes Muttersöhnchen.

Ich fing an, mich zu strecken. Ich stellte ein Bein auf die steinerne Bank vor der Hecke und fuhr mit der Hand den Oberschenkel entlang, bevor ich anfing, meiner Muschi Luft zuzufächern, als stünde sie kurz vor der Überhitzung. Im Grunde war es auch so. Der Sex mit Christian war immer großartig gewesen. Er brauchte mich nur mit der Eichel zu berühren, und schon explodierte ich wie ein Waggon voller Silvesterböller. Was er liebte: seinen Schwanz zwischen meine Brüste zu stecken. Wenn er dann kam, leckte ich mir sein Sperma mit Wonne aus dem Gesicht. Klingt bescheuert. Aber Christians Sperma war das beste Aphrodisiakum, das ich kannte. Irgendwie bekam er es hin, dass es immer leicht nach Haselnuss schmeckte. Wahrscheinlich lag das an den vielen Bonbons, die er lutschte.

Als ich sicher war, dass er mich gesehen hatte, glitt ich langsam hinter die Hecke. Durch das Gestrüpp konnte ich sehen, wie sich Christian aus seiner Gesprächsrunde löste und langsam auf mein Versteck zukam. Weiter hinten erhob sich seine Mutter von ihrem Tisch und nahm die Fährte auf. Verflixte, vertrocknete Hündin. Es würde perfekt werden.

Zu ihrem Pech wurde sie unterwegs von ein paar Weibern aufgehalten, die sie umarmten und ihr auf die Schulter klopften wie alte Saufkumpaninnen. Selbst auf die Entfernung konnte ich die Anspannung in ihrem Gesicht sehen. Es verwandelte sich zur Grimasse, als sie merkte, dass Christian die Buchsbaumhecke fast erreicht hatte.

»Da bist du ja«, sagte er und tat überrascht. Er war schon immer ein mieser Schauspieler gewesen. Rasch ließ ich den Rock meines Kleides fallen und machte ein ertapptes Gesicht. »Oh! Du bist es.« Ich blickte zu Boden und klimperte mit den Wimpern, bis mir fast die Kontaktlinsen herausfielen. »Ich musste nur gerade an früher denken, und da hatte ich das Bedürfnis...« Ich machte eine verschämte Pause. Wie erwartet, kam er sofort näher. »Und da hattest du das Bedürfnis, ein wenig an dir herumzuspielen?«

»So ungefähr, ja.« Ich flirtete weiter mit dem Boden. Zum Glück hatten wir uns so lange nicht gesehen. Die Jungmädchennummer würde mir kein Mann mit Verstand mehr abnehmen. »Ach, Paula«, sagte Christian, »ich bin immer noch scharf auf dich.« Ich machte ein Geräusch, von dem ich annahm, dass es nach Verzückung klang. Jetzt musste es schnell gehen. Ich wollte nicht, dass seine Mutter hier aufkreuzte, wenn ihr Sohn die Hosen noch anhatte.

»Du bist der Einzige für mich, immer noch«, hauchte ich. »Bitte, nimm mich jetzt.« Ich lüpfte meinen Rock und zeigte ihm, dass ich kein bisschen Unterwäsche trug. »Du machst mich wahnsinnig«, keuchte er und ließ die Hosen runter. Er küsste mich so stürmisch, dass ich fast durch die Buchsbäume brach. Ich konnte ihm gerade noch ein Kondom überziehen, da kam er auch schon. Mist. Mit so viel Tempo hatte ich nicht gerechnet. Seine Alte war bestimmt noch nicht mal bei der Hälfte des Weges angelangt.

»Oh«, machte ich. »Tja«, machte er. Wir schwiegen eine Weile und betrachteten das gefüllte Kondom, das sich wie eine Wurstpelle über seinem schwindenden Penis fältelte. »Früher war das nie…«, fing ich an. »Ich weiß!«, unterbrach er mich brüsk, schnippte das Kondom in die Hecke und zog die Hose hoch. »Verdammt.« Ich legte die Hand auf seinen Arm. »Macht doch nichts«, sagte ich. »Das Fest ist ja noch lang. Wir haben alle Zeit der Welt.« Unter den Augen seiner Mutter würde es sowieso mehr Spaß machen.

»Meinst du?«

»Klar doch.«

Im selben Augenblick tauchte seine Mutter am anderen Ende der Hecke auf. Sie leckte ihre Lippen auf eine hässliche Art, bevor sie losspuckte, als seien wir Zwölfjährige. »Was macht ihr hier?«, geiferte sie. »Du solltest unten bei deiner FRAU sein, wo du hingehörst!«

Christian fuhr herum. Ich könnte schwören, dass er sie um ein Haar an der Gurgel gepackt hätte. »Mutter, wir reden gerade untereinander! Darf ich mich nicht mal mehr ungestört unterhalten? Ich bin kein verdammtes BABY!« Widerworte … Ich war echt beeindruckt. Es geht doch nichts über ein bisschen sexuelles Versagen.

»Und?« Mimi vor einem Haufen leerer Schnapsgläser. Ich überschlug die Anzahl schnell im Kopf, es mussten ungefähr zwanzig sein. »Großer Gott, Mimi!«, rief ich, »willst du dich umbringen?«

Sie schaufelte den Haufen mit einer Handbewegung beiseite und stützte sich schwer auf die Ellenbogen. »Reg dich ab«, sagte sie. »War nur Cola. Den Schnaps schenken sie erst zum Abendessen aus, haben sie gesagt. Was für Pfeifen.«

»Trotzdem«, sagte ich. »Du weißt doch, wie empfindlich du auf Koffein reagierst!« In Wahrheit war ich erleichtert. Meinen einzigen Gesprächspartner zu verlieren, hätte die Veranstaltung unerträglich gemacht.

»Also?« Mimi in Lauerstellung. »Hast du dich erfolgreich erwischen lassen? Sauer genug sieht die Alte jedenfalls aus.« Sie deutete mit dem Kinn auf Christians Mutter, die offenbar beschlossen hatte, mich nicht mehr aus den Augen zu lassen. Sehr gut. »Leider nicht«, sagte ich und winkte ab. »Du weißt doch, wie sie ihn nennen – den 26-Sekunden-Mann. Wie sich herausgestellt hat, bezieht sich das nicht nur auf seine beruflichen Qualitäten.«

»Sag bloß«, meinte Mimi. »Was ist denn aus Christian, dem Stier geworden?«

»Kastriert«, sagte ich. »Das Eheleben schafft sie alle. Ein Gutes hat es natürlich auch. Sie werden in der Hochzeitsnacht eine Menge Zeit für wichtigere Dinge haben.«

Die Musik der Band perlte durch die warme Abendluft. Irgendwo hatten die Grillen angefangen zu zirpen, und Mimi saß auf dem Schoß eines Mannes, der aussah, als habe er plötzlich begriffen, dass die schlimmsten Fehler die besten Erinnerungen hergeben. In seinem angstvollen Gesicht glimmte der Stolz darüber, eine so große, so schöne Frau aufgerissen zu haben. Er leuchtete wie ein saftiges, kleines Glühwürmchen.

Christian saß brav am Brauttisch. Seine Mutter lauerte wie eine Bulldogge daneben. Die einzige Chance, hier an ihn heranzukommen, war, direkt unter den Tisch zu kriechen. Aber ich wollte der Braut den Tag nicht vermiesen. Sie konnte sich in ihrem Baiser-Kleid kaum rühren. Außerdem sah ich an ihrem Wasserglas, dass sie offenbar auf die klassische Art um seine Hand angehalten hatte: »Schlaf mit ihm und werd schwanger«. Eines war klar: Wenn ich wollte, dass seine Mutter uns erwischte, musste ich schnell sein. Keine Ahnung, warum Christian plötzlich praecoxte wie ein Büblein in der Spät-Pubertät.

Nach dem Abendessen fing die Band an, schneller zu spielen. Swing, Jazz, ein paar richtig schöne Klassiker. Ich tanzte mit lauter Typen, die nichts dagegen hatten, dass ich mich an sie ranmachte. Aus den Augenwinkeln beobachtete ich, wie Christians Mutter ihre Jacketkronen zeigte, während sie immer noch Glückwünsche entgegennahm. Aber in den Händen drehte sie ihre Serviette, als würde sie gerade einen Vogel erwürgen. Ihre Knöchel schimmerten weiß durch die gespannte Haut.

Christian stand neben dem Dessertbuffet und palaverte bedeutungsvoll mit irgendwelchen Werbefuzzis. Ich erkannte sie an den Turnschuhen, die sie zu ihren Anzügen trugen. Immerhin hatten sie auf ihre Baseball-Caps verzichtet. Die Band wechselte das Tempo und spielte eine langsamere Nummer. Ich gab vor, außer Atem zu sein, und entschuldigte mich bei meinem Tanzpartner, bevor ich von der Tanzfläche ging. Christian hatte gerade den Raum verlassen. Zuvor hatte er mir schnell noch mit einer winzigen Bewegung seines Kopfs zu verstehen gegeben, dass ich ihm folgen solle.

Er wartete vor einem Häuschen auf mich, das aussah, als wäre es einem Märchenbuch entsprungen. Fachwerk, eine windschiefe Holztür, Rosengestrüpp, das bis zu einer verbeulten Regenrinne emporgerankt war. Ich war Schneeflittchen und er mein Zwerg. Wir sprachen kein Wort. Die Luft war immer noch heiß, aber allmählich mischte sich eine feuchte Kühle darunter. Die Grillen machten einen Riesenlärm. Jetzt mussten wir nur noch auf die böse Stiefmutter warten, damit sie mir einen vergifteten Kamm in die Schädeldecke rammen konnte.

Christian lehnte mich an die Hauswand, ging in die Knie und fing an, mich zu lecken. Irgendwo hörte ich seine Mutter rufen. »Chrissi? Chrissi, wo bist du denn? Zeit, die Hochzeitstorte anzuschneiden!« Dabei wusste sie so gut wie ich, dass es nicht die Torte war, in die der liebe Chrissi gleich sein Messer stecken würde. »Komm zu mir«, sagte ich und zog ihn an den Schultern hoch. »Ich will dich ganz spüren.« Er fing an, herumzuseufzen. »Was tun wir nur? Ich bin doch verheiratet! Ich bin so scharf auf dich!«

Ich öffnete seine Hosen und zog sie ihm bis zu den Knien herunter. Ich finde immer, dass ein Mensch kaum dämlicher aussehen kann, als mit heruntergelassenen Hosen. »Psst«, sagte ich. »Entspann dich einfach.« Im gleichen Moment bereute ich den Satz schon. Auf meiner Hand wurde es warm. Christian betrachtete mit heruntergezogenen Mundwinkeln, wie sein Sperma zerlief und dann ins Gras tropfte. »Tut mir leid«, sagte er. »Ich weiß auch nicht, was in letzter Zeit mit mir los ist.« Ich wusste es schon. Seine liebe Mutter war ihm in die Libido gestiegen und hatte dort großflächige Verwüstungen angerichtet. So war aus dem international gefragten Werbefilmer Christian Chrissi der 26-Sekunden-Mann geworden. Ejaculatio praecox – eine fiese Sache. Es ist für beide unangenehm, und obwohl man nichts dafür kann, fühlt man sich als Frau immer ein bisschen mitschuldig, einfach fürs Brüste-haben oder Geil-machen. Na ja, jedenfalls manchmal. Ich persönlich bin ein großer Anhänger der Karma-Theorie. Man bricht mein Herz nicht ungestraft.

Als wir seine Hose wieder justiert und meine Hand mit Hilfe seines Einstecktuchs gesäubert hatten (»Liebling, was KLEBT denn da so? Ist das etwa Sperma?« – »Ja, Schatz, du hast mich so heiß gemacht in deinem Tüllhaufen, dass ich spontan ejakulieren musste. Bei 60 Grad geht das wieder raus.«), kam seine Mutter um die Ecke gehetzt. »Was macht ihr da?«, geiferte sie und fuchtelte mit den Armen wie mit zwei Macheten. Ihre Stimme überschlug sich fast. »Du gehst jetzt sofort zurück und schneidest die Hochzeitstorte an!« Christian ließ die Schultern fallen wie ein geschlagener Preisboxer. »Ja, Mama.« Sie packte ihn am Arm und zerrte ihn davon und stieß dabei eine Menge Schimpfworte aus, die ich nie in den Mund nehmen würde. Ich bin schließlich eine Dame.

»Die Torte schmeckt prima«, sagte ich zu Mimi, die mit verschmiertem Lippenstift an unserem Tisch aufkreuzte. »Mir ist schlecht«, sagte sie. »Der Typ küsst wie ein beschissener Tintenfisch. Rammt einem seine Fangarme rein, bis man würgen muss.« Sie starrte angewidert auf meinen Teller. »Was soll das sein?«, fragte sie. »Himbeer-Sahne?«

»Ich tippe auf Erdbeere. Und Mascarpone. Vielleicht weiße Schokolade. Willst du mal?«

Aber ich musste mit der Wahrheit rausrücken. »Das wird nichts«, sagte ich zu Mimi. »Die Alte ist einfach zu langsam. Und Christian viel zu schnell. Jedes Mal, wenn sie uns endlich findet, hat er schon lange losgeschossen. Ich gebe hiermit offiziell auf.«

Mimi pfiff leise durch die Zähne und machte eine Bewegung mit den Augenbrauen zur Tür hin. »Mit der Einstellung stehst du ziemlich alleine da, Süße«, sagte sie. Ich folgte ihrem Blick. An der Tür stand Christian. Er winkte so unauffällig wie möglich. Doch zwischen der Tür und unserem Tisch saßen ungefähr hundert Leute. Unauffällig bedeutete: Er ruderte mit den Armen, als stünde er kurz vor dem Ertrinken. Dann verschwand er durch eine Tür.

»Das hat keinen Sinn«, sagte ich schlapp. »Lohnt doch den ganzen Aufwand nicht.« Mimi sah mich tadelnd an. »Du hast es dir vorgenommen, und du wirst es jetzt durchziehen. Und danach will ich nie wieder ein einziges Wort des Jammers über diesen Typen hören. Ist das klar?«

»Zu Befehl«, sagte ich und stand auf wie ein Soldat mit

Marschbefehl. Manchmal muss eine Frau tun, was eine Frau tun muss.

Hinter der Tür, in der Christian verschwunden war, schlug der Gang einen Bogen. Es war nahezu dunkel. Das Hotelmanagement stand offenbar auf Energiesparen. »Hallo?«, rief ich in die Finsternis. »Ist da wer?« Vielleicht hatte Christian nur mal aufs Klo gemusst. Doch als ich abermals um die Ecke bog, prallte ich fast gegen ihn. »Hoppla«, sagte ich. »Sch-sch«, machte er und blickte so gehetzt um sich wie Dr. Richard Kimble persönlich. Er nahm meine Hand und zerrte mich den nächsten dunklen Gang hinunter, bis die Musik nur noch ein fernes Summen war. Er hastete weiter vorwärts.

Linker Hand waren ein paar Türen, auf denen Plaketten angebracht waren. Gästezimmer, wie es aussah. Christian drückte eine Türklinke nach der anderen herunter. Das dritte Zimmer war nicht abgeschlossen. Es duftete nach frischen Blumen. Auf einem Tisch neben dem Bett sah ich die Umrisse eines Bouquets. Ich tastete nach dem Lichtschalter.

»Kein Licht!«, flüsterte Christian und schlüpfte aus seinen Hosen. »Jetzt werde ich es dir endlich besorgen wie in alten Zeiten.« Er warf mich aufs Bett und machte sich wieder zwischen meinen Beinen zu schaffen, diesmal mit den Händen. »Bist ja schon ganz schön feucht, wie?«, sagte er. »Big Daddy wird dir gleich zeigen, was er in den letzten Jahren so dazugelernt hat.« Er klang, als würde er wirklich dran glauben. Ich hätte ihm gern gesagt, dass ich zwar eine ausgeprägte Quickie-Begabung habe, 26 Sekunden aber selbst für ein Talent wie mich zu knapp sind. Im Grunde bin ich ein Mädchen, das epische Filme liebt. War ich schon immer. Wie gesagt: Ich hätte es gern erwähnt. Leider ging das nicht, weil er im selben Moment versuchte, mich mit einem Kuss zu ersticken, und dann auf mich sprang.

Er hockte auf mir wie ein Motorradfahrer, der schon lange

nicht mehr gefahren ist. Seine Wirbelsäule war gekrümmt, und er stocherte verzweifelt drauflos, auf der Suche nach dem Eingang. Und während ich spürte, wie es nass über meine Oberschenkel rann, wurde die Tür mit einem Schlag aufgestoßen, und eine mit viel zu dicken Ringen behängte Hand knipste das Licht an.

»Hab ich euch!« Christians Mutter, die Inquisitorin, hob strafend ihr grässliches Haupt. In ihren Mundwinkeln sammelte sich Speichel zu einem schäumenden Gekräusel. »Du Hure! Du Drecksstück!« Sie war so richtig in Fahrt. Christian fiel in sich zusammen wie ein Papiertaschentuch in der Pfütze. Wahrscheinlich würde sie ihm gleich mächtig die Ohren langziehen, wenn ich gegangen war, so lange, bis er um Vergebung für seine Sünden betteln und für den Rest seines Lebens nicht mehr aus der Spur laufen würde. Immerhin konnte ich sicher sein, dass die beiden mich ihr Lebtag nicht vergessen würden. »Mein ist die Rache, so sprach der Herr« – stand das nicht irgendwo in der Bibel?

Als ich gemächlich an den beiden vorbei in die Nacht spazierte, um eine zu rauchen, kam ich wieder an der Kapelle vorbei. An der Außenwand war ein kleines Weihwasserbecken angebracht. Ich trat näher und betrachtete mein Abbild in der Wasseroberfläche. Dann steckte ich meinen Finger hinein, um zu sehen, ob es beginnen würde, zu kochen. Nichts geschah. Nur hinten im Wald, da schrie mit teuflischem Echo ein Käuzchen.

Der Bürohengst. Oder wie ich einmal eine Sprosse aus der Karriereleiter brach, obwohl ich eigentlich nur Sex haben wollte

Ich hatte Mühe, die Schrift zu entziffern. Seit sie überall Energiesparlampen reinschrauben, komme ich mir vor, als würde ich in ständiger Dämmerung leben.

Meine Augen verengten sich zu Schlitzen. Die auslaufenden Ränder der Buchstaben wurden scharf. Endlich konnte ich es lesen: »All you need is love«. Ich war verblüfft über die Einfachheit der Botschaft. Es wurde noch besser: »The youth is wasted on the young«. Weiter unten sah ich das Schwarz weiterer Buchstaben hervorblitzen. Ich streckte den Kopf, bis es in meinem Genick knackte: »Einsamkeit ist das Los aller hervorragenden Geister«. Schopenhauer. Auch das noch.

Ich hatte es langsam satt, während des Vögelns dämliche Tattoos lesen zu müssen. Also drehte ich den Kopf weg und konzentrierte mich aufs Wesentliche.

Er schnaufte auf mir wie ein D-Zug. Wenn ihm jemand einen Spiegel hingestellt hätte, wäre er sicher aufgesprungen, um sich ein wenig zu betrachten. Die ganze Zeit glotzte er an sich runter und ließ seine Brustmuskeln springen wie zwei junge Geißböcke. Er nervte mich gewaltig.

Neben meinen Kopf fing die Dose mit den Büroklammern an zu wackeln. Die Schreibtischunterlage drückte schmerzhaft in meinen Rücken. Plötzlich hörte der Typ auf mit der Rammelei und leckte sich genussvoll die Lippen. »Mr. Rakete wird es dir besorgen, Süße«, sagte er und streckte sich nach hinten. »Dein Orgasmus wird sich wie ein Vulkanausbruch anfühlen!«

Im nächsten Augenblick schob er mir den Finger in den Hintern.

Erst war ich verdutzt, aber dann fühlte ich mich augenblicklich an schlimme Zeiten erinnert. Meine Mutter, mich durchs Kinderzimmer jagend. Auf dem ausgestreckten Finger eine weiße Rakete. »Stell dich nicht so an, ES TUT NICHT WEH!«, brüllte sie verdammt nah an der Hysterie und versuchte, mir die Arschbacken auseinanderzuzerren. »Ich will aber kein Zäpfchen«, jammerte ich, »es tut wohl weh!« Jedes Mal schob sie mir die Dinger rein, und jedes Mal fühlte ich mich, als müsste ich kacken, nur in die falsche Richtung. Ehrlich, ich habe nichts gegen Analverkehr. Jedem das Seine. Aber ich wäre nicht besonders betrübt, wenn ich in meinem Totenbett auf ein Leben zurückblicken könnte, in dem weder Fisting noch Schwänze in meinem Hintern vorkommen.

»Nimm den Finger aus meinem Arsch«, sagte ich. Klare Botschaft, klare Reaktion. Dachte ich. Stattdessen steckte er mir den Finger noch tiefer hinein. »Erst mal abwarten«, sagte er, »der Po ist eine sehr erogene Zone. Bestimmt hat es nur noch keiner richtig bei dir gemacht.« Ich weiß nicht, was mit den Männern los ist. Wenn einem etwas nicht gefällt, sagen sie sofort ihr Sprüchlein auf: »Das hat nur noch keiner richtig gemacht.«

»Finger raus«, sagte ich und schubste seinen Arm weg. »Ich mag es nicht. Basta.« Wir waren hier nicht bei einer Konferenz. Es ging nicht darum, irgendwelche Budgets auszuhandeln. Das hier war Sex, und ich wollte meinen Teil des Gewinns abhaben. Aber so würde das nichts. Ich drückte ihn runter, bis er auf meinem Bürostuhl zum Sitzen kam. Dann hockte ich mich auf ihn und jagte ihn wie ein Pferd auf vier Rädern durchs Büro. Die Federung des Stuhls quietschte.

Seine Mundwinkel fingen komisch an zu zucken, und dann sperrte er den Schnabel auf wie ein Vögelchen. Sobald es zu still wurde, musste er irgendwas plappern, als hätte er Angst, dass Stille schädlich sein könnte. Und sobald er sprach, konnte ich die Todesschreie meiner Hirnzellen hören, bloß war die Sache die, dass ich meine Hirnzellen gern hatte. Also hielt ich ihm mit meiner Hand die Klappe zu und ritt weiter.

Unter mir konnte er nicht viel ausrichten. Als er das endlich kapiert hatte, machte er sich locker und ließ sich benutzen wie ein zu groß geratenes Sexspielzeug. Wir rollerten durch den Raum, und ich wippte auf ihm hin und her wie auf einem Schaukelpferd, bis ich kam, und Junge, Junge, wie ich kam! Um ein Haar wäre ich vom Stuhl gefallen. Die Sache war einfach: Je mehr ich seine Persönlichkeit hasste, desto mehr liebte ich seinen Penis. Wenn er so weitermachte, musste er irgendwann nur noch »Guten Morgen« sagen, und schon, Bäng!, hätte ich einen Orgasmus sicher. Im Grunde war er der ideale Untergebene.

Angefangen hatte es vor knapp einer Woche.

»Denk dir nur, Steilmann übernimmt von Bebel«, sagte mein Art Director Holger während des Lunches, als würde er nur mal über das Wetter sprechen. Mir blieb fast das Vitello Tonnato im Hals stecken. »Steilmann? Aber das ist doch...«

»Klar«, sagte Holger, »eine Frau. Die Härte, was?« Holger war ein reaktionärer Trottel. Ich hätte ihn längst gefeuert, wäre er nicht so genial. Das Problem war ein anderes: Die Steilmann kam aus der Hamburger Zentrale und war bekannt dafür, dass sie immer ihre eigenen Leute mitbrachte, die sich dann ausbreiteten wie ein besonders aggressiver Bakterienstamm. Zusätzlich hingen in ihrem Schlepptau stets ein, zwei karrieregeile Jünglinge, die sich an Ort und Stelle hochdienten. Ich fragte: »Wann?« Holger zuckte die Schultern. »In den nächsten Tagen. Ist noch geheim.«

Das konnte ja gemütlich werden.

Drei Tage später war sie da. Sie kam in den Konferenzraum stolziert, als hätte sie persönlich die Werbung erfunden. Leicht versetzt hinter ihrer rechten Schulter trabte ein Typ, vielleicht Mitte zwanzig, der aussah, als käme er gerade frisch aus dem Salzwasser. Seine Haarspitzen waren von so blassem Blond, dass man kaum hinsehen konnte, und seine Haut hatte einen derart gesunden Ton, dass ich ihm am liebsten eine reingehauen hätte, nur um ihn ein bisschen zu versehren. Meiner Assistentin fielen fast die Augen raus.

Nachdem die Steilmann uns eine Stunde lang klargemacht hatte, wie verdammt dankbar wir über ihre Anwesenheit sein mussten, ging ich zurück an meinen Schreibtisch. Meine Assistentin kam in den Raum gefedert. »Oh, er ist einfach umwerfend niedlich, findest du nicht?« Sie klatschte in die Hände, ganz sechste Klasse. »Anna, er sieht vielleicht niedlich aus«, sagte ich. »Aber ich spüre sein erstklassiges Arschloch-Potenzial bis hierher. Es liegt bei mindestens neun von zehn Punkten. Lass die Finger von dem, das geht nicht gut.« Ich sagte das nur so dahin. Anna ist 24. Fehler zu machen, gehört zu ihrem Aufgabenfeld. Trotzdem wollte ich nicht, dass ihr irgend so ein Emporkömmling das Herz brach.

Keine 48 Stunden danach sah Anna aus, als hätte ihr jemand aus liebevoller Distanz eine Ladung CS-Gas ins Gesicht gesprüht. Ihre Lider lagen wie zwei dicke rote Raupen über ihren Augäpfeln, und unter ihrer Nase bahnte sich ein Strom frischer Rotze ihren Weg. »Um Himmels willen«, rief ich und kniete mich vor sie hin. »Was ist denn mit dir passiert?«

Sie schluchzte. Aus ihrer Kehle quoll ein gurgelnder Laut. Dann machte sie den Mund weiter auf, und noch mehr Gurgeln kam heraus. Ich strich ihr über das Haar. »Alles okay?« Sie schüttelte den Kopf und schniefte, was das Zeug hielt. Ihre Kieferknochen mahlten auf irgendeiner Silbe herum, aber es kam nichts heraus außer dieses schrecklich verrotzte Gurgeln.

Dann verstand ich es. Zumindest ansatzweise. »Messreck«, sagte sie. »Messreck.« Ich tätschelte ihr ein bisschen von oben auf den Haaransatz. Das schien mir das Beste zu sein. »Schon gut«, sagte ich und tätschelte weiter, »wird schon wieder.«

Sie ballte ihre kleine Faust und stampfte mit dem Fuß auf. »Messreck!« Ihre rot geheulten Augen blickten mich vorwurfsvoll an. Ich hörte sicherheitshalber auf zu tätscheln, nur für den Fall, dass sie gleich durchdrehen würde.

»Schätzchen«, sagte ich und versuchte so beruhigend zu klingen wie Schwester Ratched aus »Einer flog über das Kuckucksnest«. Ich steckte sogar die Hände in die Hosentaschen. »Ich kann dich nicht verstehen. Putz dir erstmal die Nase.« Anna nickte, kramte ein zerknülltes Taschentuch hervor und blies eine Wagenladung Schnodder ins Gewebe. Dann sagte sie: »Mistkerl! Dieser verdammte Mistkerl!« Man musste kein Genie sein, um drauf zu kommen, wer gemeint war. Die Sache war so vorhersehbar gewesen wie Tante Margots »Aktion Sorgenkind«-Los an Weihnachten. Jeder Mensch hat sein Kryptonit. Das von Anna waren arrogante Werbe-Frischlinge, die sich keinen Deut für sie interessierten.

Ich ging zum Kaffeeautomaten und drückte den Knopf mit der Aufschrift »Latte Macchiato«. Im Grunde war es egal, auf welchen Knopf man drückte. Das Gebräu, das unten in den Styroporbecher sprudelte, schmeckte immer gleich beschissen nach gekochter Erde. Aber es war besser als nichts. Ich ging zurück und hielt ihr den Becher hin: »Hier.«

»Danke.« Sie schniefte immer noch. Das Mädchen lief aus wie eine frisch erschlossene Ölquelle.

Ich fragte: »Was ist denn passiert?« Sie wiegte eine ganze Weile den Kopf hin und her. »Du weißt doch noch, gestern Abend«, sagte sie dann. »Die Brainstorming-Runde für die Juniors. Ich bin noch dageblieben. Dachte, ich könnte ein bisschen helfen.« Ich nickte. Ich wusste genau, was jetzt kam. Eigentlich musste sie nicht weiterreden. Aber ich war höflich.

»Wir sitzen also am Tisch. Es wird immer später. Irgendwann sind alle gegangen bis auf uns.« Bisher ein klassischer Feierabendaufriss. Nichts dagegen zu sagen.

»Na ja«, fuhr sie fort. »Irgendwann wird es persönlich. Wir erzählen uns gegenseitig, welche Musik wir mögen und was für Kinofilme. Dann sagt er, dass seine Freundin Krebs hat. Ich bin natürlich erschrocken. Ich meine – Krebs! Wie alt kann sie sein? Höchstens zwei Jahre älter als ich, nicht? Jedenfalls sagte ich dann, dass es mir leidtut. Und was sagt er?«

Ich hatte keine Ahnung. »Ich hab keine Ahnung.«

»Er sagt, wie gewonnen, so zerronnen, und legt mir seine Hand aufs Knie.«

Ich war ehrlich beeindruckt. So viel Abgewichstheit hatte ich dem Bürschlein gar nicht zugetraut. Natürlich musste er gewusst haben, was für einen Eindruck die Geschichte auf die liebe Anna machen würde. Die Mitleidsnummer gepaart mit einer Riesenportion Arschloch – das arme Mädchen war schneller gefallen, als man das Wort Metastase aussprechen kann.

»Okay«, sagte ich, »und dann hast du diesem Typ… wie heißt er noch mal?«

»René.« Sie heulte schon wieder los.

Ich setzte noch mal an: »…dann hast du diesem René gesagt, er soll sich verpissen, und jetzt bist du traurig, weil du nicht mehr in den Kopierraum kannst, ohne am Schreibtisch dieses Vollidioten vorbeizulaufen?« Es war hoffnungslos, aber ich wollte es wenigstens versucht haben. Natürlich hatte er sie gefickt und dann sitzen gelassen.

Sie schüttelte den Kopf. »Wir sind zu mir gegangen. Und dann haben wir miteinander geschlafen. Es war ganz schön. Wir sind sogar Hand in Hand eingeschlafen!« Man musste Anna einfach gern haben. Sie war romantisch bis ins Mark.

»Aber ihr seid nicht so aufgewacht«, half ich nach. Sie schüttelte den Kopf, dass ihre dunklen Locken nur so flogen. »Als wir heute Morgen aufgewacht sind, dachte ich, wir könnten noch ein bisschen knutschen. Also streichele ich seinen Rücken. Er dreht sich um, sieht mich an und sagt, oh Mann, du siehst aus, als könnte ich einen Drink vertragen. Und dann ist er aufgestanden, hat sich angezogen und ist ohne ein Wort verschwunden.« Das Wasser tröpfelte nur so aus ihren Augen. Während sie mir mein Kleid vollsabberte, sah ich rüber zu den Schreibtischen, wo der gute René sich gerade mit irgendwelchen Heldentaten brüstete. Er hatte die Arme vor der Brust verschränkt und lachte laut. Das Lachen würde ihm bald vergehen. »Keine Sorge«, sagte ich zu Anna und streichelte ihr über das Haar. »Ich kümmere mich darum.«

Ich gab Anna den Rest des Tages frei. Der Typ sollte seinen Triumph nicht auch noch vor Augen haben. Am Nachmittag machte ich mich zu seinem Tisch auf. Er hockte auf seinem Stuhl und klebte Mood-Pappen zusammen, die aussahen, als hätte sich ein Fünfjähriger an Mutters Pritt-Stift vergangen. Ich tippte mit dem Finger auf eines der Blätter. »Bisschen viel Kleber, nicht?«, sagte ich. Er sah überrascht hoch und wischte sich reflexartig das Strohhaar aus dem Gesicht. Dann grinste er. »Ist nur der erste Entwurf. Den wirklichen scanne ich später ein. Ist mir schon klar, dass das hier keine Bastelschule ist.«

»Apropos Schule«, sagte ich. »Was war denn da mit Anna los?«

»Ach«, sagte er und machte eine wegwerfende Handbewegung. »Nichts. Sie ist vielleicht ein bisschen empfindlich.«

»Anna«, sagte ich und beugte mich tief zu ihm hinunter, »hat ein goldenes Herz. Ich hab's nicht gern, wenn sie schlecht behandelt wird.«

»Was soll ich sagen.« Er lehnte sich zurück und verschränkte seine Hände hinter dem Kopf. »Innere Schönheit ist was Feines. Aber es ist schwer, sich darauf einen runterzuholen.« Seine Zähne fingen an, auf irgendetwas herumzumahlen. Vielleicht Kaugummi. Ein schlechtes Gewissen war es jedenfalls nicht.

Ich klopfte ihm auf die Schulter, als wäre ich halb einverstanden und wandte mich ab, um in mein Büro zu gehen. Er rief mir nach: »Geiler Arsch!« Ich blieb stehen. Kurz überlegte ich, ob ich zurückgehen und ihn sofort rausschmeißen sollte. Aber das war nicht drin, schließlich war er Steilmanns Schoßhündchen. Ohne mich umzudrehen, ging ich weiter. Ich ließ mich auf meinen Stuhl fallen und wählte sofort Mimis Nummer. Der Typ war geliefert.

Um 12 Uhr 30 am nächsten Tag suchte ich Jochmüller auf, wie verabredet. Er hatte mich darauf aufmerksam gemacht, dass er, falls er mich nicht sähe, sich die Sache mit dem Bonus noch einmal überlegen würde. Also trottete ich hin, obwohl ich keine Lust hatte. Besprechungen mit Jochmüller – oder André, bitte, nennt mich doch André, sagte er ständig – waren langweiliger als Beerdigungen. Er hatte nie etwas zu sagen und keine richtige Aufgabe im operativen Geschäft. Er stand einfach nur auf der Gehaltsliste, weil er von Anfang an da gewesen war. Und weil er so weit oben in der Hierarchie angelangt war, machte er aus Pflichtgefühl ständig unsinnige Termine aus und raubte einem die Arbeitszeit.

Ich stand eine Weile vor seiner Tür herum und wartete, bis der Sekundenzeiger noch eine Runde um das Ziffernblatt gedreht hatte. Vermutlich würde er auf seiner Sekretärin liegen, wenn ich hereinkäme, irgendeiner Pritsche vom Land, die glaubt, dass es zum guten Ton gehört, sich vom Chef besteigen zu lassen.

Ich drückte also ohne Vorwarnung die Klinke runter. Jochmüller fuhr herum und ließ fast den Stapel Papiere fallen, den er in der Hand hielt. Ihn nicht mit heruntergelassenen Hosen zu sehen, war eine echte Überraschung. Er wedelte mit der freien Hand durch die Luft. Das bedeutete wohl, dass ich mich auf das Sofa setzen sollte.

Auf dem Sofa saß die Steilmann. Sie hatte sich in ein marineblaues Kleid gequetscht, das am Halsausschnitt so eng saß, als hätte sie vor, sich zu strangulieren. Ihre Haut schien nicht gerade froh darüber zu sein, denn sie faltete sich in feinen Lagen über der Stoffkante und versuchte, abzuhauen. Ich konnte sie verstehen.

»Ah, Paula, schön, schön«, sagte Jochmüller zerstreut und winkte zur Steilmann rüber. »Das ist die Dings, äh, die…«

»Sonja Steilmann«, sagte die Steilmann, »wir haben uns natürlich schon längst kennengelernt.«

»Richtig«, sagte ich, griff nach ihrer Hand und setzte mich auf das Sofa.

»Tja«, sagte Jochmüller und friemelte an seinen Blättern herum. Jede Wette, dass es sich dabei nur um falsch bedrucktes Kopierpapier handelte. »Es geht um den neuen Etat.«

Ich nickte.

Die Steilmann sah zu Jochmüller, rollte mit den Augen und wandte sich mir zu. »Ich möchte, dass du mit René ein Team bildest. Erstmal. Nur für die grobe Vorarbeit. Ihn ein bisschen aufs Terrain ausführen, ein bisschen schnuppern lassen. Du weißt schon. Wie ich höre, wird nämlich bald eine Junior-Stelle in der Art Direction frei. Ich halte große Stücke auf ihn.« Sie zwinkerte mir blöde zu. Ihre Jacketkronen funkelten. Ich nickte brav. Wenn man mir einen so leckeren Brocken vor die Füße schmeißt, belle ich nicht erst groß rum. Ich sperre mein Maul auf und fresse das Teil. Dieser Typ in meiner Agentur? Nur über meine Leiche.

»Total gern.« Flüssiger Honig auf meinen Stimmbändern. »Mir ist auch schon aufgefallen, wie gewitzt er ist.« Die Steilmann bekam fast einen Herzinfarkt vor Freude. Sie klatschte in die Hände. »Oh, prima! Also abgemacht!« An ihrem gierigen Blick erkannte ich, dass sie auf einen Dankesfick spekulierte, wenn sie ihm die Stelle verschaffte. Als ich an meinen Platz zurückschnürte, hatte ich ein Grinsen im Gesicht, das ich den ganzen Tag nicht mehr wegbekam.

Draußen war es schon dunkel, als René und ich immer noch über den ersten Mood-Pappen saßen. Ich hatte ihn in den letzten Stunden genau studiert. Was die Sinnlichkeit anging, war er nicht gerade ein Schwarzgürtelträger. Seine Hose war so geschnitten, dass sie viel von den Konturen seiner dünnen Oberschenkel freigab, und das Gemächt war so eingepfercht, dass es versuchte, durch den Stoff zu brechen: Ei, Schwanz, Ei, wie ein Divisionszeichen.

»Schnuckelchen«, sagte ich, »bevor du dich an die Mood-Boards machst, musst du dir erstmal klar werden, warum du den Menschen das Produkt verkaufen willst. Warum soll jemand etwas wollen, das er im Grunde gar nicht braucht? Wenn du das weißt, darfst du mit der Bastelei anfangen. Nicht vorher.« Ich tätschelte ihm auf die Schulter. Es geht doch nichts über ein wenig mütterliche Überheblichkeit, um Kerle aus der Reserve zu locken.

Er schnippte seinen Stift über den Tisch und zog eine Schnute. Er sah aus, als würde er gleich losplärren: Mama, ich bin aber müde! Mama, trag mich ins Bett! »Ich bin müde«, sagte er. »Wollen wir nicht bei einem Drink darüber sprechen?« Er war wirklich verdammt vorhersehbar.

»Tatsächlich?« Ich tat überrascht. »Normalerweise gehe ich ja nicht mit Arbeitskollegen aus. Aber okay. Für dich mache ich eine Ausnahme.« Sein Gesicht spiegelte hübsch wider, wie aufgeregt er darüber war. Er sprang sofort auf, halb Mann, halb Erektion.

Wir hatten ein paar Drinks. Ich legte ihm wie zufällig meine Hand aufs Knie und hörte mir den Blödsinn an, den er von sich gab. Er konnte sich kaum auf ein Thema konzentrieren. Fußball, Kino, Musik, Job, Karriere, Job, Karriere, Sex – er wechselte seine Positionen so schnell wie eine Flipperkugel im Automaten. Sprunghaft war gar kein Ausdruck dafür. Wir tranken noch einen. Dann ging es darum, was wir jetzt tun würden. »Weiterziehen«, sagte er und legte seine Hand auf meine. Wenn ich nur zwei Minuten wartete, hätte er seine Meinung wieder geändert und würde stattdessen Klingelschilder aus Salzteig kneten wollen. Ich fand, dass es Zeit war, den Abend zu beenden. Er sollte sich ruhig noch ein bisschen anstrengen.

Als wir in sein Auto stiegen, sagte ich: »Damit das klar ist: Du fährst mich nur nach Hause. Du kannst nicht erwarten, mit hochzukommen, ein paar Drinks abzukriegen und dann in meinem Bett zu landen wie irgendein Taxifahrer.«

»Klar«, sagt er und schmollte den Rest der Fahrt. Erst als ich die Wohnungstür hinter mir zuschnappen ließ, fiel mir ein, dass ihn die Sache mit mir und den Taxifahrern überhaupt nichts anging.

Am nächsten Morgen sprang René im Büro um mich herum wie ein Welpe auf dem Weg zu seinem ersten Ausflug. Er ließ sich sogar zu einer Entschuldigung für Anna herab. Wahrscheinlich wollte er sich seinen Platz in meinem Bett sichern. »Sorry übrigens«, sagt er und lächelte sie mitleidig an. »aber mein Schwanz war nicht hart und deine Titten nicht groß genug, damit das funktioniert.« Er war wirklich ein Herzchen. Anna lächelte freundlich zurück und klopfte ihm auf die Schulter. Sie wusste längst, dass er nicht mehr lange hier sein würde. Ich schnappte ihn mir umgehend und führte ihn für eine erste Lehrstunde in mein Büro.

Ich klappte die Sichtblenden an der Glaswand hoch und

schloss die Tür ab. Dann drehte ich mich zu ihm. »Hey du«, sagte ich und setzte mich auf den Rand des Schreibtisches. »Was glaubst du, was man als Werber alles können muss?« Die Sharon-Stone-Nummer: Fuß auf Stuhl, freie Sicht auf die Stelle, die normalerweise von Unterwäsche bedeckt ist. »Ich weiß nicht«, kiekste er und fing an, mit den Händen an seinen Hosentaschen herumzunesteln, als wüsste er nicht, ob er wegrennen oder zupacken sollte. »So ziemlich alles, denke ich. Wir sind Multi-Tasker in allen Bereichen des Lebens.« Die Art, wie er »Wir« sagte, gefiel mir nicht. Für ihn gab es kein Wir. Nur wusste er das noch nicht.

»Bist'n schlaues Kerlchen«, sagte ich. »Hübsch noch dazu. Ganz schön scharf, muss ich sagen. Immer, wenn ich an mir herumspiele, denke ich an dich.« Seine Mundwinkel rutschten vor Verblüffung kurz aus der Verankerung, aber er war Macker genug, um sich gleich wieder in Position zu bringen. »So, so«, sagte er mit einer Stimme wie Clint Eastwood, »schätze, da haben wir etwas gemeinsam.« Die Chancen, dass er es wirklich so meinte, standen Fity-Fifty. Um ein Haar hätte ich laut herausgelacht.

Er streckte seine Hände aus und legte sie auf meine Knie. Als er daraufhin kein Kündigungsschreiben erhielt, streichelte er langsam an den Innenseiten meiner Oberschenkel entlang. Sein Gesicht war inzwischen ganz dicht vor meinem. Er kam noch näher und legte seine Lippen auf meinen Mund. Wir knutschten eine Weile. Er schmeckte so sehr nach Kakao und Erdbeerlolli, dass ich mir wie eine Lehrerin vorkam, die gerade ihren Lieblingsschüler vernascht.

Der hatte die Schulpausen offenbar dazu genutzt, sexuelles Wissen anzusammeln. Seine Hände hatten etwas beunruhigend Erfahrenes. Er drückte mit dem Daumen auf meine Klitoris und ließ ihn dann kreisen. Ich griff nach seiner Hose und öffnete die Knöpfe. Sein Schwanz hatte aus der Unterhose längst ein Segelschiffchen gemacht. »Hier?« Er deutete auf die Tür. »Keine Sorge«, sagte ich, »Anna weiß, dass wir eine wichtige Besprechung haben.« Er lächelte. »Alles klar.« Ich ließ ihm das T-Shirt an und schob nur seine Hose herunter. Kurz darauf brachten wir den Tisch zum Wackeln, bis mein Handy auf der anderen Seite herunterfiel. Von da an rannte er mir den ganzen Tag hinterher. Die Steilmann betrachtete uns argwöhnisch.

René war immer der Erste, der ins Büro kam. Ich kam regelmäßig, über den ganzen Tag verteilt. Erst vögelten wir vormittags vor der Konferenz, und dann im Anschluss noch einmal. Ich sah mir seine Tätowierungen in aller Ruhe an und kam so problemlos, dass ich mich wunderte. Am nächsten Tag trieben wir es morgens in der Putzkammer, mittags auf dem Behinderten-WC der Versicherungsgesellschaft im Stock darunter, und nach Büroschluss auf dem Fußboden meines Büros, bis uns der Sicherheitsdienst überraschte.

Am Abend des darauffolgenden Tages gab es ein Get together mit Schnittchen und Prosecco. Das Ganze war natürlich nichts weiter als ein geschickter Schachzug, um darüber hinweg zu täuschen, dass es in diesem Jahr keine richtigen Bonuszahlungen gab. Die Stimmung hochhalten, und das Gehalt niedrig, so kommt jedes Unternehmen durch miese Zeiten. Die Steilmann hatte sich in ein enges rotes Paillettenkleid geschmissen – wahrscheinlich hatte sie es sich zur Belohnung gekauft, weil sie wieder ein paar Stellen abgeschafft hatte. Es stand ihr nicht übel. Sie funkelte eine Weile zu mir rüber, bis sie sich einen Ruck gab und angeschlendert kam. »Wie ich sehe, läuft die Teamarbeit mit René und dir ja ganz flüssig«, sagte sie und drehte nervös an ihrem Proseccoglas.

»Rein beruflich«, sagte ich und beließ es dabei.

»Natürlich! Selbstverständlich!« Sie lachte zu laut auf, bemerkte es und nahm einen langen Schluck aus ihrem Glas.

»Obwohl…«, sagte ich. »Ach, na ja, ist bestimmt nur Einbildung.«

»Obwohl was?« Sie sah mich scharf an. Wachhund vor dem Angriff.

»Nichts.« Ich wedelte mit der Hand. »Es ist bestimmt nichts.«

»Obwohl was?« Diesmal im Ton Chefin gegen Angestellte.

»Na ja«, sagte ich und machte eine Pause, bis sie vor Neugier fast überschnappte. »Ich habe den Eindruck, dass er Privates und Berufliches nicht auseinanderhalten kann.«

Sie war jetzt ganz wach. »Wie genau meinst du das?«

»Ich glaube«, sagte ich und beugte mich ganz nah zu ihr, »dass er scharf auf mich ist.« Die Steilmann flitschte zurück wie ein gerissenes Gummiband. Auf ihrem Hals tauchten ein paar hektische Flecken auf. Ihr Gesicht war vor lauter Neid ganz zerfurcht. Sie fragte: »Hat er dich etwa angefasst?«

Ich sagte: »Oh ja. Ich kann kaum in den Kopierraum gehen, ohne dass er mir folgt.« Sie kniff die Augen zusammen und warf dann einen Blick auf René, der kokett grinsend an einem Pfeiler lehnte und fröhlich herüberwinkte.

»Nicht zu fassen!« Sie schnaubte. Nichts ist hübscher anzusehen, als die Wut einer verschmähten Frau. »Mal ehrlich«, sagte sie dann. »Was hältst du von ihm, fachlich, meine ich.«

Ich wog den Kopf hin und her und zögerte, als würde ich mich schämen, meine Meinung zu sagen. »Ganz ehrlich?«

»Ich bitte darum.«

»Ich halte ihn für einen aufgeblasenen Nichtskönner.« Es war schön, endlich mal die Wahrheit sagen zu dürfen. Die Steilmann nickte bedächtig. »Ist ja witzig«, sagte sie dann. »Der Gedanke ist mir auch schon gekommen.« Ihre Stimme klang so trocken, dass man daraus locker einen Martini hätte mixen können.

Am nächsten Tag schien die Sonne. Ich war prächtig gelaunt. Anna saß schon an ihrem Tisch. Von René war nichts zu sehen.

Ich nickte in Richtung seines leeren Platzes. »Wo ist denn der Angeber?«

»Nach Hamburg zurück«, sagte Anna. »Die Steilmann hat gesagt, dass dort ein paar besondere Aufgaben auf ihn warten.«

Während ich in mein Zimmer spazierte, summte ich ein kleines Liedchen. Ich konnte mir gut vorstellen, was für Aufgaben das waren: Kaffee holen und Fotokopien machen. Witzigerweise war das ziemlich genau sein Kompetenzbereich.

Epilog

Wann ist jemand gut im Bett? Schwer zu sagen – Sex ist immer Geschmackssache, und das im wahrsten Sinn des Wortes.

Gäbe es eine Formel für sexuelle Qualität, dann müsste sie ungefähr so lauten:

$$\frac{\text{Orgasmuswahrscheinlichkeit} \times \text{Sich fühlen wie die anziehendste Person der Welt} \times \text{Bedürfnis, nochmal anzurufen}}{\text{Wunsch, neben der Person aufzuwachen}}$$

Es gibt viele Menschen, die super im Bett sind. Aber seien wir ehrlich: Die Schlechten sind diejenigen, die einem die bleibenden Erinnerungen schenken.

Ich danke:

Aaron, Abel, Adil, Aladár (nebenbei auch noch ein super Zahnarzt), Alain, Alan, Alexander, Andahl, Andreas, Andi, Andy, Anna. Anna Maria, Anthony, Ariel, Arne, Aykut, dem Typen von der »A bis Z Liveshow«, dem anderen Typen von der »A bis Z Liveshow«. Astrid. Bailey, Balthasar, Basti, Bastian, Bela, Benedikt, Benjamin, Benno, Benny M. und Benny T. Bjarne und Birger aus Kopenhagen. Dem Typen aus dem Buchladen. Dem Typen von der Bushaltestelle (Boris?). Bosse, Brad, Bruno, Bryan für die vielen Spiele. Und natürlich Carlito (toller Campingplatz, immer noch!), Carmelo, Carsten, Caspar, Cay, Charly, Chev Chelios, Cris, Chris und Chrissy, Christian, Christoph A. und B. und K., Ciaran Hinds und Daniel. Daniel von B., Daniel M., Super-Daniel (der Größte, den ich je gesehen habe), Damir oder so ähnlich. Dann Darius, Dave. David, Dennis, Denny, Delmaine, Detlev, Dick und Dickie, der eigentlich Heinz-Helmut heißt, Diego, Dieter für das Soundsystem, Dirk, Dominik. Ebi (Sebastian, oder?). Elias, Elliot das Schmunzelmonster, Elmar, Emanuel, Emin, Eric, Enzo, Etienne, Eugen. Dem Typen aus der Eisdiele. Natürlich Fabian (trotz Rippenprellung), Fabrizio, Falk, Felipe, Felix, Ferdinand, und ganz besonders dem scheuen Fil. Fitzi. Flavio Briatore für eine Lektion in unverbindlichem Verhalten, Florian, Frank, dem Kunststoffformgeber, Frank, dem Saxophonisten, Frederick. Gabriel, Garry, Georg, George, immer wieder George, Gerard B., du Geschoss. Gereon, Gonzales, der mir Yucatán erklärt hat,

Greg, Dr. Gregor, Guido, Gunnar, Gunter, Gustav, Götz (?). GQ Magazin. Ganz bestimmt auch Hagen, Hannes, Hans-Peter, Hardy (sorry für den Schlag auf den Hintern), Hauke, Heiko, Hendrik, Holger, Hugo und Hugo, der Kleine. Der Vogeltyp aus Helgoland mit der Leidenschaft für Sturmmöwen. Der schnuckelige Ian, Ike (oder wie auch immer du geheißen hast), Ilja, Isaak, Ivan, mein erster Ost-Europäer überhaupt. Jakob und Jakob, Jan, Janek, Jannic, Jason, Jasper, Jens, Jesper, Jochen, Johann N. und Johannes, Jonas, Juan (du bist soo mutig, mir zittern immer noch die Knie), Jules, Julien (auch wenn du dann doch kein Franzose warst), Juri, Jürgen, Jörg A., Jörg R. Lustig war es auch mit Kai (Schinkennudel), Kalle, Karim, Karsten, Ken, Kevin, Kilian, Klaas, Klaus, Konstantin von H. (sehr schade, dass du schwul geworden bist, das hätte noch was werden können), Larry, Lars, Lasse, Laurence (oder wie du hießt, du misthundiger Halb-Ami), der liebe Leif, Lennart, Lenny, Leon, Louis, Lorenz, Lothar, Luca B. für Ferrari-Kenntnisse. Lucky Ludwig, Lukas, dem anderen Lukas aus dem Karnevalsverein. Lukas, der Animateur.

Maik, Manuel S., Marc, Marco und natürlich Marcel Vega (entschuldige bitte, das war damals nicht sehr fein), Marcus, Mareike, Marko, Markus W., Marlon, Martin, Marvin, Massimo, Mathias, Matthias, Matt D., Max und Maximilian. Moritz. Nick (oder Emil?), Nico, Niels, Nils. Nikolai (jedenfalls der Typ aus dem Aufzug). Olaf, Ole, Olivia, Oliver, Onno (warum nur?), Oskar, Otis, Owen W. Der Typ aus dem Online-Büro. Pascal, Passi, Patrick F. und Patrick G., Paul, Pawel, Pepe fürs Tragen, Peter, Philip, Phillippe, Phil. Raffi. Raffael, Raimund, Ramon, Rasmus, Ray, Reiner, Renato Neto, Reno, Rico, Richard, Rick und Ringo, Rio Ferdinand für die Inspiration. Roberta, Robin, Roman, Ronald, Roy, Ruben, Rudi, Ryan (um deine Frage zu beantworten: Nein, du warst nicht der Beste), Rüdiger mit dem Pelikankinn. Sacha G., Simon K., Stefan, Stephan. Till von W., Till D., Tim,

Thies, na logisch. Tom, Tommy, Thomas. Dem Typen aus dem T-Bone-Burnett-Fanklub. Uli und Uwe. Wolfgang B. und D. Und W., nicht zu vergessen.

Besonders danke ich:
Manuel Krug. Jim und Rio, das coolste Duo der Welt. Natalie von Brunn. Tina Schlosser. Super-Agentin Dr. Michaela Röll, Super-Lektorin Dr. Angelica Schwab und Super-Staubsauger Klaus Lange. Nik Schütte für den Anfang. Matthias Lorenz-Meyer. Anuschka Roshani für alles. Juan und Daniel. Kathy. Dr. Susann Mathis. Marlene Lufen. Dr. Franziska Wodarz. José Redondo-Vega (Chefredakteur von GQ). Karsten Schellenberg.